Richard Bradshaw,
1944 – 2007

Gwendolyn MacEwen,
1941 – 1987

Zauberer

So viel ist gewiss, dass jemand, der Rache brütet,
seine eigenen Wunden frisch erhält, die sonst
heilen und verharschen würden.

Sir Francis Bacon, »Über die Rache«

»... obwohl es auf der Bühne nette Menschen gibt, sind etliche
darunter, die einem die Haare zu Berge stehen lassen würden.«

Charles Dickens

Other flowering isles must be
In the sea of Life and Agony:
Other spirits float and flee
Over that gulf ...

Percy Bysshe Shelley,
»Lines Written Among the Euganean Hills«

PROLOG
Die Aufführung

Mittwoch, der 13. März 2013

Die Lichter werden gedimmt. Das Publikum kommt allmählich zur Ruhe.

AUF DEM GROSSEN FLACHBILDSCHIRM: *Unregelmäßige gelbe Schrift auf schwarzem Grund*

DER STURM
von William Shakespeare
mit der
Theatertruppe der Fletcher-Justizvollzugsanstalt

AUF DEM BILDSCHIRM: *Ein handgeschriebenes Schild, das von einem Ansager in einem kurzen purpurfarbenen Samtumhang in die Kamera gehalten wird. In der anderen Hand schwenkt er einen Federkiel.*

SCHILD: EIN PLÖTZLICHER STURM

ANSAGER: Gleich werdet ihr's sehn,
  Einen Sturm auf See,
  Die Winde pfeifen, die Matrosen keifen,
  Den Passagieren geht's schlimm, und es wird
  Noch schlimmer:
  Geschrei ist zu hören, Albträume stören,
  Aber nicht alles ist, wie es scheint,
  Ich sag's bloß.

Grinst.

Jetzt legen wir los.

Er fuchtelt mit dem Federkiel. Schnitt: Auf dem Bildschirm ist jetzt eine Windhose zu sehen, ein Mitschnitt aus den Wetternachrichten. Dazu Donner und Blitze. Archivaufnahme von Meereswellen. Archivaufnahme von Regen. Sturmgeheul. Die Kamera zoomt auf ein Spielzeugsegelboot, das auf einem blauen, mit Fischen bedruckten Plastikduschvorhang auf und ab geworfen wird; die Wellen werden von unten mit der Hand gemacht. Nahaufnahme des Bootsmanns in einer schwarzen Strickmütze. Von der Seite kommt ein Schwall Wasser. Er ist klatschnass.

BOOTSMANN: Ranhalten, sputen, oder wir rammen
  Grund!
  Bewegung! Bewegung!
  Hussa! Hussa! Heisassa! Heisassa!
  Legen wir los,
  Am besten gleich,
  Trimmt die Segel,
  Trotzt den Stürmen,
  Oder wollt ihr zu den Fischen?
STIMMEN AUS DEM OFF: Wir ersaufen alle!
BOOTSMANN: Aus dem Weg da! S'ist keine Zeit für
  Spielerei!
Ein Eimer Wasser wird ihm ins Gesicht geschüttet.

STIMMEN AUS DEM OFF: Hört uns aus! Hört uns aus!
  Wisst ihr nicht, wir sind aus königlichem Haus?
BOOTSMANN: Hussa! Hussa! Die Brecher schert's nicht!
  Es bläst, es gießt,
  Und ihr, ihr steht und starrt!
STIMMEN AUS DEM OFF: Du bist besoffen!
BOOTSMANN: Du bist ein Idiot!
STIMMEN AUS DEM OFF: Wir sind verloren! Wir saufen ab!

Nahaufnahme von Ariel mit blauer Badekappe und verspiegelter
Skibrille, die untere Hälfte seines Gesichts ist blau geschminkt.
Er trägt einen mit Marienkäfern, Bienen und Schmetterlingen
bedruckten transparenten Plastikregenmantel. Hinter seiner lin-
ken Schulter ein merkwürdiger Schatten. Er lacht lautlos, deutet
mit der rechten Hand, die in einem blauen Gummihandschuh
steckt, nach oben. Zuckende Blitze, Donnergrollen.

STIMMEN AUS DEM OFF: Wir wollen beten!
BOOTSMANN: Was sagst du da?
STIMMEN AUS DEM OFF: Wir sinken! Wir saufen ab!
  Wir seh'n den König nimmer wieder!
  Ab ins Wasser, auf ans Ufer!

Ariel wirft den Kopf in den Nacken und lacht. In jeder seiner
blauen Gummihände hält er eine starke, blinkende Taschen-
lampe.
Der Bildschirm wird schwarz.

STIMME AUS DEM PUBLIKUM: Was ist los?
EINE ANDERE STIMME: Stromausfall.
WEITERE STIMME: Das muss der Schneesturm sein.
  Irgendwo ist ein Strommast umgefallen.

Absolute Finsternis. Lärmendes Durcheinander außerhalb
des Raums. Geschrei. Schüsse fallen.

STIMME AUS DEM PUBLIKUM: Was ist los?
STIMME VON DRAUSSEN: Abriegelung! Abriegelung!
STIMME AUS DEM PUBLIKUM: Wer hat hier das Sagen?

Drei weitere Schüsse.

EINE STIMME IM RAUM: Keine Bewegung! Ruhe! Nehmt
  die Köpfe runter! Bleibt, wo ihr seid!

I

Im dunklen Damals

1. Küste

Montag, der 7. Januar 2013

Felix putzt sich die Zähne. Dann putzt er seine anderen Zähne, die falschen, und schiebt sie sich in den Mund. Trotz der Haftcreme, die er aufgetragen hat, passen sie nicht besonders gut; vielleicht schrumpft sein Mund. Er lächelt: die Illusion eines Lächelns. Verstellung, Maske, aber wem wird das schon auffallen?

Früher hätte er seinen Zahnarzt angerufen und einen Termin vereinbart, und der luxuriöse Kunstledersessel wäre sein gewesen, so wie das besorgte, nach Pfefferminzmundwasser riechende Gesicht und die geschickten, mit den glänzenden Instrumenten hantierenden Hände. *Ah ja, hier liegt das Problem. Keine Sorge, wir beheben das für Sie.* Als würde er sein Auto zur Inspektion in die Werkstatt bringen. Vielleicht hätte man ihn sogar mit Musik aus Kopfhörern und einer Betäubungstablette beglückt.

Aber heute kann er sich einen so professionellen Service nicht mehr leisten. Seine Krankenversicherung entspricht dem Billigtarif, deshalb ist er seinen unzuverlässigen Zähnen ausgeliefert. Zu dumm, denn das kann er für das anstehende Finale wirklich nicht gebrauchen: einen Gebiss-Gau. *Die Zauber sind vorbei. Da unsere Mimen, wie ich dir ssagte ...* Beim Gedanken an eine solche Demütigung erröten sogar seine Lungen. Kommen die Worte nicht glasklar, ist die Tonhöhe nicht exakt getroffen, die Modulation nicht peinlich genau, dann versagt der Zauber. Die

Zuschauer werden unruhig auf ihren Sitzen, sie husten, und in der Pause gehen sie nach Hause. Es ist wie der Tod.

»Mi-ma-mo-mu«, sagt er zu dem zahnpastagesprenkelten Spiegel über der Küchenspüle. Er zieht die Augenbrauen zusammen, reckt das Kinn. Dann grinst er: das Grinsen eines in die Ecke getriebenen Schimpansen, teils Wut, teils Drohung, teils Niedergeschlagenheit.

Wie tief er gefallen ist. Wie ernüchtert er ist. Wie gedemütigt. Eine zusammengeschusterte Existenz. Er haust in einer Bruchbude, vergessen irgendwo in der gottverlassenen Provinz, während Tony, dieser Parvenü, dieser großspurige kleine Scheißer, sich mit den Granden amüsiert, Champagner schlürft, Kaviar, Lerchenzungen und Ferkel in sich hineinschaufelt, Bankette besucht und sich in der Bewunderung seiner Entourage, seiner Helfershelfer, seiner Handlanger sonnt ...

Die früher einmal Felix' Handlanger waren.

Das schwärt. Das gärt. Da brauen sich Rachegelüste zusammen. Wenn nur ...

Genug. *Schultern gerade,* befiehlt er seinem grauen Spiegelbild. *Halt die Luft an.* Er weiß, ohne hinzusehen, dass er ein Bäuchlein ansetzt. Vielleicht sollte er sich ein Korsett anschaffen.

Denk nicht daran! Zieh den Bauch ein! Es gibt viel zu tun, Intrigen müssen erdacht, Winkelzüge ersonnen, Schurken in die Irre geführt werden! *Fischers Fritze fischt frische Fische. Ein Student in Stulpenstiefeln stolperte über einen Stein und starb. Zwanzig spitze Spatzenschnäbel zwitschern zwischen zwei schwatzenden Zwetschgensammlern.*

Na also. Nicht eine Silbe verpatzt.

Er kann es noch. Er wird es schaffen, allen Hindernissen zum Trotz. Sie zuerst in Verzückung versetzen, nicht dass er an dem Anblick unbedingt Gefallen fände. Vor Staunen soll ihnen Hören und Sehen vergehen, wie er zu seinen Schauspielern sagt. Lasst uns zaubern!

Und diesem heimtückischen, hinterhältigen Scheißkerl Tony das Maul stopfen.

2. Meine Zauber wirken

Dieser heimtückische, hinterhältige Scheißkerl Tony ist Felix'
eigene Schuld. Oder größtenteils seine Schuld. Im Laufe der
letzten zwölf Jahre hat er sich häufig selbst kasteit: Er hat Tony
zu viel Spielraum gelassen, er hat ihn nicht kontrolliert, hat
ihm nicht über die geschniegelte, gepolsterte, nadelstreifenge-
wandete Schulter geschaut. Er hat nicht auf die Warnzeichen
geachtet, wie jeder andere halbwegs klar denkende Mensch es
vielleicht getan hätte. Schlimmer noch: Er hat diesem bösar-
tigen Aufsteiger, diesem machiavellistischen Speichellecker
vertraut. War auf ihn hereingefallen: *Lass mich das für dich erledigen, delegier das, schick mich stattdessen.* Was für ein Idiot er
gewesen war.

Seine einzige Entschuldigung war, dass seine Trauer ihn
damals abgelenkt hatte. Kurz zuvor hatte er sein einziges Kind
verloren, und das auf so schreckliche Weise. Hätte er nur, hätte
er nur nicht, wenn er nur darauf geachtet hätte ...

Nein, es war immer noch zu schmerzhaft. Denk nicht darüber nach, sagt er sich, als er sein Hemd zuknöpft. Verdräng es,
so gut du kannst. Tu so, als wäre es nur ein Film.

Selbst wenn es dieses mit einem Nachdenkverbot belegte
Ereignis nicht gegeben hätte, er wäre höchstwahrscheinlich
dennoch in die Falle getappt. Er hatte sich angewöhnt, Tony
das Kommando über den prosaischen Teil der Veranstaltung zu
überlassen, denn schließlich war Felix der künstlerische Leiter,
wie Tony ihm immer wieder ins Gedächtnis rief, und auf dem
Gipfel seiner Möglichkeiten, zumindest wurde das von den

Kritikern immer wieder behauptet; deshalb sollte er sich höheren Zielen widmen.

Und das hatte er auch getan. Um die prächtigste, schönste, ehrfurchtgebietendste, einfallsreichste, numinoseste Theatererfahrung aller Zeiten zu schaffen. Um die Messlatte bis zum Mond hochzusetzen. Um jede Inszenierung zu einem Erlebnis zu machen, das kein Zuschauer jemals vergessen würde. Um das kollektive Atemanhalten, den kollektiven Seufzer zu beschwören, und ein Publikum, das später, beim Hinausgehen, ein wenig schwankte, als hätte es zu viel getrunken. Um das Makeshiweg-Festival zum Maß all dessen zu machen, woran mindere Theaterfestivals gemessen würden.

Das waren hochgesteckte Ziele.

Um sie zu erreichen, hatte Felix die fähigsten Helferteams zusammengestellt, die er durch gutes Zureden gewinnen konnte. Er hatte die Besten angeheuert, hatte die Besten inspiriert – beziehungsweise die Besten, die er sich leisten konnte. Er hatte die Technikgnome und -kobolde, die Beleuchter, die Tontechniker handverlesen. Er hatte die meistbewunderten Bühnen- und Kostümbildner seiner Zeit abgeworben, zumindest die, die sich hatten abwerben lassen. Jeder von ihnen musste ein Meister seiner Zunft sein oder noch besser. Wenn möglich.

Dafür hatte er Geld gebraucht.

Das Geld aufzutreiben war Tonys Aufgabe gewesen. Eine Handlangerarbeit: Das Geld war nur Mittel zum Zweck, der Zweck Transzendenz. Das hatten sie beide verstanden. Felix, der Zauberer und Wolkenkutscher, und Tony, das erdenschwere Faktotum, der Goldschürfer. Das war ihnen angesichts ihrer jeweiligen Talente als die angemessene Aufgabenteilung erschienen. Wie Tony selbst es ausgedrückt hatte, sollte jeder das tun, was er am besten konnte.

Idiot, schimpft Felix sich selbst. Er hatte nichts verstanden. Und was den Gipfel seiner Möglichkeiten anbetraf: Der Gipfel ist immer gefährlich. Vom Gipfel aus kann der Weg nur abwärtsführen.

Tony war allzu sehr darauf erpicht gewesen, Felix von den verhassten Ritualen zu befreien, wie zum Beispiel Cocktailpartys zu besuchen, Sponsoren und Förderern Honig um den Mund zu schmieren, freundschaftlichen Kontakt mit dem Präsidium zu pflegen und auf diversen Regierungsebenen Subventionen zu beschaffen und effektive Berichte zu schreiben. Somit – sagte Tony – konnte Felix sich den Dingen widmen, die wirklich zählten, wie zum Beispiel seinen scharfsichtigen Textanmerkungen, der avantgardistischen Lichtregie und dem exakten Einsatz der Glitzerkonfettischauer, für die er berühmt war.

Und seiner Regiearbeit natürlich. Felix hatte pro Saison immer ein oder zwei Stücke eingeschoben, bei denen er persönlich Regie führte. Hin und wieder übernahm er auch eine Hauptrolle, wenn es etwas war, das ihn faszinierte. Julius Cäsar. Oder der Schottenkönig. Lear. Titus Andronicus. Jede einzelne dieser Rollen war ein Triumph für ihn! Genau wie jede einzelne seiner Inszenierungen!

Zumindest ein Triumph bei der Kritik, auch wenn die Theaterbesucher und sogar die Förderer gelegentlich murrten. Die fast nackte, freizügig blutende Lavinia im *Titus* sei allzu anschaulich und verstörend, hatten sie gejammert, wenn auch, wie Felix betonte, durch den Text mehr als gerechtfertigt. Warum musste *Perikles* mit Raumschiffen und Außerirdischen inszeniert werden, statt mit Segelschiffen und fremden Ländern, und warum wurde die Mondgöttin Artemis mit dem Kopf einer Gottesanbeterin dargestellt? Selbst wenn es – wie Felix dem Präsidium zu seiner Verteidigung auseinandersetzte – absolut passte, sobald man nur genau genug darüber nachdachte. Und Hermiones Rückkehr ins Leben als Vampir in *Ein Wintermärchen*: Dafür hatte es tatsächlich Buhrufe gegeben. Felix war darüber hocherfreut: Was für ein Effekt! Wer sonst hatte das je getan? Wo Buhrufe sind, da ist Leben!

Diese Eskapaden, diese Höhenflüge der Fantasie, diese Triumphe waren Geistesprodukte eines früheren Felix. Es waren Akte des Jubels, des glücklichen Überschwangs. In der Zeit kurz vor Tonys Coup hatten sich die Dinge verändert. Waren düsterer geworden, und das so plötzlich. *Heul, heul, heul …*

Aber er konnte nicht heulen.

Seine Frau Nadia verließ ihn als Erste, kaum ein Jahr nach ihrer Hochzeit. Für ihn eine späte und unerwartete Ehe: Er hatte nicht gewusst, dass er zu solcher Liebe fähig war. Er entdeckte gerade erst ihre Vorzüge, lernte sie gerade erst richtig kennen, als Nadia unmittelbar nach der Geburt ihrer Tochter an einer schnell fortschreitenden Staphylokokken-Infektion erkrankte. Solche Dinge passierten trotz moderner Medizin. Er versucht noch immer, sich ihr Bild vor Augen zu rufen, sie noch einmal lebendig werden zu lassen, aber im Laufe der Jahre hat sie sich sachte von ihm zurückgezogen, ist verblasst wie ein altes Polaroidfoto. Jetzt ist sie wenig mehr als ein Schattenriss; ein Schattenriss, den er mit Trauer füllt.

Und so war er mit seiner neugeborenen Tochter Miranda allein. Miranda: Wie sonst hätte er, ein vernarrter Vater mittleren Alters, ein mutterloses kleines Mädchen nennen können? Sie war es, die ihn davon abgehalten hatte, im Chaos zu versinken. Er hatte sich zusammengerissen, so gut es ging, was nicht allzu gut war; dennoch, er war zurechtgekommen. Natürlich hatte er Hilfe angeheuert – er brauchte ein paar Frauen, da er von der praktischen Seite der Kinderpflege keine Ahnung hatte, und weil er wegen seiner Arbeit nicht die ganze Zeit bei Miranda sein konnte. Doch er hatte jede freie Minute mit ihr verbracht. Auch wenn es nicht viele freie Minuten gab.

Er war von Anfang an von ihr hingerissen gewesen. Er wachte, er staunte. So vollkommen, ihre Finger, ihre Zehen, ihre Augen! So eine Freude! Als sie sprechen konnte, nahm er sie sogar mit ins Theater; sie war so klug. Sie saß da und sog alles in sich auf, zappelte nicht gelangweilt herum, wie eine unbedeutendere Zweijährige das vielleicht getan hätte. Er schmiedete so viele Pläne: Sobald sie älter war, würden sie miteinander reisen, er würde ihr die Welt zeigen, er konnte ihr so vieles beibringen. Doch dann, im Alter von drei Jahren …

Hohes Fieber. Meningitis. Sie hatten versucht, ihn zu erreichen, die Frauen, doch er war in der Probe und hatte strikte Order erlassen, ihn nicht zu stören, und sie hatten nicht gewusst, was sie tun sollten. Als er schließlich nach Hause kam, flossen verzweifelte Tränen, dann die Fahrt zum Krankenhaus, doch es war zu spät, zu spät.

Die Ärzte taten, was sie konnten: Jede Plattitüde wurde aufgefahren, jede Entschuldigung aufgeboten. Doch nichts half, und dann war sie nicht mehr da. Dahingerafft, wie sie gewöhnlich sagten. Doch wohin? Sie konnte nicht einfach aus dem Universum verschwunden sein. Er weigerte sich, das zu glauben.

Lavinia, Julia, Cordelia, Perdita, Marina. All die verlorenen Töchter. Einige von ihnen wurden wiedergefunden. Warum nicht auch seine Miranda?

Was machte man mit solchem Kummer? Er war wie eine gewaltige schwarze Wolke, die sich jenseits des Horizonts zusammenbraute. Nein: wie ein Schneesturm. Nein: Er konnte es nicht in Worte fassen, konnte es nicht direkt damit aufnehmen. Er musste diesen Kummer umformen, ihn zumindest verkapseln.

Unmittelbar nach dem Begräbnis mit dem mitleiderregend kleinen Sarg hatte er sich in den *Sturm* gestürzt. Eine Ausweichstrategie, sogar damals schon besaß er so viel Selbsterkenntnis, doch auch so etwas wie eine Wiederauferstehung.

Miranda sollte zu der Tochter werden, die nicht verloren war; ein Schutzengel, der dem ins Exil getriebenen Vater beistand, während sie in einem leckgeschlagenen Boot gemeinsam über das dunkle Meer trieben. Sie wäre nicht gestorben, sondern zu einem hübschen Mädchen herangewachsen. Was er im Leben nicht haben konnte, dessen konnte er durch seine Kunst vielleicht noch ansichtig werden: nur ein kurzer Blick aus dem Augenwinkel.

Er würde dieser wiedergeborenen Miranda, die er durch seinen Willen zum Leben erweckte, ein unvergleichliches Bühnenbild schaffen. Er würde sich als Schauspieler/Regisseur selbst übertreffen. Er würde sämtliche Grenzen verschieben, die Wirklichkeit strapazieren, bis sie ächzte. Fieberhafte Verzweiflung lag in diesen Bemühungen, aber lag Verzweiflung nicht aller wahren Kunst zugrunde? War sie nicht immer eine Herausforderung an den Tod? Ein trotzig erhobener Mittelfinger am Rande des Abgrunds?

Sein Ariel, entschied er, würde von einem Transvestiten auf Stelzen gespielt, der sich in bedeutungsvollen Momenten in einen riesigen Leuchtkäfer verwandelte. Sein Caliban wäre ein schrundiger Penner – schwarz, vielleicht auch indianischer Herkunft – und zudem querschnittsgelähmt, der sich auf einem überdimensionierten Skateboard über die Bühne schob. Stephano und Trinculo? Er hatte sie noch nicht ausgearbeitet, aber Melonen und Hosenbeutel würden eine Rolle spielen. Und Jonglieren: Trinculo sollte mit ein paar Gegenständen jonglieren, die er am Strand der Zauberinsel aufgelesen hatte, mit Tintenfischen zum Beispiel.

Seine Miranda wäre großartig. Ein Wildfang – als Schiffbrüchige war sie zwölf Jahre lang über die Insel gestromert, höchstwahrscheinlich barfuß, denn wie hätte sie an Schuhe kommen sollen? Sie musste Fußsohlen gehabt haben wie Stiefelsohlen.

Nach einer erschöpfenden Suche, während der er all die nur Jungen und nur Hübschen abgelehnt hatte, besetzte er die Rolle mit einer ehemaligen Kinderturnerin, die es bei den nordamerikanischen Meisterschaften sogar bis zur Silbermedaille gebracht hatte und danach an der staatlichen Schauspielakademie angenommen worden war: ein starkes, geschmeidiges, verwahrlostes Kind, das gerade erst aufblühte. Anne-Marie Greenland war ihr Name. Sie war so enthusiastisch, so energiegeladen: kaum älter als sechzehn. Sie hatte kaum Schauspielerfahrung, doch er wusste, er könnte aus ihr herauslocken, was er brauchte. Eine so frische Vorstellung, dass es nicht einmal eine Vorstellung wäre. Sondern Wirklichkeit. Durch sie würde seine Miranda ins Leben zurückkehren.

Felix selbst wollte den Prospero spielen, ihren liebenden Vater. Der sie beschützte – vielleicht allzu sehr, aber nur, weil er ihr Bestes wollte. Und klug war: klüger als Felix. Doch selbst der kluge Prospero vertraute naiv auf diejenigen, die ihm nahestanden, und war zu sehr darauf aus, seine Zauberkünste zu vervollkommnen.

Prosperos Zaubermantel sollte aus Tierfellen bestehen – nicht von echten Tieren, sondern von Plüschtieren, denen man die Füllung herausgenommen und sie dann zusammengenäht hatte: Eichhörnchen, Kaninchen, Löwen, etwas Tigerähnliches und diverse Bären. Sie würden die ursprüngliche Natur von Prosperos übernatürlichen und dennoch natürlichen Kräften beschwören. Felix hatte künstliche Blätter, goldbesprühte Blüten und schreiend bunte Federn bestellt, die zwischen die pelzigen Kreaturen geflochten werden sollten, um dem Umhang zusätzlichen Pep und tiefere Bedeutung zu verleihen. Er würde einen Stab schwingen, den er in einem Antiquitätengeschäft aufgetan hatte: ein eleganter edwardianischer Gehstock mit einem silbernen Fuchskopf als Knauf, aussen Augen, möglicherweise aus Jade. Für einen Zauberstab war er eigentlich zu kurz, doch Felix gefiel es, Extravaganz mit Understatement zu paaren. So ein altertümliches Requisit konnte in entscheidenden Momenten ironisch aufspielen. Am Ende des Stücks, während Prosperos Epilog, plante er als Effekt einen Sonnenuntergang, bei dem Glitzerkonfetti wie Schnee vom Himmel rieseln sollte.

Dieser *Sturm* wäre hervorragend geworden: das Beste, was er je geschaffen hatte. Er war – das ist ihm nun klar – auf ungesunde Weise davon besessen. Es war sein Taj Mahal, ein überladenes Mausoleum zu Ehren eines geliebten Schattens, oder eine Urne, die mit Juwelen von unschätzbarem Wert besetzt war und doch nur Asche enthielt. Und doch war es mehr, denn seine Miranda würde dank der von ihm geschaffenen Zauberblase wieder zu neuem Leben erweckt.

Umso niederschmetternder für ihn, als diese Blase zerplatzte.

3. Usurpator

Sie standen kurz vor den Proben, als Tony seine Karten auf den Tisch legte. Zwölf Jahre danach kann Felix sich immer noch an jede Einzelheit dieser Begegnung erinnern.

Das Gespräch hatte ganz normal begonnen, während eines ihrer regelmäßigen Dienstagnachmittagstreffen. Bei diesen Treffen legte Felix Tony eine Liste vor, die er für ihn abarbeiten sollte, und Tony informierte Felix über die Dinge, die seiner Aufmerksamkeit oder seiner Unterschrift bedurften. Im Allgemeinen waren das nicht viele, denn Tony war so tüchtig, dass er das wirklich Wichtige immer schon erledigt hatte.

»Wir wollen es kurzhalten«, hatte Felix wie üblich das Treffen eröffnet. Abschätzig hatte er Tonys rote Krawatte mit dem Muster aus Hasen und Schildkröten betrachtet: zweifellos ein Versuch, witzig zu sein. Tony hatte eine Vorliebe – eine zunehmend geckenhafte Vorliebe – für teuren Schnickschnack. »Meine heutige Liste: Erstens, wir müssen den Beleuchter ersetzen, er gibt mir nicht, was ich brauche. Außerdem müssen wir für den Zaubermantel ...«

»Felix, ich fürchte, ich habe schlechte Nachrichten«, sagte Tony. Er trug schon wieder einen neuen, wie immer adretten Anzug; gewöhnlich deutete das auf eine Präsidiumssitzung hin. Felix hatte sich angewöhnt, diesen Sitzungen fernzubleiben: der Vorsitzende, Lonnie Gordon, war ein anständiger Mann, allerdings gähnend langweilig, und die übrigen Präsidiumsmitglieder waren nichts als ein Haufen Jasager. Er verschwendete jedoch kaum einen Gedanken an sie, da Tony sie fest im Griff hatte.

»Oh? Und worum geht's?«, fragte Felix. Schlechte Nachrichten, das hieß gewöhnlich ein belangloser Beschwerdebrief eines verstimmten Förderers. Musste Lear sich unbedingt *komplett* ausziehen? Manchmal ging es auch um eine Reinigungsrechnung, wenn ein Zuschauer aus der ersten Reihe zum unfreiwilligen Teilnehmer einer Splatter-Szene geworden war: Macbeths mit geronnenem Blut getränkter Schädel, der mit zu viel Schwung auf die Bühne geschleudert wurde, Gloucesters ausgestochener Augapfel, der dem Täter aus der Hand rutschte und ekliges Gallert auf das geblümte Seidenkleid spritzte, aus dem es so schwer herauszubekommen war.

Es war Tony, der solche empörten Beschwerden handhabte, und er handhabe sie gut – er brachte eine angemessen unterwürfige Entschuldigung vor, hielt Felix aber im Falle eines unangenehmen Zusammentreffens am Bühneneingang gern auf dem Laufenden. Wenn man ihn kritisiere, reagiere Felix manchmal mit einem Übermaß vollmundiger Adjektive, behauptete Tony. Felix sagte, seine Ausdrucksweise sei der jeweiligen Situation stets angemessen, und Tony meinte, natürlich, aber aus der Perspektive eines Förderers sei das nicht ideal. Und außerdem könne es an die Presse gelangen.

»Unglücklicherweise«, sagte Tony jetzt und hielt inne. Sein Gesichtsausdruck war merkwürdig. Kein Lächeln, sondern herabgezogene Mundwinkel mit einem Lächeln darunter. Felix spürte, wie sich ihm die Nackenhaare sträubten. »Unglücklicherweise«, sagte Tony schließlich in verbindlichem Tonfall, »hat das Präsidium abgestimmt und entschieden, deinen Vertrag zu beenden. Als künstlerischer Direktor.«

Jetzt war es an Felix innezuhalten. »Was?«, sagte er. »Das ist doch wohl ein Scherz, oder?« Das können sie nicht tun, dachte er. Ohne mich geht das ganze Festival in Flammen auf! Die Geldgeber werden die Flucht ergreifen, die Schauspieler alles hinschmeißen, die gehobenen Restaurants, Geschenkeläden und Pensionen eingehen, und die Stadt Makeshiweg wird wieder genau in der Vergessenheit versinken, aus der er sie Sommer für Sommer so geschickt herausgeholt hatte – denn was hatte sie sonst zu bieten außer einem Rangierbahnhof? Ein Rangierbahnhof war kein Event. Um einen Rangierbahnhof herum konnte man kein Menü zusammenstellen.

»Nein«, sagte Tony, »ich fürchte, es ist kein Scherz.« Erneut eine Pause. Felix starrte Tony an, als sähe er ihn zum ersten Mal. »Sie haben das Gefühl, dass du deinen Elan verlierst.« Und noch eine Pause. »Ich habe ihnen erklärt, dass du unter Schock stehst, seit deine Tochter … seit deinem tragischen Verlust, dass ich mir aber sicher bin, dass du darüber hinwegkommen wirst.« Das war ein solcher Tiefschlag, dass es Felix den Atem raubte. Wie konnte er es wagen, das als Ausrede vorzubringen? »Ich habe alles getan, was in meiner Macht stand«, fügte Tony hinzu.

Das war eine Lüge. Das wussten sie beide. Lonnie Gordon, der Vorsitzende, hätte sich nie einen solchen Putsch ausgedacht, und die übrigen Präsidiumsmitglieder waren Nullen. Handverlesene Männer, handverlesen von Tony. Und handverlesene Frauen, davon gab es zwei. Tonys Empfehlungen, alle miteinander.

»Meinen Elan?«, fragte Felix. »Meinen verdammten *Elan*?« Wer hatte denn je mehr Elan gehabt als er?

»Nun, deinen Bezug zur Wirklichkeit«, sagte Tony. »Sie glauben, du hast psychische Probleme. Das ist verständlich, habe ich ihnen gesagt, angesichts deiner … Aber sie wollten das nicht einsehen. Der Umhang mit den Tierfellen war eine Spur zu viel. Sie haben die Entwürfe gesehen. Sie sagen, du würdest uns die Tierschutzaktivisten auf den Hals hetzen wie einen Hornissenschwarm.«

»Das ist lächerlich. Das sind keine echten Tiere, das ist *Kinderspielzeug*!«

»Du musst verstehen«, sagte Tony mit gönnerhaftem Langmut, »dass das nicht der Punkt ist. Sie sehen wie Tiere aus. Und der Umhang ist nicht das Einzige, was sie beanstanden. Ein querschnittsgelähmter Caliban, da ziehen sie wirklich die Grenze, sie sagen, das geht weit über schlechten Geschmack hinaus. Die Zuschauer würden glauben, du machtest dich über Behinderungen lustig. Manche von ihnen würden aufstehen und gehen. Oder mit dem Rollstuhl hinausgeschoben werden: Wir haben einen substanziellen Anteil an … Demografisch gesehen, kommen nicht die unter Dreißigjährigen zu uns.«

»Ist das denn die Möglichkeit! So viel politische Korrektheit schießt weit über das Ziel hinaus! So steht es im Text, er ist missgebildet! Caliban ist heutzutage doch der Liebling, alle jubeln ihm zu, ich mache nur …«

»Ich verstehe das, aber die Sache ist die, dass wir ausreichend Sitzplätze füllen müssen, um die Subventionen zu rechtfertigen – die Kritiken zuletzt waren … gemischt. Besonders in der vergangenen Saison.«

»Gemischt? Die Kritiken in der vergangenen Saison waren sensationell!«

»Ich habe die Verrisse von dir ferngehalten. Es waren unzählige. Ich habe sie hier in meinem Aktenkoffer, falls du sie dir ansehen möchtest.«

»Warum hast du das getan, verdammt noch mal?«, fragte Felix. »Sie von mir ferngehalten? Ich bin schließlich kein Kind.«

»Schlechte Kritiken machen dich gereizt. Dann lässt du es am Personal aus. Das ist schlecht für die Moral.«

»Ich bin *nie* gereizt!«, schrie Felix.

Tony ignorierte das. »Hier ist das Kündigungsschreiben«, sagte er und zog einen Umschlag aus der Innentasche seines Jacketts. »Das Präsidium hat eine Ruhestandsregelung beschlossen, als Dank für deine vielen Dienstjahre. Ich habe versucht, sie aufzustocken.« An dieser Stelle eindeutig ein Grinsen.

Felix nahm den Umschlag entgegen. Sein erster Impuls war, ihn in Fetzen zu reißen, doch er war wie gelähmt. In seiner Karriere hatte es zwar schon früher Auseinandersetzungen gegeben, er war aber noch nie entlassen worden. Hinausgeworfen! Zu Fall gebracht! Ausrangiert! Sein ganzer Körper war taub. »Aber mein *Sturm*«, sagte er. »Der wird doch aufgeführt?« Er bettelte bereits. »Wenigstens das?« Sein bestes Werk, sein wundersamer Schatz, zerstört. In den Boden gestampft. Gelöscht.

»Ich fürchte, nein«, sagte Tony. »Wir … Sie meinten, ein sauberer Schnitt wäre das Beste. Die Produktion wird abgesagt. Die persönlichen Habseligkeiten aus deinem Büro findest du draußen bei deinem Auto. Ich brauche übrigens deinen Sicherheitsausweis. Wenn du so weit bist.«

»Das bringe ich vor den Minister für Kultur- und Denkmalpflege«, sagte Felix schwach. Er wusste, dass das eine leere Drohung war. Er war mit Sal O'Nally zur Schule gegangen, damals waren sie Rivalen gewesen. Wegen eines gestohlenen Bleistifts hatte es seinerzeit eine Auseinandersetzung gegeben, die Felix gewonnen und Sal offensichtlich nicht vergessen hatte. In etlichen Fernsehinterviews – die direkt auf Felix' Eier abzielten – hatte er seine Meinung kundgetan, dass das Makeshiweg-Festival öfter Noël-Coward-Komödien und Andrew-Lloyd-Webber-Musicals aufführen sollte. Nicht, dass Felix etwas gegen Musicals gehabt hätte, er hatte seine Theaterlaufbahn in einer Studentenproduktion von *Guys and Dolls* begonnen, aber ausschließlich Musicals …

The Sound of Music, meinte Sal. *Cats. Crazy for You*. Stepptanz. Dinge, die ein gewöhnlicher Mensch verstehen konnte. Doch der gewöhnliche Mensch konnte Felix' Herangehensweise bestens verstehen! Was war so schwierig an einem *Macbeth* mit Kettensäge? Es passte zum Thema. Unmittelbar.

»Der Minister für Kultur- und Denkmalpflege stimmt voll mit diesem Entschluss überein«, sagte Tony. »Natürlich haben wir unsere Entscheidung vor der endgültigen Abstimmung mit Sal – mit Minister O'Nally – abgesprochen, um sicherzugehen, dass wir den richtigen Weg einschlagen. Es tut mir leid, Felix«, fügte er unaufrichtig hinzu. »Ich weiß, dass das ein Schock für dich ist. Und sehr schwierig für uns alle.«

»Du hast vermutlich bereits einen Ersatz im Sinn, nehme ich an«, sagte Felix und zwang seine Stimme in eine vernünftige Tonlage. *Sal*. Demnach nannten sie einander beim Vornamen.

So also standen die Dinge. Er würde nicht die Beherrschung verlieren. Er würde einen Rest seiner Würde bewahren.

»Ja, in der Tat«, sagte Tony. »Sal … das Präsidium hat, hm, mich gebeten, die Sache zu übernehmen. Natürlich nur vorübergehend. Bis ein Kandidat passenden Kalibers gefunden werden kann.«

Von wegen vorübergehend, dachte Felix. Jetzt war ihm alles klar. Die Heimlichkeiten, die Sabotage. Die heimtückischen Ausflüchte. Der gewaltige Verrat. Tony war der Drahtzieher, er hatte von Anfang an die Strippen gezogen. Hatte gewartet, bis Felix am verletzlichsten war, und dann zugeschlagen.

»Du heimtückischer, hinterhältiger Scheißkerl«, schrie er, was ihm eine gewisse Befriedigung verschaffte. Wenn auch angesichts des Ganzen nur eine kleine.

4. Mantel

Dann kamen zwei Männer vom Wachdienst ins Zimmer. Sie hatten offenbar vor der Tür gestanden und auf ihr Stichwort gewartet, höchstwahrscheinlich Felix' Geschrei. Jetzt könnte er sich selbst ohrfeigen, weil er so berechenbar war.

Tony musste die Wachleute vorher instruiert haben: Eines musste man ihm lassen, er war gründlich. Sie nahmen zu beiden Seiten von Felix Aufstellung, der eine schwarz, der andere braun, mit vor der Brust gekreuzten, muskelbepackten Armen und undurchdringlichen Mienen. Sie waren neu, Felix kannte sie nicht. Wichtiger, sie kannten Felix nicht und würden deshalb auch keine Loyalität empfinden. Noch einer von Tonys Geniestreichen.

»Das ist nicht nötig«, sagte Felix, doch Tony hielt es nicht einmal mehr für nötig zu antworten. Er zuckte nur knapp mit den Schultern, nickte – das Schulterzucken der Macht, das Nicken der Macht –, und Felix wurde höflich, aber entschieden auf den Parkplatz hinauseskortiert, eine eiserne Hand dicht an jedem Ellbogen.

Neben seinem Auto stapelten sich Kartons. Sein rotes Auto, ein Mustang Cabrio, gekauft in einem Anfall von Midlife-Crisis-Trotz, als er sich noch sportlich gefühlt hatte. Lange vor Miranda und dann keine Miranda. Schon damals hatte die Karre Rost angesetzt, und seither war es mehr geworden. Er hatte eigentlich vorgehabt, sich ein anderes Auto anzuschaffen, etwas Nüchterneres. So viel zu diesem Plan: Er hatte den Umschlag mit der Abfindung noch nicht geöffnet, wusste aber schon jetzt, dass er nur das schiere Minimum enthalten würde. Nicht genug für Extravaganzen wie ein halbwegs neues Auto.

Es nieselte. Die Wachmänner halfen Felix, die Kartons in seinen rostenden Mustang zu laden. Sie sagten nichts, und auch Felix blieb stumm – was gab es schon zu sagen?

Die Kartons waren durchgeweicht. Was enthielten sie? Papiere, Memorabilien, wer wusste das schon? In diesem Moment war es Felix scheißegal. Er überlegte, ob er mit großer Geste den ganzen Haufen auf den Parkplatz kippen und in Brand stecken sollte, doch wozu? Dazu würde er Benzin brauchen oder irgendeinen Brennstoff; beides hatte er nicht. Und warum sollte er Tony noch zusätzlich Munition liefern? (Die Feuerwehr informiert, die Polizei gerufen, Felix brabbelnd und krakeelend in Ketten davongezerrt, dann wegen Brandstiftung und Ruhestörung angeklagt. Ein Psychiater hinzugezogen, auf Tonys Rechnung. Eine Diagnose gestellt. Seht ihr?, würde Tony dem Präsidium sagen. *Paranoid. Psychotisch. Dem Himmel sei Dank, dass es uns gelungen ist, uns rechtzeitig von ihm zu trennen, bevor er mitten im Theater durchgedreht wäre.*)

Während sie zu dritt die letzten durchweichten Kartons in Felix' Auto luden, kam eine einsame, rundliche Gestalt über den Parkplatz gewatschelt. Es war Lonnie Gordon, der Vorsitzende des Festivalpräsidiums, der einen Regenschirm über seinen mit spärlichen Strähnen bedeckten Kopf hielt und eine Plastiktüte, eine Art Stock und noch etwas in der Hand hatte, das aussah wie ein Armvoll Stinktiere, gekrönt von einer toten weißen Katze.

Dieser verräterische alte Kauz. Felix ließ sich nicht dazu herab, ihn eines Blickes zu würdigen.

Schlurf, schlurf, watschel, watschel, plitsch-platsch kam der fette Lonnie, schnaufend wie ein Walross, durch die Pfützen auf sie zu. »Es tut mir wirklich leid, Felix«, sagte er, als er den hinteren Kotflügel des Autos erreicht hatte.

»Lass gut sein!«, sagte Felix.

»Ich war es nicht«, sagte Lonnie trübsinnig. »Ich wurde überstimmt.«

»Bockmist«, sagte Felix. Bei dem Stock handelte es sich um seinen Gehstock mit dem Fuchsknauf; die Katze war sein falscher Prospero-Bart; das Stinktier-Ding, das sah er erst jetzt, sein Zaubermantel. Vielmehr: was sein Zaubermantel hätte werden sollen. Er war feucht, das Fell zerzaust. Zahllose runde Plastiktiere starrten ihm mit glänzenden Augen aus dem Fell entgegen, die vielen Schwänze hingen schlaff herab. Im grauen Tageslicht wirkte das Ding albern. Doch auf der Bühne, in fertigem Zustand, mit eingeflochtenen Blättern und aufgesprühten Goldakzenten, durch Pailletten hervorgehoben, hätte es großartig ausgesehen.

»Es macht mich traurig, dass du so empfindest«, sagte Lonnie. »Ich dachte, du würdest das hier vielleicht haben wollen.« Er hielt Felix den Umhang, den Bart und den Gehstock entgegen, aber der machte keine Anstalten, die Sachen entgegenzunehmen, und starrte ihn nur wütend an. Ein peinlicher Moment. Lonnie war tatsächlich bedrückt: Er war ein sentimentaler alter Trottel, der am Schluss von Tragödien weinte. »Bitte«, sagte er. »Als Erinnerungsstücke. Nach all deiner Arbeit.« Wieder hielt er ihm die Sachen hin. Der schwarze Wachmann nahm sie ihm ab und legte sie oben auf die Kartons.

»Die Mühe hättest du dir sparen können«, sagte Felix.

»Und das«, sagte Lonnie und hielt ihm die Plastiktüte entgegen. »Der *Sturm*. Mit deinen Anmerkungen. Ich war so frei, sie mir anzusehen ... er wäre wunderbar geworden«, fuhr er mit zitternder Stimme fort. »Vielleicht kannst du sie eines Tages gebrauchen.«

»Du hast sie ja wohl nicht mehr alle«, sagte Felix. »Du und dieses Miststück Tony, ihr habt meine Karriere ruiniert, und das weißt du auch. Genauso gut hättet ihr mich erschießen können.« Das war eine Übertreibung, für Felix aber auch eine Erleichterung, sein Elend jemandem unter die Nase zu reiben. Jemandem mit weichem Herzen und schwachem Rückgrat und deshalb, im Unterschied zu Tony, anfällig dafür, etwas unter die Nase gerieben zu bekommen.

»Oh, ich bin mir sicher, es wird sich alles zum Besten wenden«, sagte Lonnie. »Bei so viel Kreativität, so viel Talent ... Da muss es eine Menge, nun, andere Möglichkeiten geben ... ein Neuanfang ...«

»Andere Möglichkeiten?«, sagte Felix. »Ich bin fünfzig, mein Gott. Etwas über das Ablaufdatum für einen Neuanfang hinaus, meinst du nicht?«

Lonnie schluckte. »Ich verstehe durchaus, was du ... Wir werden bei der nächsten Präsidiumssitzung ein Dankesschreiben an dich veranlassen, und jemand hat ein Standbild vorgeschlagen, weißt du, eine Büste oder so was, vielleicht auch einen Brunnen in deinem Namen ...«

Kreativität. Talent. Die zwei überstrapaziertesten Wörter in diesem Geschäft, dachte Felix bitter. Und die drei unnötigsten Dinge auf Erden: der Schwanz eines Priesters, die Titten einer Nonne und ein tiefempfundenes Dankesschreiben. »Steck dir deine Büste sonst wohin«, sagte er. Doch dann gab er nach. »Danke, Lonnie«, sagte er. »Ich weiß, du meinst es gut.« Er streckte die Hand aus. Lonnie schüttelte sie.

War das tatsächlich eine Träne, die diese allzu rote Wange hinunterrollte? Ein Zittern des Kiefers? Lonnie sollte auf der Hut sein, mit Tony am Ruder, dachte Felix. Insbesondere wenn er weiterhin so tränenfeucht Gewissensbisse zur Schau stellte. Tony hätte keinerlei Gewissensbisse; er würde jede Opposition niederschmettern, jedes Zögern bestrafen, würde sich mit Schlägern umgeben und das Totholz abhauen.

»Wenn du eine Empfehlung brauchst, jederzeit«, sagte Lonnie. »Ich würde mich freuen ... oder ... soviel ich weiß, gibt es ... vielleicht nach einer Ruhepause ... Du hast zu schwer gearbeitet, seit deiner, deiner schrecklichen, traurigen, es tat mir so leid, das ist bei Weitem zu viel, niemand sollte ...«

Lonnie war bei dem Begräbnis gewesen, bei beiden, dem von Nadia zuerst. Bei Miranda war er sehr verstört gewesen. Er hatte ein Sträußchen rosafarbener Teerosen in das winzige Grab geworfen, ziemlich theatralisch, wie Felix damals fand, obwohl er die Geste zu schätzen wusste. Dann war Lonnie restlos zusammengebrochen und hatte in ein weißes Taschentuch geschluchzt von der Größe einer Tischdecke.

Auch Tony war bei dem Begräbnis gewesen, diese hinterhältige Ratte, mit einer schwarzen Krawatte und Trauermiene, obwohl er vermutlich damals schon an seinem Coup gefeilt hatte.

»Danke«, sagte Felix und schnitt Lonnie das Wort ab. »Es wird schon wieder werden. Und danke«, sagte er zu den beiden Wachmännern. »Sie haben mir geholfen. Das weiß ich zu schätzen.«

»Gute Fahrt, Mr Phillips«, sagte einer von ihnen.

»Ja«, sagte der andere. »Wir machen nur unseren Job.« So etwas wie eine Entschuldigung. Wahrscheinlich wussten sie, wie es war, gefeuert zu werden.

Dann stieg Felix in sein schäbiges Auto, fuhr vom Parkplatz und davon, in den Rest seines Lebens.

5. Armselige Zelle

Der Rest seines Lebens. Wie lang ihm diese Zeit einmal vorgekommen war. Wie schnell sie verflogen ist. Wie viel davon er vergeudet hat. Wie schnell alles vorbei sein wird.

Als er den Parkplatz des Festivalgeländes verließ, hatte Felix nicht das Gefühl, das Auto zu steuern. Stattdessen fühlte er sich getrieben, wie von einem heftigen Wind vor sich hergeweht. Ihm war kalt, obwohl das Nieseln mittlerweile aufgehört hatte und die Sonne schien, außerdem hatte er die Heizung aufgedreht. Stand er unter Schock? Nein: Er zitterte nicht. Er war ruhig.

Das Theater mit seinen flatternden Wimpeln und dem wasserspeienden Delfinbrunnen, dem offenen Innenhof, den blühenden Rabatten und den Theaterbesuchern, die festlich gestimmt Eiscreme schleckten, verschwand alsbald. Die Hauptstraße von Makeshiweg mit den teuren Restaurants und den mit den Köpfen von alten Poeten, Schweinen, Renaissanceköniginnen, Fröschen, Zwergen und Hähnen geschmückten Pubs, mit den keltischen Wollwaren-Outlets, den Läden mit den Inuit-Schnitzereien und englischem Porzellan und den hübschen gelben viktorianischen Backsteinhäusern, das eine oder andere mit einem Bed-and-Breakfast-Schild, ging allmählich in eine Vorortstraße mit Drogerieläden, Schuhreparaturwerkstätten und thailändischen Nagelstudios über. Dann, nach ein paar weiteren Ampeln, lag auch der Stadtrand mit seinen Gewerbeflächen, den Teppich-Outlets, mexikanischen Schnellimbissen und Hamburgerparadiesen hinter ihm. Nun war Felix dem Schicksal preisgegeben.

Wo war er? Er hatte keine Ahnung. Um ihn herum erstreckten sich weite Felder, das zarte Grün des Frühlingsweizens, das dunklere Grün der Sojabohnen. Bauminseln reckten ihre fedrigen oder glänzenden Blätter um jahrhundertealte Bauernhäuser, deren graue Holzscheunen immer noch ihren Zweck erfüllten und deren Silos Satzzeichen in die Horizontale setzten. Die Straße hatte mittlerweile nur noch einen Kiesbelag und war in schlechtem Zustand.

Er fuhr langsamer und schaute sich um. Er sehnte sich nach einer Höhle, einem Versteck, einem Ort, wo er niemanden kannte und niemand ihn kannte. Ein Rückzugsort, wo er sich erholen könnte, denn nun begann er sich einzugestehen, wie schwer er getroffen war.

In ein, zwei, höchstens drei Tagen würde Tony eine Lügengeschichte in den Zeitungen platzieren. Darin würde es heißen, dass Felix als künstlerischer Direktor zurückgetreten sei, um sich neuen Herausforderungen zu stellen, doch diese Version würde niemand glauben. Wenn er in Makeshiweg blieb, würden böswillige Reporter ihn ausfindig machen und sich am Sturz des Mächtigen laben. Sie würden ihn anrufen, ihm auflauern, ihn in einer Bar in die Enge treiben, vorausgesetzt, er wäre dumm genug, eine Bar zu besuchen. Sie würden ihn fragen, ob er Lust hätte, einen Kommentar abzugeben, und dank seines Rufs darauf hoffen, einen cholerischen Anfall zu provozieren. Doch was würde er damit schon erreichen?

Die Sonne sank allmählich tiefer, und das schräg fallende Licht wurde weicher. Wie lange war er schon hier draußen? Wo auch immer *hier* war. Er fuhr weiter.

In einiger Entfernung von der Straße, am Ende einer grasüberwucherten Zufahrt, befand sich ein merkwürdiges Konstrukt. Es sah aus, als wäre es in einen niedrigen Hang hineingebaut, von Erde umschlossen, sodass nur die Vorderseite sichtbar war. Das

Konstrukt hatte ein Fenster und eine Tür, die halb offen stand. Aus der Wand ragte ein metallenes Schornsteinrohr, das nach einem rechtwinkligen Knick himmelwärts zeigte und oben mit einer Blechkappe versehen war. Es gab eine Wäscheleine mit einer einzigen Wäscheklammer, die noch immer einen Fetzen Spüllappen festhielt. Es war der letzte Ort, an dem irgendjemand nach ihm suchen würde.

Nachzusehen schadete nicht. Also sah Felix nach.

Er parkte sein Auto am Straßenrand und ging die Zufahrt entlang; feuchtes Gras und Unkraut strichen um seine Hosenbeine. Die Tür knarrte, als er sie weiter aufstieß, ein Tropfen Öl auf den Scharnieren würde das aber richten. Die Decke war niedrig, die Balken waren runde Holzpfosten, früher weiß getüncht und jetzt voller Spinnweben. Das Innere roch nicht allzu unangenehm nach Erde und Holz und einem Hauch Asche: Der stammte von dem eisernen Herd mit zwei Kochstellen und einem kleinen Ofen, der zwar verrostet, aber noch intakt war. Zwei Räume, der Hauptraum und noch ein weiterer, der einmal das Schlafzimmer gewesen sein musste. Er hatte ein Oberlicht – das Glas sah einigermaßen neu aus – und an der Seite eine Tür, die mit einem Haken verschlossen war. Felix löste den Haken. Hinter der Tür befanden sich ein zugewachsener Pfad und dann ein Abort. Glücklicherweise würde er sich nicht so weit erniedrigen müssen, eine Abortgrube auszuheben: Das hatten andere für ihn erledigt.

Außer einem schweren alten Holzschrank im Schlafzimmer und einem Küchentisch mit Resopalplatte, rot mit silbernen Wirbeln, gab es kein Mobiliar. Keine Stühle. Der Fußboden bestand aus breiten Dielenbrettern: wenigstens nicht aus gestampfter Erde. Sogar eine Spüle war da, mit einer Handpumpe. Es gab elektrisches Licht, und wunderbarerweise funktionierte es. Jemand musste in jüngerer Zeit, also nach 1830, hier gewohnt haben.

Nicht einmal das Allernötigste war vorhanden, doch wenn er den Besitzer ausfindig machen, sich mit ihm einigen und die Zimmer ein wenig herrichten konnte, würde es gehen.

Sich in dieser Hütte zu verkriechen, die damit einhergehenden Entbehrungen auf sich zu nehmen, hieße natürlich, dass er sich in den Schmollwinkel zurückzog. Dass er sich ein härenes Hemd überstreifte, den Flagellanten gab, den Einsiedler. *Seht her, ich leide.* Er erkannte sein eigenes Theaterstück, bei dem er der einzige Zuschauer war. Kindisch, dieser selbst auferlegte Trübsinn. Er benahm sich nicht wie ein Erwachsener.

Doch was blieb ihm anderes übrig? Er war zu bekannt, um eine neue Stelle zu finden; zumindest keine gleichwertige, keine, die zu ihm gepasst hätte. Und Sal O'Nally, dessen Hand auf der Schatztruhe mit den Subventionen lag, würde geschickt jede einigermaßen interessante Berufung zu blockieren wissen: Tony würde keine Konkurrenz wollen, von einem Felix, der das Makeshiweg-Festival von anderer Stelle aus übertrumpfte. Tony und Sal würden zusammenarbeiten, wie sie es offenbar bereits getan hatten, um sicherzustellen, dass er mit dem Kopf unter Wasser blieb. Warum ihnen also die Befriedigung verschaffen?

Er fuhr auf demselben Weg nach Makeshiweg zurück, auf dem er gekommen war, und parkte vor dem kleinen Backsteincottage, in dem er in der laufenden Saison zur Miete gewohnt hatte. Seit jener unvorstellbar lange vergangenen Zeit ... seit er keine Familie mehr hatte, hatte er kein Haus mehr besessen. Er hatte sich dafür entschieden, die Häuser anderer zu mieten. Er nannte immer noch ein paar Möbelstücke sein eigen: ein Bett, einen Schreibtisch, eine Lampe, zwei alte Holzstühle, die er und Nadia auf einem Flohmarkt aufgelesen hatten. Persönlichen Nippes. Die Überbleibsel eines einst vollständigen Lebens.

Und das Foto von Miranda natürlich. Es war immer in seiner Nähe, wo er es sich ansehen konnte, wenn er spürte, dass er anfing, ins Dunkel abzugleiten. Er hatte das Bild selbst aufgenommen, als Miranda fast drei war. Sie saß zum ersten Mal auf einer Schaukel. Sie hatte den Kopf in den Nacken gelegt und lachte vor Freude; sie flog durch die Luft, und ihre kleinen

Fäuste umklammerten die Seile; das Morgenlicht legte einen Strahlenkranz um ihr Haar. Der Rahmen, der sie einfasste, war silberfarben, ein silberner Fensterrahmen. Auf der anderen Seite dieses magischen Fensters war sie immer noch am Leben.

Jetzt würde sie hinter dem Glas eingesperrt bleiben müssen, denn mit der Zerstörung seines *Sturms* war die neue Miranda – die Miranda, die er hatte schaffen, möglicherweise zu neuem Leben erwecken wollen – gestorben.

Tony hatte nicht einmal den Anstand besessen, ihm ein Treffen mit den Mitarbeitern zu gestatten, den technischen Helfern, den Schauspielern. Um sich zu verabschieden. Und seinem Bedauern Ausdruck zu verleihen, dass sein *Sturm* nicht realisiert werden würde. Man hatte ihn vom Hof gejagt wie einen Verbrecher. Hatten Tony und seine Günstlinge Angst vor ihm? Angst vor einem Aufruhr, einem Gegenputsch? Glaubten sie ernsthaft, Felix wäre so mächtig?

Er rief ein Umzugsunternehmen an und erkundigte sich, wie schnell sie kommen könnten. Es sei ein Notfall, sagte er; alles müsse so bald wie möglich gepackt und eingelagert werden; wegen der Eile würde er einen Zuschlag bezahlen. Er schrieb seinem Vermieter einen Scheck aus und beglich die Miete für die laufende Saison. Er ging zur Bank, zahlte Tonys beschissenes Rauswurf-Geld ein, informierte den Filialleiter, dass er bald eine andere Adresse haben und ihn brieflich darüber informieren würde.

Glücklicherweise verfügte er über einige Ersparnisse. Vorerst konnte er für die ganze Welt unsichtbar bleiben.

Seine nächste Aufgabe war, den Besitzer des Hügelhauses ausfindig zu machen. Er fuhr wieder hinaus und versuchte sein Glück im nächstgelegenen Bauernhaus. Eine Frau öffnete die Tür, mittleres Alter, durchschnittliches Aussehen, aschblondes Haar, das zu einem Pferdeschwanz zusammengebunden war. Jeans und ein Sweatshirt; hinter ihr auf dem Fußboden aus

Linoleumfliesen ein Plastikspielzeug. Felix' Herz machte einen winzigen Satz.

Die Frau verschränkte die Arme und blockierte die Tür. »Ich hab Ihr Auto schon mal gesehen«, sagte sie. »Dort oben bei der Hütte.«

»Ja«, sagte Felix, wie er fand, auf seine charmanteste Art. »Wissen Sie, wem sie gehört?«

»Warum?«, fragte die Frau. »Uns nicht. Wir zahlen keine Steuern dafür. Das alte Ding ist nichts wert. Stammt noch von den Pionieren oder so, bevor die zu Geld gekommen sind. Ich hab Bert gesagt, man hätte es schon vor Jahren abfackeln sollen.«

Ah, dachte Felix. Man konnte sich einigen. »Ich war krank«, sagte er, was nicht ganz gelogen war. »Ich brauche ein wenig Ruhe. Ich glaube, die Landluft würde mir guttun.«

»Landluft«, schnaubte die Frau. »Hier gibt es Luft genug, wenn es das ist, was Sie suchen. Ist umsonst. Bedienen Sie sich.«

»Ich würde gerne in dem kleinen Cottage wohnen«, sagte Felix mit harmlosem Lächeln. Er wollte den Eindruck vermitteln, er sei ein wenig dusselig, allerdings nicht zu sehr. Ein Verrückter, aber kein Wahnsinniger. »Ich würde natürlich Miete zahlen. In bar«, fügte er hinzu.

Das änderte alles, und Felix wurde hereingebeten und nahm am Küchentisch Platz; dann wandten sie sich dem Geschäftlichen zu. Die Frau wollte das Geld, daraus machte sie kein Hehl. Bert – der Mann – konnte mit dem Alfalfa-Anbau nicht genug verdienen und fuhr Propangas aus, um über die Runden zu kommen; außerdem räumte er im Winter den Schnee von den Zufahrten. Er war häufig nicht da und überließ es ihr, mit allem fertigzuwerden. Wieder ein Schnauben, eine abschätzige Kopfbewegung: dieses »mit allem« schloss Verrückte wie Felix mit ein.

Sie erzählte, dass immer wieder Leute in der Hütte gewohnt hätten, zuletzt »zwei Hippies, er Maler, sie wie auch immer sie so eine nennen wollen, die sich mit einem Maler in einer Hütte verkriecht« – das war vor einem Jahr gewesen. Davor ein verarmter Onkel von ihr; und davor eine Tante von Bert, die nicht ganz richtig im Kopf gewesen war und weggebracht werden musste. Davor wusste sie nicht, das war vor ihrer Zeit gewesen. Manche behaupteten, in dem Häuschen spuke es; Felix solle diesem Gerücht keinen Glauben schenken, meinte sie abfällig, denn die Leute hätten keine Ahnung, es sei nicht wahr. (Sie war eindeutig vom Gegenteil überzeugt.)

Man kam überein, dass Felix die Hütte nutzen und sämtliche gewünschten Reparaturen vornehmen konnte. Bert würde die Zufahrt im Winter mit dem Schneepflug räumen, Felix würde also nicht den ganzen Weg dort hinauf durch den Schnee stapfen müssen. Maude – die Frau – würde das Bargeld entgegennehmen, in einem Umschlag, am Ersten des Monats, und falls jemand nachfragte, war das nie passiert, denn Felix war ihr Onkel und wohnte umsonst. Sie und Bert würden das Holz für den Herd liefern: Ihr Sohn, ein Teenager, konnte es mit dem Traktor zur Hütte bringen. Die Kosten dafür hatte sie bereits in den Mietpreis eingerechnet. Wenn Felix wollte, konnte sie auch seine Wäsche waschen, extra.

Felix bedankte sich bei ihr und sagte, sie sollten erst einmal abwarten. Er nahm ihr das Versprechen ab, niemandem von ihm zu erzählen. Er schotte sich gerade ab, sagte er. Er habe seine eigenen Gründe, diese seien aber nicht kriminell.

Sie warf ihm einen Seitenblick zu; das Nicht-Kriminelle glaubte sie ihm nicht, es machte ihr aber offensichtlich auch nichts aus. »Vertrauen Sie mir«, sagte sie. Und merkwürdigerweise vertraute er ihr tatsächlich.

An der Tür schüttelten sie einander die Hand. Sie hatte einen festen Händedruck, fast wie ein Mann. »Wie heißen Sie?«, fragte sie. »Also, welchen Namen soll ich benutzen, falls es einmal nötig wird?«

Felix zögerte. *Das geht Sie nichts an,* lag ihm auf den Lippen. »Mr Duke«, erwiderte er.

6. Im Loch der Zeit

Es dauerte nicht lange, bis Felix merkte, dass es einfach war zu verschwinden, und dass die Welt sein Verschwinden ohne Weiteres verkraftete. Das Loch, das seine jähe Abwesenheit in das Gewebe des Makeshiweg-Festivals gerissen hatte, wurde alsbald gestopft – und zwar in der Tat von Tony. Die Show ging weiter, wie das bei Shows eben so war.

Wohin war Felix entschwunden? Das war ein Geheimnis, aber offenbar keins, das unbedingt jemand hätte lüften wollen. Er konnte sich das Geschwätz vorstellen. Vielleicht hatte er einen Zusammenbruch erlitten? War von einer Brücke gesprungen? Die Intensität seines Kummers, als sein kleines Mädchen gestorben war – so tragisch –, und dann, unmittelbar danach, die Art und Weise, wie er von seinem offen gestanden hirnrissigen *Sturm* besessen war, da musste man sich schon wundern. Doch nicht allzu lange, denn bei jenen, die sich mit dem Wundern befassten, würden sicher alsbald andere, dringlichere Sorgen die Lücke füllen, die Felix' Weggang hinterlassen hatte, und die Wellen des Tratschs würden vermutlich rasch verebben. Karrieren mussten vorangetrieben, Rollen gelernt, Fertigkeiten perfektioniert werden.

Auf den verrückten alten Kerl, er konnte sich vorstellen, wie sie das sagten, im Toad and Whistle, im King's Head, im Pig-Nut oder wo auch immer, wo die Schauspieler und Faktoten des Festivals in ihrer Freizeit die Gläser hoben. *Auf den Maestro. Auf Felix Phillips, wo auch immer er ist.*

Felix richtete sein Bankkonto in einer Filiale in Wilmot, zwei Städte weiter, ein und mietete ein Postfach. Er war schließlich immer noch am Leben; zum Beispiel würde er seine Steuererklärung abgeben müssen. Nichts würde die Hunde so schnell auf seine Fährte hetzen wie das Versäumnis, solchen Vorschriften Folge zu leisten. Das war der Mindestpreis, der für das Privileg zu entrichten war, frei auf der Erdoberfläche herumspazieren, atmen, essen und scheißen zu dürfen, dachte er säuerlich.

Er eröffnete ein zweites Bankkonto auf den Namen F. Duke mit der Behauptung, es handle sich um sein Pseudonym. Er sei Schriftsteller, erklärte er in der Bank. Es gefiel ihm, ein Alter Ego zu haben, eines ohne seine melancholische Geschichte. Felix Phillips war gescheitert, aber F. Duke hatte vielleicht noch eine Chance; auf was, konnte er allerdings noch nicht sagen.

Für Steuerzwecke behielt er seinen eigenen Namen bei, doch für Maude und Bert war er »Mr Duke«. Auch für ihre finster dreinblickende kleine Tochter Crystal, die Felix eindeutig für einen Kinderfresser hielt, und für Walter, den mürrischen Sohn im Teenageralter, der in den ersten Jahren — bevor er gen Westen zog, um in Alberta zu arbeiten — tatsächlich jeden Herbst einige Ladungen Feuerholz zu Felix' bescheidener Behausung transportierte.

Eine Weile versuchte Felix, sich damit zu amüsieren, dass er Maude in seinem persönlichen *Sturm* – dem *Sturm* in seinem Kopf – als blauäugige Hexe Sycorax besetzte und Walter als Caliban, den halbmenschlichen Holzschlepper und Tellerwäscher, doch das hielt nicht lange vor. Nichts davon passte: Bert, der Ehemann, war nicht der Teufel, und die junge Crystal, ein kleines, dickliches Kind, vermochte er sich nicht als sylphengleiche Miranda vorzustellen.

Auch gab es in diesem Haushalt keinen Platz für einen Ariel, obwohl Felix den handwerklich begabten Bert dafür bezahlte, von ihrem Bauernhaus aus eine weitere Stromleitung zu verlegen, neben der, gewiss illegalen, die bereits vorhanden war.

Damit konnte er an kalten Tagen ein Heizgerät betreiben, zudem einen kleinen Kühlschrank und einen Herd mit zwei Kochplatten, auch wenn er nicht alles gleichzeitig anstellen durfte, ohne einen Stromausfall zu verursachen. Maude schätzte, wie viel Strom er verbrauchte, und schröpfte ihn entsprechend. Wenn die Maude-Familie im *Sturm* etwas war, dann die unbedeutenderen Elementargewalten: eine Quelle der Energie, wenn auch keine große, witzelte er vor sich selbst.

Abgesehen von dem Umschlag mit Bargeld, den Felix Maude an jedem Monatsersten in die raue Faust drückte, hatte er kaum Kontakt zu seinen Vermietern, falls sie das denn waren. Die Maude-Familie kümmerte sich um ihre Angelegenheiten. Und Felix um die seinen.

Aber was waren seine Angelegenheiten?

Er versuchte, Neuigkeiten aus dem Theater aus dem Weg zu gehen, nichts über das Theater zu lesen und nicht über das Theater nachzudenken. Es war zu schmerzhaft. Doch seine Versuche waren selten erfolgreich. Er ertappte sich dabei, dass er die Lokalzeitungen kaufte, selbst die aus den Nachbarstädten, die Kritiken überflog, sie dann zerriss und zum Feueranzünden verwendete.

In der ersten Phase seiner Trauer und seiner Grübeleien widmete er sich der Renovierung seiner ländlichen Behausung. Diese Aktivitäten hatten therapeutische Wirkung: Er putzte den Innenraum, fegte die Spinnweben weg und holte seine Siebensachen aus dem angemieteten Lagerraum. Ein bisschen Öl und eine neue Gummimanschette, dann funktionierte die Handpumpe. Der Abort barg kein Geheimnis: Er funktionierte, und bisher roch er auch nicht. Er kaufte ein Paket braunes Granulat, das für Aborte als das Richtige empfohlen wurde, und schüttete regelmäßig etwas davon hinein. Er legte einen Teppich auf den Schlafzimmerfußboden. Er stellte einen Nachttisch neben das Bett. Das Foto von Miranda leuchtete darauf, lachend vor Freude.

Trotz seiner mitleiderregenden Bemühungen um Häuslichkeit schlief er unruhig.

In der Eisenwarenhandlung in Wilmot kaufte er ein paar Werkzeuge: einen Hammer, eine Sense. Er mähte das Unkraut vor der Hütte; er putzte das Fenster und, was gefährlicher war, das Oberlicht. Er überlegte, ob er einen Garten umstechen und ein paar Tomaten und Gemüse anpflanzen sollte. Doch nein: Das ginge zu weit. Aber er achtete darauf, sich zu beschäftigen. Er arbeitete daran, an dieser seiner Geschäftigkeit.

Es reichte nicht.

Er ging in die Bibliothek und lieh sich Bücher aus. Gewiss sollte er diese Gelegenheit nutzen und sich all die Klassiker zu Gemüte führen, die er in seiner Jugend nie zu Ende gelesen hatte. *Die Brüder Karamasow, Anna Karenina, Schuld und Sühne* ... Aber es gelang ihm nicht: Sie enthielten zu viel wirkliches Leben, zu viel Tragik. Stattdessen ertappte er sich dabei, dass er sich zu den Kindergeschichten hingezogen fühlte, in denen am Ende alles gut ausging. *Anne auf Green Gables, Peter Pan*. Märchen: *Schneewittchen, Dornröschen*. Mädchen, die tot in einem Glassarg oder auf einem Himmelbett lagen und dann durch die Liebe wundersamerweise wieder ins Leben zurückfanden: Danach sehnte er sich. Nach einer Umkehrung des Schicksals.

»Sie haben wohl Enkelkinder«, sagte die nette Bibliothekarin zu ihm. »Lesen Sie ihnen vor?« Felix nickte und lächelte. Sinnlos, ihr die Wahrheit zu sagen.

Doch selbst diese Quelle versiegte ihm nach einer Weile. Er begann, bedenklich viel Zeit im Schatten auf einem gestreiften Liegestuhl zu verbringen, den er auf einem Garagenflohmarkt gefunden hatte, und ins Leere zu starren. Wenn man das lange genug tat, fing man an, Dinge zu sehen, die streng genommen so gar nicht da waren, doch das beunruhigte ihn nicht. Gestalten in den Wolken, Gesichter zwischen den Blättern. Sie gaben ihm das Gefühl, weniger einsam zu sein.

Die Stille begann, ihm zu schaffen zu machen. Dabei bot die Natur einiges an Hintergrundgeräuschen: Vogelgezwitscher, Grillengezirp, den Wind in den Bäumen. Die Fliegen, die so kontrapunktisch in seinem Abort herumschwirrten. Melodiös. Tröstlich. Um der fortwährenden Halb-Musik zu entgehen, stieg er manchmal in sein immer unzuverlässigeres Auto, fuhr nach Wilmot und kaufte etwas in der Eisenwarenhandlung, nur um den alltäglichen Klang einer menschlichen Stimme zu hören. Nach ein paar Jahren hatte er eine ganze Sammlung von Sekundenklebern und ein kleines Schrotthäuflein aus einzelnen Schrauben, Haken ohne Ösen und Bilderhaken. Hatte er angefangen zu schlurfen? Sah man in ihm einen harmlosen Exzentriker? War er Gegenstand von Klatsch und Tratsch, oder nahm man ihn gar nicht wahr? War ihm das überhaupt wichtig?

Und wenn nicht, was war ihm dann wichtig? Was wollte er? Wollte es so sehr, wie er früher in der Welt des Theaters Schlüsselfigur, treibende Kraft und Ideengeber hatte sein wollen? Was war jetzt sein Ziel, wofür lebte er? Seine Karriere war dahin, und die Liebe seines Lebens ebenso. Seine beiden Lieben. Er lief Gefahr zu stagnieren. Seine gesamte Energie zu verlieren. Der Trägheit nachzugeben. Wenigstens hielt er sich vom Alkohol fern und von den Bars.

Aus ihm könnte einer dieser orientierungslosen Männer in der zweiten Lebenshälfte werden — jenseits der Fallen der Romantik, jenseits von Ehrgeiz —, die auf der Welt ziellos hierhin und dorthin wanderten. Er könnte auf Reisen gehen: Er konnte es sich mehr oder weniger leisten. Doch diese Reisen würden ihn nicht interessieren, denn was sollte er sich schon ansehen? Er könnte sich mit einer einsamen Frau zusammentun, eine Affäre haben und sie beide unglücklich machen. Eine neue Familie zu gründen kam nicht in Frage, da niemand die verlorene, entschwundene ersetzen konnte. Er könnte einem Bridgeclub beitreten, einem Kameraclub, einem Aquarellierclub. Aber er hasste Bridge, er wollte nicht mehr fotografieren, und er hatte kein Talent zum Malen.

Wollte er sein Leben denn überhaupt retten? Und wenn nicht, was dann?

Er könnte sich erhängen. Er könnte sich das Gehirn wegblasen. Er könnte sich im Huronsee ertränken, der nicht allzu weit entfernt war.

Müßige Spekulationen. Es war ihm nicht ernst.

Folglich?

Er brauchte einen Fokus, ein Ziel. Er dachte intensiv darüber nach, wenn er in seinem Liegestuhl saß. Schließlich reifte in ihm die Einsicht, dass ihm noch zwei Dinge blieben – zwei Projekte, die möglicherweise immer noch eine gewisse Befriedigung bereithielten.

Zunächst musste er seinen *Sturm* zurückbekommen. Musste ihn irgendwie irgendwo auf die Bühne bringen. Die Gründe dafür hatten mit seinem Ruf, seiner Karriere nichts zu tun – nicht das Geringste. Sondern ganz einfach damit, dass seine Miranda aus ihrem Glassarg befreit werden und ein neues Leben bekommen musste. Aber wie sollte er das bewerkstelligen, wo sollte er die Schauspieler hernehmen? Schauspieler wuchsen nicht auf Bäumen, so zahlreich die Bäume um seine Behausung auch wuchsen.

Zweitens, er wollte Rache. Er sehnte sich danach, träumte im Halbschlafdämmer davon. Tony und Sal mussten leiden. Seine gegenwärtige erbärmliche Situation war ihr Werk, zumindest größtenteils. Sie hatten ihn schäbig behandelt. Doch wie sollte seine Rache aussehen?

Das waren die zwei Dinge, nach denen er trachtete. Und er trachtete jeden Tag mehr danach. Doch er wusste nicht, wie er sie in die Tat umsetzen sollte.

7. Verzückt von dunklem Forschen

Sein *Sturm* würde, *faute de mieux,* warten müssen: Er verfügte nicht über die nötigen Mittel. Deshalb würde er sich zunächst auf die Rache konzentrieren.

Wie könnte er es anstellen? Könnte er Tony mit dem Versprechen auf ein Fass Amontillado in einen dunklen Keller locken und ihn dann in die Wand einmauern? Doch Tony war kein Genussmensch. Erlesenes Essen und Trinken interessierten ihn eigentlich nicht besonders: Er erfreute sich daran nur als Statussymbol. Und er wäre nie so dumm, ohne den Beistand zweier bewaffneter Wachen mit Felix einen dunklen Ort zu betreten, denn er war sich seines berechtigten Grolls sehr wohl bewusst.

Könnte Felix Tonys Frau verführen oder, noch besser, andeuten, dass irgendein junger Hengst sie verführt hatte? Aber Tonys Frau war ein Ausstellungsstück aus kaltem Alabaster: höchstwahrscheinlich ein Roboter und unverführbar. Und selbst wenn ihr unsichtbarer Keuschheitsgürtel geknackt werden könnte, warum so unfair sein dem unschuldigen jungen Hengst gegenüber, wer auch immer er sein mochte? Warum den Zorn Tonys auf ihn lenken, der inzwischen über ein ansehnliches Arsenal an karrierevernichtenden Waffen gebot? Junge Hengste hatten eine Halbwertszeit, und sie sollten ihr bestes Mannesalter in den Swimmingpools und zwischen den parfümierten Laken der Halb-Matronen genießen dürfen; bevor das Verwelken einsetzte, vor dem Schlaffwerden und der Konzentrationsschwäche.

Könnte er sich in Tonys Haus/Büro/Lieblingsrestaurant schleichen und Tonys Mittagessen mit einem Gift würzen, das ihn unheilbar erkranken oder eines langsamen, qualvollen Todes sterben ließe? Dann könnte er sich als Arzt verkleiden und schadenfroh in Tonys Krankenzimmer auftauchen. Er hatte einen Kriminalroman gelesen, in dem das Opfer nach dem Verzehr von Narzissenzwiebeln gestorben war. Sie waren in einer Zwiebelsuppe versteckt gewesen, soweit er sich erinnerte.

Nein, nein. Nichts als Hirngespinste. Solche Racheakte waren viel zu melodramatisch und lagen in jedem Fall außerhalb seiner Möglichkeiten. Er würde subtiler vorgehen müssen.

Kenne deinen Feind, lautete der Rat der besten Experten. Er begann, Tonys Bewegungen zu verfolgen: wohin er ging, was er tat, was er sagte, seine Fernsehauftritte. Die Liste seiner Verdienste; Tony gefiel es, Verdienste anzuhäufen, und er achtete sorgfältig darauf, dass sie auch anerkannt wurden.

Anfangs war dieses indirekte Stalking einfach: Felix brauchte sich lediglich die Zeitungen von Makeshiweg zu besorgen – von denen es damals zwei gab – und in den Theatermeldungen und den Gesellschaftskolumnen nachzulesen. Tony war in jenen Tagen auf Soiréen und Wohltätigkeitsveranstaltungen ein sehr gefragter Mann und gewährte leutselig Interviews. Felix knirschte mit den Zähnen, als er vom Preis als Bester Kunstveranstalter des Jahres und dann vom Akademischen Outreach-Preis erfuhr, der Tony für das Festivalprogramm verliehen wurde, in dessen Rahmen Kinder aus der Umgebung mit Bussen zu einer Aufführung des *Hamlet* gekarrt wurden, wo sie flüsternd und kichernd herumsaßen, während sich auf der Bühne die Leichen stapelten. Das Programm war Felix' Idee gewesen. Tatsächlich waren die meisten Konzepte, für die Tony Preise einheimste, Felix' Intellekt entsprungen.

Im fünften Jahr von Felix' Exil nahm Tony einen weiteren Preis entgegen: den Verdienstorden von Ontario. La-de-da, knurrte Felix in sich hinein. Noch ein Stück Blech, das du dir ans Revers heften kannst. Hochstapler!

Im sechsten Jahr schlug Tony eine andere Richtung ein. Er zog sich vom Festival zurück und kandidierte für ein politisches Amt, direkt in der Stadt Makeshiweg, wo er bekannt war. Tatsächlich errang er einen Sitz im Provinzparlament und wurde Abgeordneter. Sal O'Nally war immer noch Minister für Kultur und Denkmalpflege, und so saßen sie jetzt beide im selben Nest, das sie zweifellos beharrlich weiter auspolsterten. Wie gemütlich für die beiden!

Nicht mehr lange, und Tony wird sich bis ins Kabinett vorgeschlängelt haben, dachte Felix. Schon jetzt sprach man von ihm als dem Mann der Stunde. Auf Fotos trug er eine ministerielle Miene zur Schau.

Dann verschaffte die Technologie Felix' magerem Spionagearsenal ein neues Teleskop: Google, den Schnüffelkobold. Felix hatte einmal einen Computer besessen, der hatte jedoch dem Festival gehört und wurde bei seiner Entthronung eingezogen. Eine Zeit lang hatte er danach in einem Internetcafé in Wilmot herumgehockt und Tonys Aktivitäten so gut es ging von dort aus verfolgt. Nach seinem Weggang hatte er sein berufliches E-Mail-Konto geschlossen – wie ärgerlich wäre es gewesen, all die scheinheiligen Mitleidsbekundungen zu empfangen –, doch jetzt eröffnete er zwei neue Konten, eins für sich selbst und eins für Mr Duke, der sich auch ein paar Kreditkarten beschafft hatte. Er überlegte, ob er Mr Duke einen Führerschein besorgen sollte, doch das ginge dann doch ein bisschen zu weit.

Er hatte das Gefühl, in dem Café in Wilmot allmählich unangenehm aufzufallen – man könnte ihn verdächtigen, sich Pornoseiten anzuschauen –, deshalb kaufte er einen billigen PC aus zweiter Hand, ließ von Maudes Haus zu seiner Hütte eine Telefonleitung legen und wählte sich mit einem Modem ein. Nach einer Weile wurde sogar auf seiner abgelegenen Straße ein Kabel verlegt, und so rüstete er zu einer Ethernet-Verbindung und einem Router auf, was sowohl die Geschwindigkeit als auch die Privatheit seines Internetzugangs erhöhte.

Es war erstaunlich, was man im Netz alles über einen Menschen erfahren konnte. Da war Felix, allein in seinem gottvergessenen Winkel, und las die Google-Nachrichten, und da waren Tony und Sal, die sich eifrig in der Welt herumtrieben, ohne Verdacht zu hegen, dass sie einen Beschatter hatten; einen Beobachter, einen Wächter, einen Internet-Stalker.

Worauf wartete Felix? Er wusste es kaum. Auf einen glücklichen Zufall, eine günstige Gelegenheit? Einen Weg, der zur Konfrontation führte? Einen Moment, in dem das Gleichgewicht der Kräfte sich auf seine Seite verschob? Die Chance war verschwindend gering, doch unterdrückte Wut hielt ihn bei der Stange. Das, und seine Gier nach Gerechtigkeit.

Ihm war bewusst, dass sein Herumspionieren ein bisschen verrückt war, wenn auch nur ein bisschen. Doch Schritt für Schritt hatte er sein Leben auch noch für eine andere Sache geöffnet, die einer ausgewachsenen psychischen Störung nahekam.

Es fing damit an, dass er die Zeit nach Mirandas jeweiligem Alter zu messen begann, wäre sie denn noch am Leben. Sie wäre fünf, dann sechs; sie würde ihre Milchzähne verlieren, würde schreiben lernen. Solche Dinge. Anfangs nur wehmütige Tagträumereien.

Doch von wehmütigen Tagträumereien bis zu dem Halb-Glauben, dass sie, wenn auch unsichtbar, immer noch bei ihm war, war es nur ein kurzer Weg. Ob Einbildung, Schrulle oder Schauspielerei: Er glaubte nicht wirklich daran, bewegte sich aber in dieser Nicht-Realität, als wäre sie real. Er nahm seine Gewohnheit wieder auf, in der Bibliothek in Wilmot Kinderbücher auszuleihen, allerdings las er sie jetzt abends laut vor. In mancher Hinsicht machte ihm das Freude – seine Stimme war klangvoll wie eh und je, und so blieb er in Übung –, teilweise schwelgte er aber auch in seiner selbst erschaffenen Illusion. War da ein kleines Mädchen, das ihm zuhörte? Nein, nicht wirklich. Aber der Gedanke, dass dem so wäre, war tröstlich.

Als Miranda fünf wurde, sechs, sieben, half er ihr bei den Schularbeiten; sie wurde natürlich zu Hause unterrichtet. Dann saßen sie an dem Resopaltisch, er auf dem einen der alten Holzstühle, sie auf dem anderen. »Sechs mal neun?«, fragte er sie ab. Sie war so klug! Sie machte fast nie einen Fehler.

Sie begannen, die Mahlzeiten gemeinsam einzunehmen, was gut war, da er sonst vielleicht manchmal zu essen vergessen hätte. Sie schimpfte liebevoll mit ihm, wenn er nicht genug aß. Iss deinen Teller leer, sagte sie dann zu ihm. Ihr Lieblingsessen waren Makkaroni mit Käse.

Als sie acht war, brachte er ihr das Schachspielen bei. Sie lernte rasch und schlug ihn bald in zwei von drei Spielen. Wie ernsthaft sie das Brett studierte und dabei auf dem Ende ihres langen Zopfes herumkaute, den sie inzwischen ganz allein flechten konnte. Wie sehr er sich insgeheim freute, wenn sie gewann, auch wenn er so tat, als wäre er deswegen betrübt. Dann lachte sie, denn sie wusste, dass er nur Faxen machte. Wäre er wirklich niedergeschlagen gewesen, hätte sie ihm Trost zugesprochen. Ein so mitfühlendes Mädchen. Er versuchte, sie nie seinen Zorn sehen zu lassen, den Zorn, den er gegen Tony, gegen Sal hegte: Das hätte sie verwirrt. Wenn er ihre Mätzchen im Internet verfolgte und dabei vor sich hin schimpfte, war sie nie im Zimmer.

Tagsüber war sie oft draußen und spielte auf dem Feld neben dem Haus oder in dem Wäldchen dahinter. Er sah eine Wolke von Schmetterlingen von der Wiese auffliegen: Offenbar hatte sie sie aufgescheucht. Wenn im Wald Eichelhäher oder Krähen herumlärmten, schloss er daraus, dass Miranda gerade dort vorbeigegangen war. Eichhörnchen keckerten mit ihr, Waldhühner flatterten davon, wenn sie sich näherte. In der Dämmerung markierten Glühwürmchen ihren Weg, und Eulen grüßten sie mit gedämpften Schreien.

Während des Winters, wenn Schneewehen die Zufahrt versperrten und der Wind heulte, schlüpfte sie, ohne zu zögern, hinaus. Sie zog sich nicht so warm an, wie sie es hätte tun sollen, auch wenn er wegen der Handschuhe herumnörgelte, es passierte aber trotzdem nichts: keine Erkältungen, keine Grippe. Im Unterschied zu ihm wurde sie niemals krank. Wenn er krank war, schlich sie besorgt auf Zehenspitzen um ihn herum; doch ihretwegen musste er sich nie Sorgen machen, denn was hätte ihr schon zustoßen können? Sie war jenseits aller Gefahr.

Sie fragte ihn nie, wie es dazu kam, dass sie hier lebten, in einer abgelegenen Hütte. Er erzählte es ihr nie. Es wäre ein Schock für sie gewesen zu erfahren, dass es sie gar nicht gab. Zumindest nicht in der üblichen Weise.

Eines Tages hörte er sie singen, direkt vor dem Fenster. Es war kein Tagtraum, keines seiner wunderlichen und verzweifelten Hirngespinste. Er hörte tatsächlich eine Stimme. Es war kein Trost. Stattdessen machte es ihm Angst.

»Das geht zu weit«, sagte er sich streng. »Reiß dich zusammen, Felix. Brich aus deinem Kokon aus. Du brauchst eine Verbindung zur realen Welt.«

8. Geh, bring das Volk

Also nahm Mr Duke im neunten Jahr seines Exils – als Miranda zwölf war – eine Stelle an. Keine besonders prestigeträchtige Stelle, doch das war Felix gerade recht, denn er wollte nicht auffallen. In die Welt zurückzukehren, sich wieder auf Menschen einzulassen – er hoffte, dadurch wieder Boden unter den Füßen zu gewinnen. Er war im Begriff gewesen, völlig den Verstand zu verlieren, das sah er inzwischen ein. Zu viel Zeit allein mit seinem nagenden Kummer, zu viel Zeit, in der er sich in seinen Groll verbiss. Er hatte das Gefühl, aus einem langen, düsteren Traum zu erwachen.

Zu der Stelle kam er über das Onlineportal einer Lokalzeitung. Ein Lehrer des auf Highschoolniveau angesiedelten Programms Bildung-durch-Literatur in der nahegelegenen Justizvollzugsanstalt von Fletcher County war plötzlich erkrankt – an einer tödlichen Krankheit, wie sich herausstellte –, und es musste kurzfristig Ersatz gefunden werden. Es handelte sich um eine temporäre Stelle. Eine gewisse Erfahrung wäre erforderlich, wenn auch – wie Felix annahm – nicht viel. Bei Interesse …

Felix interessierte sich dafür. Über Mr Dukes E-Mail-Konto verschickte er ein erstes Schreiben, um seinen Hut in den Ring zu werfen. Dann schusterte er einen erfundenen Lebenslauf zusammen, fälschte jahrzehntealte Empfehlungsschreiben diverser unbekannter Schulen in Saskatchewan mit der Unterschrift von Direktoren, die vermutlich längst verstorben oder nach Florida gezogen waren. Er ging mit neunzigprozentiger

Sicherheit davon aus, dass diese Empfehlungsschreiben niemals überprüft würden; schließlich sollte er nur als Lückenbüßer dienen. In seinem Begleitschreiben behauptete er, er sei seit einigen Jahren im Ruhestand, wolle nun aber der Gemeinschaft etwas zurückgeben, da das Leben ihm selbst so viel gegeben habe.

Per E-Mail wurde er beinahe postwendend zu einem Vorstellungsgespräch eingeladen, woraus er den Schluss zog, dass es keine weiteren Bewerber gab. Umso besser: Vermutlich waren sie verzweifelt, und das würde ihm zu diesem Job verhelfen. Inzwischen wollte er ihn wirklich, er hatte es sich selbst eingeredet. Vielleicht verfügte er ja über ein gewisses Potenzial.

Felix putzte sich heraus – er hatte sich gehen lassen – und kaufte sich in einem Geschäft für Arbeitskleidung in Wilmot ein neues, plebejisch anmutendes dunkelgrünes Hemd. Er trimmte sogar seinen Bart. Im Laufe der Jahre hatte er ihn wachsen lassen; inzwischen war er grau, fast weiß, überdies hatte er die dazu passenden buschigen weißen Augenbrauen. Er hoffte, dadurch weise auszusehen.

Das Gespräch fand nicht in der Fletcher-Justizvollzugsanstalt, sondern in einem nahegelegenen McDonald's statt. Die Frau, die das Gespräch führte, war etwas über vierzig und gab sich Mühe: eine pinkfarbene Strähne im graublonden Haar, schimmernde Ohrringe, sorgfältig in modischem Silber lackierte Nägel. Ihr Name sei Estelle, erklärte sie. Gleich den Vornamen zu nennen, war ein positives Signal, sie wollte, dass sie Freunde wurden. Sie selbst arbeite nicht in Fletcher, erklärte sie: Sie sei Professorin an der Guelph University und überwache den Kurs in Fletcher aus der Ferne. Außerdem sitze sie in diversen Beratungskomitees der Regierung. Genauer: des Justizministeriums. »Mein Großvater war Senator«, sagte sie. »Das hat mir einen gewissen Zugang verschafft. Ich weiß, wie die Dinge laufen, könnte man sagen, und ich muss Ihnen gestehen, dass dieses Bildung-durch-Literatur-Programm mehr oder weniger … na ja, mein spezielles Baby ist. Ich habe mich ziemlich dafür starkgemacht.«

Felix sagte, das sei bewundernswert. Estelle sagte, wir alle täten, was wir könnten.

Der verstorbene Lehrer sei ein so feiner Mensch gewesen, bemerkte sie; er werde von so vielen vermisst, es sei so plötzlich gewesen, ein Schock. Er habe es wirklich versucht, oben in Fletcher; es sei ihm gelungen … nun, er habe sein Bestes gegeben, unter Bedingungen, die … niemand könne mit allzu großen Erwartungen an die Sache herangehen.

Felix nickte und murmelte an den richtigen Stellen »mhm«, schaute mitfühlend drein und hielt Blickkontakt. Im Gegenzug wurde Estelles Lächeln breiter. Alles lief, wie es laufen sollte.

Nach dieser Einleitung stürzte sich Estelle in das eigentliche Vorstellungsgespräch. Sie atmete tief durch. »Ich glaube, ich erkenne Sie wieder, Mr Duke«, sagte sie. »Trotz des Barts, der, das muss ich sagen, sehr distinguiert aussieht. Sie sind Felix Phillips, nicht wahr? Der berühmte Regisseur? Ich besuche dieses Festival seit meiner Kindheit, mein Großvater hat uns immer mitgenommen; ich habe eine *große* Sammlung Programmhefte!«

So viel zu seinem Alter Ego. »Es stimmt, ich bin es«, sagte Felix, »aber für diese Arbeit hier nenne ich mich Mr Duke. Ich dachte, das wäre vielleicht weniger einschüchternd.«

»Ich verstehe.« Ein Lächeln, diesmal zögerlicher. Ein unbewaffneter, ältlicher Theaterregisseur einschüchternd? Für die hartgesottenen Insassen von Fletcher? Wirklich?

»Wenn irgendjemand, der über meine Anstellung befindet, meinen wahren Namen kennen würde, könnte er sagen, ich sei überqualifiziert. Zu professionell für diese Stelle.« Ein breiteres Lächeln: Das fand Estelle überzeugender. »Dann bleibt das also unser Geheimnis«, sagte Felix, senkte die Stimme und beugte sich vor. »Sie sind nun meine Vertraute.«

»Oh, wie lustig!« Das gefiel ihr. »Eine Vertraute! Wie in einer Sittenkomödie! *The City Heiress* oder …«

»Von Aphra Behn«, ergänzte Felix. »Außer dass dort die Vertrauten Einbrecher sind.« Er war beeindruckt: ein wenig bekanntes Stück, keins, das er je inszeniert hatte.

»Vielleicht hatte ich schon immer Sehnsucht danach, ein Einbrecher zu sein«, lachte sie. »Aber im Ernst, es ist mir eine große Ehre! Ich muss fast alle Ihre Stücke gesehen haben, als Sie noch in Makeshiweg waren. Ich mochte Ihren *Lear*! Er war so, so …«

»Leidenschaftlich«, zitierte Felix aus einer der enthusiastischeren Kritiken.

»Ja«, nickte Estelle. »Leidenschaftlich.« Sie hielt inne. »Aber diese Position …. Wirklich, Sie sind natürlich bei Weitem überqualifiziert. Sie wissen, dass es sich nur um eine phasenweise – drei Monate im Jahr. Sie erwarten doch keine entsprechende …«

»Nein, nein«, wehrte Felix ab. »Die übliche Bezahlung. Ich bin seit einer Weile im Ruhestand und bestimmt eingerostet.«

»Im Ruhestand? Oh, Sie sind zu jung für den Ruhestand«, machte sie ihm unwillkürlich ein Kompliment. »Das wäre Verschwendung.«

»Zu freundlich«, sagte Felix.

Eine Pause entstand. »Sie verstehen, dass es sich um ein Gefängnis handelt«, sagte sie schließlich. »Sie werden, nun, verurteilte Kriminelle unterrichten. Das Ziel ist natürlich, ihre grundlegende Lese- und Schreibkompetenz zu verbessern, damit sie bei ihrer Rückkehr in die Welt einen sinnvollen Platz in der Gemeinschaft einnehmen können. Wären Sie an diese Menschen nicht verschwendet?«

»Es wäre eine Herausforderung«, erklärte Felix. »Ich habe Herausforderungen immer geliebt.«

»Lassen Sie uns offen sprechen«, sagte Estelle. »Bei manchen dieser Männer brennt leicht die Sicherung durch. Sie ziehen eine Schau ab. Ich würde nicht wollen, dass Sie …« Sie hatte eindeutig eine Vision, in der Felix mit einem Messer im Hals auf dem Fußboden lag, während sich um ihn herum eine Blutlache ausbreitete.

»Meine Liebe«, meinte Felix und griff auf einen seiner hochnäsigen Bühnenaristokratenakzente zurück, »in den frühen Tagen des Theaters betrachtete man Schauspieler ohnehin als Verwandte von Kriminellen. Außerdem habe ich viele Schauspieler gekannt – das ist genau das, was sie tun, sie ziehen eine Schau ab! Bühnenwut. Es gibt Wege, damit umzugehen. Und wenn sie von mir unterrichtet werden, lernen sie garantiert mehr Selbstbeherrschung.«

Estelle schwankte noch immer, sagte aber: »Nun, wenn Sie gewillt sind, es zu versuchen ...«

»Dazu wäre allerdings nötig, dass ich die Dinge auf meine Weise angehe«, sagte Felix, sein Glück herausfordernd. »Ich würde mir beträchtliche Freiräume wünschen.« Es war der Beginn des Semesters, und der verstorbene Lehrer war noch nicht weit gekommen, Felix stünde also ein gewisser kreativer Freiraum zur Verfügung. »Was lesen sie normalerweise in diesem Kurs?«

»Nun ja, wir haben auf *Der Fänger im Roggen* zurückgegriffen«, sagte Estelle. »Ziemlich oft. Und einige Geschichten von Stephen King, die mögen sie. Außerdem *Supergute Tage oder die sonderbare Welt des Christopher Boone*. Damit können sich viele von ihnen identifizieren, und es ist leicht zu lesen. Kurze Sätze.«

»Ich verstehe.« Der verdammte Fänger im Roggen, dachte er. Die geistige Kost juveniler Privatschüler. Hier handelte es sich jedoch um eine Mittel- bis Hochsicherheitseinrichtung, um erwachsene Männer, die ein Leben gelebt hatten, das sie weit über diese Parameter hinausgeführt hatte. »Ich werde einen etwas anderen Weg einschlagen.«

»Ich zögere, Sie zu fragen, was für einen Weg«, sagte Estelle und legte kokett den Kopf schief. Da sie ihn nun für den Job gewonnen hatte, fühlte sie sich entspannt genug, ein wenig zu flirten. Pass auf deine Hosen auf, Felix, ermahnte er sich. Sie trägt keinen Ehering, du bist also vogelfrei. Fang nicht etwas an, was du nicht zu Ende bringen kannst.

»Shakespeare«, sagte Felix. »Das ist der andere Weg.«

»Shakespeare?« Estelle, die sich vorgebeugt hatte, lehnte sich auf ihrem Stuhl wieder zurück. Überlegte sie es sich anders? »Aber das ist doch sicher bei Weitem zu … darin gibt es viele Wörter … Das wird sie entmutigen; vielleicht sollten Sie etwas auswählen, das eher ihrem Niveau … Um offen zu sein, manche von ihnen können kaum lesen.«

»Sie glauben, die Schauspieler bei Shakespeare hätten viel *gelesen*?«, fragte Felix. »Das waren Handwerksgesellen wie« – er griff ein x-beliebiges Beispiel aus der Luft, möglicherweise ein schlechtes – »zum Beispiel Maurer! Sie lasen selbst nie das ganze Stück; sie lernten nur ihre eigenen Textstellen und ihre Stichwörter auswendig. Außerdem improvisierten sie sehr viel. Der Text war keine heilige Kuh.«

»Ja, schon, ich weiß, aber …«, sagte Estelle. »Aber Shakespeare ist so ein Klassiker.«

Zu gut für sie, das war es, was sie eigentlich meinte. »Er hatte nicht vor, ein Klassiker zu werden!« In Felix' Stimme schwang eine gewisse Empörung. »Für ihn waren die Klassiker, na ja, Virgil und Herodot und … Er war schlicht der Manager einer Schauspieltruppe, der versuchte, sich über Wasser zu halten. Es ist nur einem glücklichen Zufall zu verdanken, dass wir überhaupt Shakespeare *haben*! Vor seinem Tod wurde nicht einmal etwas publiziert! Seine alten Freunde setzten die Stücke aus Bruchstücken zusammen – ein Haufen verwahrloster Schauspieler, die sich nach dem Tod dieses Kerls zu erinnern versuchten, was sie einmal gesagt hatten!« Wenn man Zweifel hat, sagte er sich, einfach weiterreden. Das war ein alter Bühnentrick, wenn einem der Text nicht mehr einfiel: einfach etwas sagen, das sich gut anhörte und dem Souffleur Zeit gab, dir die richtigen Worte zuzuraunen.

Estelle schaute verwirrt drein. »Ja, schon, aber was hat das mit …«

»Ich glaube, dass man die Dinge anpacken muss.« Felix sprach mit aller Autorität, die er aufbringen konnte.

»Was anpacken?«, fragte Estelle, jetzt wirklich alarmiert. »Sie müssen ihren persönlichen Freiraum respektieren, Sie dürfen nicht ...«

»Wir werden eine Aufführung machen«, erläuterte Felix.

»Das meine ich. Wir werden die Stücke spielen. Das ist der einzige Weg, wie man wirklich in eine Rolle hineinschlüpfen kann. Oh, machen Sie sich keine Sorgen, ich werde die offiziellen Kriterien erfüllen, was auch immer sie sind. Sie werden Hausaufgaben bekommen und Aufsätze schreiben und all das. Ich werde Zensuren verteilen. Ich nehme an, das ist so erforderlich.«

Estelle lächelte. »Sie sind sehr idealistisch«, sagte sie. »Aufsätze? Ich glaube wirklich ...«

»Prosatexte«, sagte Felix. »Über welches Stück auch immer, das wir gerade durchnehmen.«

»Glauben Sie wirklich?«, fragte Estelle. »Dass Sie sie so weit bringen können?«

»Geben Sie mir drei Wochen«, sagte Felix. »Wenn es bis dahin nicht funktioniert, nehme ich *Der Fänger im Roggen* durch. Versprochen.«

»In Ordnung, einverstanden«, sagte Estelle. »Viel Glück dabei.«

Die ersten Wochen waren ein wenig holprig, zugegeben. Felix und Shakespeare mussten sich über ziemlich dornenreiches Gelände den Berg hinaufschleppen, und Felix stellte fest, dass er auf die Bedingungen im Gefängnis weniger gut vorbereitet war, als er gedacht hatte. Er musste sich Respekt verschaffen, Grenzen setzen. Einmal hatte er gedroht, seine Kursteilnehmer sitzen zu lassen. Ein paar waren abgesprungen, doch die, die geblieben waren, meinten es ernst, und der Shakespeare-Kurs in der Justizvollzugsanstalt Fletcher wurde ein voller Erfolg. Auf ihre eigene, bescheidene Weise war sie eine Pionierleistung; sie war – und Felix sagte das seinen Schülern auch und erklärte ihnen den Begriff sorgfältig – Avantgarde. Der Shakespeare-Kurs war cool. Nach der ersten Saison standen die Insassen dafür

Schlange. Überraschenderweise verbesserten sich ihre Leistungen in Lesen und Schreiben um durchschnittlich fünfzehn Prozent. Wie schaffte der rätselhafte Mr Duke solche Ergebnisse? Verwundertes Kopfschütteln, der Verdacht auf einen Schwindel. Doch nein, objektive Tests stärkten ihm den Rücken. Der Effekt war real.

Draußen in der Welt, wo sich Akademiker tummelten, Konferenzen abgehalten und Thesen veröffentlicht wurden und die Ministerien Budgets genehmigten, wurde Estelle große Anerkennung zuteil, die Felix ihr in keiner Weise missgönnte. Er war zu beschäftigt. Er war wieder im Theater, aber auf neue Weise, eine Weise, die er sich in seinem früheren Leben niemals hätte vorstellen können. Hätte ihm damals jemand gesagt, dass er mit einem Haufen Sträflinge im Knast Shakespeare aufführen würde, hätte er denjenigen wohl für verrückt erklärt.

Felix arbeitete nun seit drei Jahren in der Justizvollzugsanstalt. Er wählte die Stücke sorgfältig aus: Er begann mit *Julius Cäsar*, machte mit *Richard III.* weiter und danach mit *Macbeth*. Machtkämpfe, Verrat, Verbrechen: Seine Schüler erfassten diese Themen sofort, denn auf ihre Art waren sie Experten darin.

Sie hatten pragmatisch begründete Ansichten, wie die Charaktere ihre Sache hätten besser machen können. Es war sehr dumm, Mark Anton bei Cäsars Begräbnis reden zu lassen, denn das bot ihm eine Gelegenheit, und man sah ja, wohin das später führte! Richard ging zu weit, er hätte nicht so gut wie alle ermorden lassen sollen, denn das hieß, dass ihm später in seiner Schlacht niemand zur Seite stand. Willst du der wichtigste Mann sein, dann brauchst du Verbündete: Das wusste doch jeder Idiot! Und was Macbeth betraf, der hätte diesen Hexen nicht trauen dürfen, denn dadurch wurde er zu siegessicher, und das war ein großer Fehler. Regel Nummer eins: Ein Mann muss seine Schwachstellen im Auge behalten, denn alles, was schiefgehen kann, geht auch schief. Logisch, oder? Allgemeines Kopfnicken.

Felix war klug genug, diese Ansichten als Aufsatzthemen zu wählen.

Er mied die romantischen Komödien: zu frivol für seinen Haufen, außerdem war es keine gute Idee, sich auf Fragen zu Sex einzulassen, das konnte einen Aufruhr auslösen. *Hamlet* und *Lear* waren aus anderem Grund ebenfalls vom Tisch: zu deprimierend. In Fletcher gab es auch so schon genügend Suizidversuche, und manche davon gelangen auch. Die drei Stücke, die er bis dahin behandelt hatte, waren akzeptabel, denn obwohl jedes mit einem Haufen Toter endete, stand am Schluss für den Sieger, wer auch immer das war, ein Neuanfang. Schlechte Führung und Dummheit wurden bestraft, Tugendhaftigkeit mehr oder weniger belohnt. Bei Shakespeare ging es immer um ein Mehr oder Weniger, er gab sich Mühe, das zu erklären.

Seine Unterrichtsmethode war bei allen Stücken gleich. Zuerst las jeder Interessent vorab den Text, eine von Felix gekürzte Version. Daneben stellte er eine Zusammenfassung der Handlung, einige Anmerkungen und einen Spickzettel für die altertümlichen Wörter zur Verfügung. Die, die dann schon nicht mehr durchstiegen, tauchten für gewöhnlich nicht mehr auf.

Danach, sobald die Truppe feststand, nahm er die Schlüsselthemen durch: Worum ging es in diesem Stück? Es gab immer mindestens drei Schlüsselthemen, manchmal mehr, denn, wie er ihnen erklärte, Shakespeare war raffiniert. Er hatte viele Ebenen. Er versteckte die Dinge gern hinter einem Vorhang, dann – presto! – überraschte er einen.

Der nächste Schritt war für seine Methode bedeutsam: Er beschränkte die im Kurs erlaubten Kraftausdrücke. Er forderte die Kursteilnehmer auf, eine Liste von Kraftausdrücken zu wählen, jedoch nur aus dem Stück selbst. Das gefiel ihnen; außerdem stellte es sicher, dass sie den Text sehr sorgfältig lasen. Dann rief er ein Spiel aus: Man durfte nur dann »Der Teufel fluch dich schwarz, du Quarkgesicht!« sagen, wenn es sich bei dem Stück um *Macbeth* handelte. Wer sich nicht daran hielt, erhielt Punktabzug. Am Ende winkte eine kostbare Belohnung in Form von Zigaretten, die Felix ins Gefängnis schmuggelte. Dieser Teil war sehr beliebt.

Als Nächstes stand das genaue Studium der wichtigsten Charaktere auf dem Lehrplan, die sich der Kurs einen nach dem anderen vornahm. Was ging in den Figuren vor? Was wollten sie? Warum taten sie das, was sie taten? Daraus entwickelten sich heiße Debatten, Alternativen wurden vorgeschlagen. War Macbeth ein Psycho, oder was? War Lady Macbeth schon immer durchgeknallt, oder wurde sie aus Schuldgefühlen so? War Richard III. von Natur aus ein eiskalter Mörder oder ein Produkt seiner Zeit und seiner völlig verderbten Familie, in der man töten musste, um nicht selbst getötet zu werden?

Sehr interessant, sagte Felix dann. *Ein guter Punkt.* Die Sache bei Shakespeare ist die, fügte er dann hinzu, dass es nie nur eine Antwort gibt.

Als Nächstes besetzte er das Stück und benannte für jede Hauptfigur ein Helferteam: Souffleure, eine Zweitbesetzung, Kostümbildner. Die Teams konnten die Rolle der einzelnen Charaktere in ihren eigenen Worten neu schreiben, um sie zeitgenössischer zu machen, durften aber die Handlung nicht verändern. So lautete die Regel.

Ihre letzte Aufgabe, die sie aber erst ganz am Ende angingen, nachdem das Stück aufgeführt worden war, bestand darin, ihrer Figur, falls sie dann noch am Leben war, ein zukünftiges Leben zu verschaffen. Falls nicht, dann einen Text, wie die anderen Charaktere den Toten oder die Tote sahen, nachdem er oder sie unter der Erde und das Stück zu Ende war.

Dazwischen probten sie, schliffen am Text, arbeiteten am Soundtrack und fertigten Requisiten und Kostüme an, die Felix draußen für sie zusammentrug und mit ins Gefängnis brachte. Es gab natürlich Grenzen: keine scharfen Gegenstände, kein explosives Material, nichts, was man rauchen oder injizieren konnte. Spielzeugpistolen waren nicht erlaubt. Auch, wie er herausfand, kein künstliches Blut: Es könnte mit echtem verwechselt werden, so die offizielle Begründung, und aufstachelnd wirken.

Dann spielten sie das Stück Szene für Szene durch. Sie durften es nicht vor echtem Publikum aufführen: Die Verwaltung wollte es nicht riskieren, sämtliche Gefängnisinsassen an ein und demselben Ort zu versammeln, weil sie einen Aufstand befürchtete, aber es gab ohnehin kein Auditorium, das dafür groß genug gewesen wäre. Also nahmen sie die einzelnen Szenen auf Video auf und bearbeiteten sie dann digital; das erlaubte es Felix, auf den zahlreichen Formularen das Kästchen »neuerworbene Sachkompetenz« abzuhaken. Außerdem brauchte sich so kein Schauspieler zu schämen, wenn er seinen Text verpatzte: Sie konnten das Ganze noch einmal aufnehmen.

Wenn das Video fertig war, einschließlich aller Spezialeffekte und der Musik, wurde es über das interne Fernsehnetz von Fletcher in sämtliche Zellen übertragen. Felix – der während der Sendung mit dem leitenden Personal im Büro des Gefängnisdirektors zusammensaß – wurde durch den Jubel aus den Zellen, den Applaus und die Kommentare bestärkt, die er über das Überwachungssystem mitanhörte. Die Gefangenen liebten die Kampfszenen. Warum auch nicht? Jeder liebte die Kampfszenen: Deshalb hatte Shakespeare sie eingeführt.

Die Vorstellungen waren vielleicht ein wenig ungeschliffen, aber tief empfunden. Felix wünschte, er hätte früher aus seinen professionellen Schauspielern auch nur halb so viel Gefühl herauspressen können. Das Rampenlicht leuchtete zwar nur kurz und an einem obskuren Ort, aber es leuchtete.

Nach der Vorführung gab es eine Party, ganz wie im richtigen Theater – Felix bestand darauf –, mit Kartoffelchips und Ginger-Ale. Felix verteilte die Zigaretten, man klatschte einander ab, und vielleicht sahen sie sich noch einmal den letzten Teil des Videos an, besonders den Abspann. Alle Kursteilnehmer – selbst die kleinsten Rollen, selbst die Zweitbesetzungen – sahen ihren Bühnennamen aufleuchten. Und ohne dazu aufgefordert zu werden, taten sie, was echte Schauspieler taten, sie stützten gegenseitig ihre Egos. »Hey, Brutus – brutal!« »Super, Richie boy!« »Gib uns ein Aug' vom Frosch!« Grinsen, Nicken, Dank, schüchternes Lächeln.

Die Gesichter der Männer zu sehen, wie sie sich selbst dabei beobachteten, ein anderer zu sein – Felix empfand das als seltsam anrührend. Dieses eine Mal in ihrem Leben mochten sie sich selbst.

Der Kurs wurde von Januar bis März abgehalten, und in diesen Monaten lief Felix auf Hochtouren. Doch im Sommer und Herbst, wenn er die ganze Zeit in seiner Bruchbude festsaß, verfiel er erneut der Verzweiflung. Nach einer stellaren Karriere wie der seinen, was für ein Abstieg: mit einem Haufen Diebe, Drogenhändlern, Schwindlern, Mördern, Betrügern und Hochstaplern im Knast Shakespeare einzustudieren. Würde er so seine Tage beschließen, in der Provinz seinen Geist aushauchen?

»Felix, Felix«, sagte er dann zu sich selbst. »Wen führst du da an der Nase herum?« »Es ist ein Mittel zum Zweck«, antwortete er dann. »Es ist ein Ziel in Sicht. Und zumindest ist es Theater.« »Was für ein Ziel?«, gab er sich selbst die Antwort.

Gewiss, es gab eins. Eine ungeöffnete Kiste, irgendwo unter einem Felsen versteckt und mit einem R markiert, R für Rache. Er konnte nicht erkennen, wohin das alles führen würde, doch er musste darauf vertrauen, dass es irgendwohin führte.

9. Seine Augen Meerkristalle

Inzwischen ist die Fletcher-Schauspieltruppe im vierten Jahr. Heute findet der Unterricht in dieser Saison zum ersten Mal statt, und wie immer am ersten Tag ist Felix ein wenig nervös. Bisher hat er mit dem Programm gute Erfolge erzielt, doch es könnte jederzeit zu einem Zwischenfall kommen, zu einer Panne, einer Rebellion. Zu etwas Unvorhergesehenem. *Zwanzig spitze Spatzenschnäbel. Fischers Fritze. Nimm dich in Acht,* ermahnt er sein Spiegelbild. *Sei auf alles gefasst.*

Nachdem er seine Zähne geputzt und eingesetzt hat, richtet er sein Haar, das glücklicherweise immer noch dicht ist. Dann schneidet er ein paar verirrte Barthaare ab. Er lässt den Bart jetzt seit zwölf Jahren wachsen, und mittlerweile hat er die richtige Form: voll, aber nicht buschig, ausdrucksstark, aber am Ende nicht spitz zulaufend. Spitz wäre dämonisch. Sein Ziel ist patriarchal.

Er zieht seine Arbeitskluft an: Jeans, Wanderschuhe, das dunkelgrüne Hemd aus dem Geschäft für Arbeitsbekleidung, ein abgetragenes Tweedjackett. Keine Krawatte. Es ist notwendig, dass er wie die Version seiner selbst aussieht, die dort oben in Fletcher inzwischen jedermann vertraut ist: der freundliche, aber autoritäre Lehrer, das Theatergenie im Ruhestand, ein wenig exzentrisch und naiv, aber in Ordnung. Ein Typ, der großzügig seine Zeit zur Verfügung stellt, weil er an die Möglichkeit zur Besserung glaubt.

Nun, er stellt sie nicht umsonst zur Verfügung; er wird bezahlt. Aber die Summe ist lächerlich, also tut er es nicht nur wegen des Geldes. Seine Schüler sind Hintergedanken gegenüber misstrauisch, da sie selbst so viele Hintergedanken haben. Sie missbilligen Gier bei anderen. Was sie selbst betrifft, so wollen sie nur, was ihnen zusteht. Fair ist fair, und aus dieser Richtung können sehr wohl Tumulte entstehen, wie Felix bereits weiß.

Er versucht, sich aus ihren privaten Streitigkeiten herauszuhalten. Bringt den Scheiß bloß nicht mit in den Unterricht, sagt er zu ihnen. Ich bin nicht für die Frage zuständig, wer eure Zigaretten gestohlen hat. Ich bin der Theatermensch. Wenn ihr hier hereinkommt, legt ihr euer Alltags-Ich ab. Hier werdet ihr wieder ein unbeschriebenes Blatt. Hier setzt ihr ein neues Gesicht auf. Wenn ihr niemand seid, müsst ihr zu jemand anderem werden, wenn ihr jemand sein wollt, sagt er zu ihnen, Marilyn Monroe zitierend, ein Name, den sie schon einmal gehört haben. Und hier drinnen fangen wir alle damit an, dass wir niemand sind. Ja, ich auch.

Daraufhin parieren sie: Sie wollen nicht aus dem Kurs hinausgeworfen werden. In einer Welt, in der es für sie wenig gibt, das sie tatsächlich frei wählen können, sind sie im Shakespeare-Kurs, weil sie das so entschieden haben. Das ist ein Privileg, und das lässt man sie vielleicht allzu oft wissen. Manche Typen dort draußen würden für das, was Felix ihnen hier bietet, einen Mord begehen. Felix selbst sagt das nie, es ist aber implizit in allem enthalten, was er sagt.

»Ich tue es nicht wegen des Geldes«, sagt Felix laut. Er dreht sich um. Miranda sitzt am Tisch, sie ist ein wenig in sich gekehrt, denn jetzt wird sie ihn nicht mehr oft zu sehen bekommen: Es ist Januar, und das Frühjahrssemester beginnt. »Das habe ich nie getan«, fügt er hinzu. Miranda nickt, denn sie weiß, dass es stimmt: Noble Menschen tun Dinge nicht um des Geldes willen, sie haben einfach welches, und das erlaubt es ihnen, nobel zu sein. Sie brauchen gar nicht besonders darüber nachzudenken; sie lassen wohltätige Taten sprießen wie ein Baum Blätter. Und in Mirandas Augen ist Felix nobel. Es hilft ihm, das zu wissen.

Miranda ist inzwischen fünfzehn, ein hübsches Mädchen. Dem Engel auf der Schaukel, der immer noch neben seinem Bett in seinem silbernen Rahmen steckt, völlig entwachsen. Diese fünfzehnjährige Version ist schlank und freundlich, wenn auch ein wenig blass. Sie sollte öfter an die frische Luft gehen und wie früher auf den Feldern und im Wald herumspringen. Um ein wenig Rot auf ihre Wangen zu zaubern. Natürlich, es ist Winter, es liegt Schnee, aber früher machte ihr das nie etwas aus; sie konnte leicht wie ein Vogel über die Schneewehen fliegen.

Miranda mag es nicht, wenn er in den Monaten, in denen er seinen Kurs abhält, so häufig weg ist. Auch macht sie sich Sorgen: Sie will nicht, dass er sich verausgabt. Wenn er nach einem langen Tag zurückkommt, trinken sie zusammen eine Tasse Tee und spielen eine Partie Schach, dann essen sie Makkaroni mit Käse und vielleicht einen Salat. Miranda ist gesundheitsbewusster geworden, sie besteht auf Grünzeug, sie überredet ihn, Grünkohl zu essen. In seiner Kindheit hatte noch kein Mensch je etwas von Grünkohl gehört.

Wenn sie noch am Leben wäre, wäre sie jetzt im problematischen Teenageralter: abfällige Bemerkungen, Augenrollen, Haare färben, Tattoos an den Armen. In Bars abhängen oder Schlimmeres – er kennt die Geschichten –, aber nichts davon ist passiert. Sie ist immer noch unkompliziert, immer noch unschuldig. Sie ist ein solcher Trost.

Doch zuletzt hat sie aus irgendwelchen Gründen angefangen zu grübeln. Hat sie sich verliebt? Er hofft sehr, dass das nicht der Fall ist! In wen sollte sie sich überhaupt verlieben? Der holzschleppende Flegel Walter ist längst nicht mehr da, und sonst gibt es hier niemanden.

»Sei brav, bis ich wieder zurückkomme«, sagt er zu ihr. Sie

lächelt matt: Was könnte sie sonst sein außer brav? »Du könntest ein wenig sticken.« Sie runzelt die Stirn: Was für ein Klischee. »Tut mir leid«, sagt er. »In Ordnung. Ein bisschen höhere Mathematik.« Das bringt sie immerhin zum Lachen.

Sie entfernt sich nie allzu weit vom Haus, das weiß er. Sie kommt nicht weit. Etwas hält sie zurück.

Jetzt muss er draußen dem Schnee trotzen, sich in die Kälte stürzen, den täglichen Test bestehen: Wird sein Auto anspringen? Im Winter stellt er es oben an der Straße ab. Es ist nicht mehr der Mustang, der ist vor ein paar Jahren durchgerostet, sondern ein gebrauchter blauer Peugeot, den er über die Craigslist-Gebrauchtwagensparte gefunden und mit Mr Dukes Gehaltsschecks von Fletcher bezahlt hat. Auch wenn die Zufahrt geräumt ist, kann die Straße trügerisch sein, und im Frühjahr ist sie verschlammt; deshalb benutzt er sie nur während der trockenen Jahreszeiten, im Sommer und Herbst. Wenn der Schneepflug vorbeigekommen ist, muss er sich durch Berge von Eis und gefrorenen braunen Matschbrocken graben, die von den vorbeifahrenden Fahrzeugen hochspritzen. Die Straße ist seit seinem Einzug in die Hütte asphaltiert worden, deshalb ist sie nun keine Seitenstraße mehr, sondern wird vielmehr als Durchgangsstraße benutzt. Zum Beispiel vom Gaslaster, von Federal Express. Vom Schulbus.

Der Schulbus, voll besetzt mit lachenden kleinen Kindern. Wenn er vorbeifährt, wendet er den Blick ab. Miranda hätte vielleicht einmal in einem Schulbus sitzen können, wenn sie dieses Alter erreicht hätte.

Felix nimmt seinen Wintermantel vom Haken hinter der Tür, Handschuhe und Wollmütze stecken in den Ärmeln. Er braucht einen Schal, und er besitzt auch einen, einen karierten. Er hat ihn irgendwo hingelegt, aber wohin? In den großen alten Schrank im Schlafzimmer, erinnert Miranda ihn sanft. Komisch: Gewöhnlich liegt er nicht dort.

Er öffnet die Tür. Da ist sein Zauberstab, der Gehstock mit dem Fuchsknauf. Sein Zaubermantel hängt ebenfalls da, nach hinten verschoben. Der Umhang seiner Niederlage, die tote Hülle seinen untergegangenen Ichs.

Nein, nicht tot, aber verändert. In der Düsternis, in der Dämmerung verändert er sich, erwacht langsam zum Leben. Er hält inne, um ihn zu betrachten. Da sind die Felle der Plüschtiere, ein wenig verstaubt inzwischen, gestreift und lohfarben, grau und schwarz, blau, pink und grün. Prächtig und sonderbar. Unzählige Augen zwinkern ihm wie Meerkristalle aus der Unterwasser-Dunkelheit zu.

Er hat diesen Mantel seit dem Verrat nicht mehr getragen. Aber er hat ihn auch nicht weggeworfen. Er liegt da und wartet.

Noch wird er ihn nicht anziehen: Noch ist der richtige Moment nicht gekommen. Aber er ist sich beinahe sicher, dass es bald soweit sein wird.

II
Sauber, so ein Königreich

10. Von einem guten Stern

Am gleichen Tag

Felix schaufelt sein Auto aus dem Schneehaufen, den der Schneepflug vor seiner Einfahrt aufgetürmt hat. Mach weiter so, und du holst dir einen Leistenbruch, sagt er sich. Du bist keine fünfundzwanzig mehr. Nicht einmal mehr fünfundvierzig. Vielleicht solltest du aufhören, den Einsiedler zu spielen, als Untermieter in eine schäbige Wohnung ziehen und mit einem Hund an der Leine durch die Stadt zockeln, so wie die anderen alten Knacker.

Nach ein paar magengeschwürfördernden Momenten, in denen das Auto nicht anspringen will – er sollte sich eine Motorblockheizung besorgen –, fährt Felix los in Richtung Fletcher-Gefängnis. Ihr Geister und Kobolde, nichts und niemand kann mich mehr aufhalten, verkündet er wortlos dem Wageninneren. Bereit oder nicht bereit!

Aber er ist bereit.

Vor einem Monat, Mitte Dezember, bekam Felix eine E-Mail von Estelle. Sie habe eine wunderbare Neuigkeit für ihn, sagte sie; sie würde sie ihm gern persönlich mitteilen. Wie es mit einem Mittagessen wäre oder vielleicht sogar einem Abendessen?

Felix entschied sich für das Mittagessen. Die letzten drei Jahre hat er sich, was Estelle anbelangt, auf Mittagessen beschränkt. Er macht sich Sorgen, dass ein Abendessen sich zu lange hinziehen, Alkohol beinhalten und dann zu intensiv werden könnte, von Estelles Seite oder von seiner. Ja, er ist Witwer, aber das heißt nicht, dass er zu haben ist. Nicht, dass sie nicht attraktiv wäre – tatsächlich hat sie ihre fabelhaften Seiten –, aber er hat ein Kind, das von ihm abhängig ist, und diese Pflichten haben Vorrang. Auch wenn er Estelle natürlich nicht von Miranda erzählen kann. Er will nicht, dass sie glaubt, er halluziniere.

Sie essen nie in dem McDonald's in der Nähe des Gefängnisses zu Mittag – zu viele Angestellte von Fletcher gehen dorthin, meint Estelle, und die Wände haben Ohren. Sie will verhindern, dass Gerüchte über sie beide als Paar in Umlauf kommen. Stattdessen haben sie sich auf Estelles Vorschlag hin auf ein besseres Restaurant in Wilmot geeinigt, das Zenith. Es bemüht sich, der jeweiligen Jahreszeit entsprechend, um einen gewissen Charme. Ihr Mittagessen fand in der Vorweihnachtszeit statt, deshalb war im Fenster ein emsiger Schwarm guter Geister zugange, die dekorierten, Spielsachen aufstellten und Eisblumen auf die kalten Fensterscheiben malten. Zum Glück hatte das Lokal eine Alkohollizenz.

»Tja!«, sagte Estelle, die ihm in einer Ecknische gegenübersaß. »Eins ist sicher, Sie haben einiges Aufsehen erregt!« Sie trug eine glitzernde Halskette, die Felix noch nie an ihr gesehen hatte: Strasssteine, wenn er sich nicht irrte.

»Ich versuche es«, sagte Felix mit einer angemessenen Spur Selbstironie. »Obwohl das weniger an mir liegt. Wie Sie wissen, zeigen die Jungs vollen Einsatz.«

»Ich weiß nicht, warum ich je Zweifel hatte«, sagte Estelle. »Sie haben Wunder bewirkt bei ihnen.«

»Oh, wohl kaum Wunder.« Felix blickte in seine Kaffeetasse. »Aber Fortschritte, ja; ich glaube, dem könnte ich zustimmen. Ihre Unterstützung war stets eine große Hilfe«, fügte er wohlüberlegt hinzu. »Ohne Sie hätte ich das niemals schaffen können.«

Estelle errötete bei diesem Kompliment. Er sollte vorsichtig sein, er wollte ihr nichts vormachen: Das könnte ihnen beiden schaden. »Nun, das Aufsehen, das Sie erregt haben, hat zu einem Ergebnis geführt! Ich war vor zwei Wochen in Ottawa, bei einem dieser Komitees, denen ich angehöre, und habe mit ein paar Leuten gesprochen. Sie werden nicht glauben, was ich für Sie erreicht habe«, sagte sie ein wenig atemlos. »Ich denke, Sie werden sich freuen.«

Sie hatte ihm im Laufe der Jahre etliche Male einen Gefallen erwiesen und sich dabei stets diskret im Hintergrund gehalten. Dank ihres Einflusses hatte er das nötige Geld zur Verfügung, um technische Hilfsmittel und die Herstellung der Kostüme und Requisiten zu bezahlen. Es war ihr gelungen, für den Kurs weitere Mittel lockerzumachen; obendrein hatte sie ihm den Zugang zum Gefängnisdirektor erleichtert, was lästige Sicherheitsfragen vereinfachte. Sie wollte ihm offensichtlich eine Freude machen, und er hatte seine Zufriedenheit offen – wenn auch hoffentlich nicht übertrieben – gezeigt.

»Oh«, machte Felix und strich über seinen Backenbart, setzte seine Augenbrauen in Bewegung. »Was für einen cleveren Coup haben Sie diesmal ausgeheckt?« Was für einen cleveren, frechen Coup, besagte sein Tonfall.

»Sie bekommen …« Sie hielt inne, senkte die Stimme und flüsterte fast. »Sie werden Besuch vom Minister bekommen! Besser noch: von zwei Ministern! Das kommt so gut wie nie vor, zwei gleichzeitig! Vielleicht sogar drei!«

»Tatsächlich?«, meinte er. »Und welche Minister könnten das sein?«

»Justiz, zum einen«, sagte sie. »Es liegt in seinem Zuständigkeitsbereich, und ich habe dem stellvertretenden Minister gegenüber betont, was für Fortschritte Sie mit den – mit Ihren Kursteilnehmern gemacht haben! Es könnte als Modell für eine völlig neue Herangehensweise im Strafvollzug dienen!«

»Fantastisch«, sagte Felix. »Gut gemacht! Der Justizminister! Das wäre dann Sal O'Nally.« Als Sals Partei die Regionalwahl verloren hatte, hatte er sich der Bundespolitik zugewandt, und verdammt, wenn er nicht gewählt werden sollte! Mit seiner

Erfahrung und seinen Beziehungen und, nicht zu vergessen, seinen Fähigkeiten bei der Geldbeschaffung saß er bald ein zweites Mal im Kabinett, nur eben dieses Mal auf höherer Stufe. Jetzt herrschte er über ein kleines Königreich.

»Genau«, sagte Estelle. »Er war für Kultur- und Denkmalpflege zuständig, als sie zum ersten Mal an die Regierung kamen, dann war er eine Weile bei Internationale Angelegenheiten tätig, und jetzt ist er in die Justiz versetzt worden; sie schieben sie immer gerne hin und her. Er hat sich, was Kriminalität angeht, diese Politik der ›harten Hand‹ auf die Fahnen geschrieben, aber die bloße Tatsache, dass er hierherkommt, um sich Ihr, Ihr … das, was Sie hier tun, aus erster Hand anzusehen, zeigt, dass er eine offenere Einstellung hat, als manch einer ihm zugutehält.«

»Dann hoffe ich, dass ihn unsere bescheidene schauspielerische Darbietung erfreuen wird«, sagte Felix. »Und wer ist der zweite Minister?« Als wüsste er es nicht: Er hatte beobachtet, wie Tony Sals Beispiel gefolgt und in die Bundespolitik untergeschlüpft war, wo die Ernte reichhaltiger und die Veranstaltungen prestigeträchtiger waren.

»Er ist neu, er wurde gerade erst ernannt«, sagte Estelle. »Er kommt selbst vom Theater! Sie müssen ihn kennen. Anthony Price. Hat er nicht vor Jahren beim Makeshiweg-Festival mit Ihnen zusammengearbeitet?« Sie musste in Tonys Wikipedia-Eintrag nachgelesen haben.

»Ah, *dieser* Anthony Price!«, sagte Felix. »Ja, er hat tatsächlich früher mit mir zusammengearbeitet. Er war sehr tüchtig. Meine rechte Hand.« Konnte sie sein lautes Herzklopfen und das Rauschen in seinen Ohren nicht hören? Er konnte sein Glück kaum fassen. Seine Feinde, alle beide! Sie würden direkt zu ihm, ins Fletcher, kommen! Der eine Ort auf der Welt, wo seine Macht bei umsichtiger Planung eventuell größer wäre als ihre. »Das wird sein wie ein Familientreffen«, sagte er.

»Ja, tatsächlich, nicht wahr?«, sagte Estelle. »Um Ihnen die Wahrheit zu sagen, es hat ein paar Diskussionen gegeben, ob man Ihr Projekt fortsetzen sollte, bei all den Budgetkürzungen und … Etliche meiner Kollegen und einige der anderen Berater – nun, sie sehen den Sinn nicht recht, trotz der wunderbaren … Aber das ist mein Baby; wie Sie wissen, habe ich ein persönliches Interesse daran. Also habe ich mich sehr ins Zeug gelegt, und die Minister haben sich einverstanden erklärt, es sich zumindest einmal anzusehen. Immerhin hat das, was Sie bisher dort geschafft haben, ein starkes positives Echo hervorgerufen!«

»Ein positives Echo«, sagte Felix. »›Wo die Biene trinkt, trink ich.‹ Das ist besser, als in ein Wespennest zu stechen, nehme ich an.« Ein kleiner Witz. Nachdem Estelle sich jetzt so erfolgreich für ihn eingesetzt hat, hat er vor, so kräftig wie möglich in dieses Wespennest zu stechen. Das würde tatsächlich ein Echo hervorrufen, wohl wahr.

Estelle lachte und schnappte ein wenig nach Luft. »Oh! Ja. Wir haben solches Glück, dass sie sich vor Ort ansehen wollen, was für eine bewundernswerte … Ich habe den stellvertretenden Ministern gesagt, dass es sich um ein wirklich wunderbares Beispiel interdisziplinärer kreativer Arbeit handelt, das zeigt, dass man die Künste auf sehr positive und unerwartete Weise als therapeutisches und erzieherisches Instrument einsetzen kann! Ich glaube, beide werden zumindest in Betracht ziehen, ob darauf nicht aufgebaut werden sollte. Beide Minister. Sie werden einen Fototermin wünschen«, fügte sie hinzu. »Mit der ganzen Gruppe der … Selbst der, ich meine …«

»Den Schauspielern«, ergänzte Felix. Er weigerte sich, sie Insassen zu nennen oder auch Gefangene, solange sie Mitglied seiner Theatertruppe waren. Natürlich, dachte er: einen Fototermin, der Hauptzweck eines jeden Ministerbesuchs.

»Ja, in der Tat. Mit den Schauspielern«, lächelte Estelle. »Das werden sie wollen.«

»Wissen sie, dass ich der Regisseur bin?«, fragte er. Das war wichtig. »Ich meine, ich? Unter meinem echten Namen?«

»Nun, sie wissen, was in der Kursbeschreibung steht. Dort

sind Sie Mr Duke. Und ich habe unser kleines Geheimnis immer gewahrt, wie versprochen.« Sie zwinkerte ihm zu.

»Ich danke Ihnen dafür«, sagte Felix. »Ich weiß, dass ich mich auf Sie verlassen kann. Das Beste wird sein, das Scheinwerferlicht auf die Schauspieler zu richten. Wann kommen sie? Die Minister?«, erkundigte er sich.

»Am Ende des Kurses, an dem Tag, an dem Sie das Stück auf dem internen Fernsehkanal allen vorspielen. Dieses Jahr ist das der 13. März, nicht wahr? Ich dachte, das wäre der beste Zeitpunkt für sie, sich das Endergebnis anzusehen. Sie werden mit den, den Gefängnis… den Schauspielern zusammenkommen, es wird fast so sein wie an einem echten Premierenabend, Sie wissen schon, mit den Ministern …« Zwei rote Flecken erschienen auf ihren Wangen. Sie war ganz aufgeregt über das, was sie da vollbracht hatte. Sie brauchte eindeutig ein Wort des Lobes, also schenkte Felix ihr eins.

»Sie sind ein echter Star«, sagte er. »Ich kann Ihnen gar nicht genug danken.«

Estelle lächelte. »Das mache ich doch sehr gerne«, sagte sie. »Ich freue mich, dass ich etwas beitragen kann. Es ist so ein lohnenswertes … Alles, was ich tun kann, um es leichter … Sie wissen, ich würde sämtliche Register ziehen, um dieses Projekt am Laufen zu halten.« Sie beugte sich vor, berührte beinahe sein Handgelenk, besann sich aber eines Besseren. »Und welchen Shakespeare haben Sie für dieses Jahr ausgewählt?«, fragte sie. »Erinnere ich mich richtig, dass Sie *Heinrich V.* geplant hatten? Mit den Langbögen und … der wunderbaren Rede unmittelbar vor dem, so eine mitreißende …«

»Ich hatte daran gedacht, das stimmt«, sagte Felix. »Aber ich habe meine Meinung geändert.« Tatsächlich hatte er sie gerade eben erst geändert. Seit zwölf Jahren sinnt er auf Rache – sie war immer im Hintergrund, stets da wie ein dumpfer Schmerz. Obwohl er Tony und Sal im Netz nicht aus den Augen gelassen hat, befanden sie sich immer außerhalb seiner Reichweite. Doch jetzt werden sie sein Revier betreten, sein Territorium.

Wie sollte er sie packen, sie einkreisen, über sie herfallen? Plötzlich ist die Rache so nah, dass er sie buchstäblich schmecken kann. Sie schmeckt wie ein blutiges Steak. Oh, ihre Gesichter zu sehen! Oh, die Schlinge zuzuziehen! Er wird sie bluten lassen. »Wir spielen *Der Sturm*«, sagte er.

»Oh«, meinte Estelle bestürzt. Er wusste, was sie dachte: Entschieden zu fröhlich. »Sie konnten mit den kriegerischeren Themen sehr viel anfangen! Glauben Sie, sie, die Schauspieler, werden eine Beziehung herstellen können zu …? So viel Magie, Geister und Feen und … Ihr *Julius Cäsar* war so *unmittelbar*!«

»Oh, die Schauspieler werden durchaus eine Beziehung dazu herstellen können«, sagte Felix. »Es geht ja um Gefängnisse.«

»Tatsächlich? Daran habe ich nie gedacht … vielleicht haben Sie recht.«

»Außerdem«, sagte Felix, »ist es ein universelles Thema.« Was er im Sinn hatte, war Rache – und die war gewiss universell. Er hoffte, sie würde nicht in ihn dringen: Rache war doch so negativ, das würde sie sagen. Ein schlechtes Beispiel. Ganz besonders, wenn man an das eingesperrte Publikum dachte.

Sie hatte andere Sorgen: »Aber glauben Sie, unsere beiden Minister werden … Wir möchten schließlich nicht noch mehr Zweifel wecken was das … Wenn Sie vielleicht etwas auswählen könnten, das weniger …« Sie rang besorgt die Hände.

»Bei ihnen wird es ebenfalls gut ankommen«, sagte Felix. »Bei den Ministern. Bei beiden. Garantiert.«

11. Dein Volk

Am gleichen Tag

In seinem asthmatischen blauen Peugeot windet Felix sich den Hügel hinauf zu den beiden hohen, mit Stacheldraht gekrönten Maschendrahtzäunen, ein Zaun innerhalb des anderen. Wieder schneit es, diesmal heftiger. Es ist gut, dass er eine Schaufel in seinem Auto hat, und einen Sack Sand. Gut möglich, dass er sich am Abend zu seiner Zufahrt durchgraben muss, nachdem er sich gerade erst ausgegraben hat. Herzinfarkt, Herzinfarkt: Eines schönen Tages wird er es mit dem Schaufeln übertreiben, umkippen und steifgefroren gefunden werden. Ein Risiko der Abgeschiedenheit.

Er hält am ersten Tor an, wartet, bis es aufschwingt, fährt durch das zweite Tor, kurbelt das Fenster herunter, zeigt seinen Passierschein.

»Sie können durchfahren, Mr Duke«, sagt der Wachmann. Felix ist hier inzwischen eine wohlbekannte Figur.

»Danke, Herb.« Felix fährt in den kalten Innenhof und stellt sein Auto auf dem ihm zugewiesenen Parkplatz ab. Es gibt keinen Grund, das Auto abzuschließen, nicht hier: Das Gefängnis ist eine diebstahlfreie Zone. Er geht über den Gehweg, wo bereits Salzkristalle gestreut wurden, um den Schnee zum Schmelzen zu bringen, drückt auf den Knopf der Gegensprechanlage und nennt seinen Namen.

Ein Klicken. Die Tür öffnet sich, und er tritt ein in die Wärme und diesen unverwechselbaren Geruch. Lange nicht mehr aufgefrischte Farbe, Schimmel, ungeliebtes, in Langeweile verzehrtes Essen. Niedergeschlagenheit, hängende Schultern, gesenkte Köpfe, Körper, die sich in sich selbst zurückziehen. Ein karger Geruch. Nach Zwiebelfürzen. Nackten kalten Füßen, feuchten Handtüchern, mutterlosen Jahren. Der Geruch nach Elend, der sich wie ein Bann auf jeden legt. Er weiß, dass er diesen Bann für kurze Momente durchbrechen kann.

Felix geht durch die Sicherheitsschleuse, die jeder, der das Gebäude betritt, passieren muss. Dieses Gerät kann eine Büroklammer aufspüren, es kann eine Sicherheitsnadel, eine Rasierklinge aufspüren, selbst wenn sie verschluckt wurden.

»Soll ich meine Taschen leeren?«, fragt er die zwei Wachmänner Dylan und Madison; sie sind ebenso lange in Fletcher wie er. Der eine ist braun, der andere hellgelb. Dylan ist Sikh und trägt einen Turban. Sein richtiger Name ist Dhian, aber er hat ihn geändert – das hat er Felix erzählt –, weil es so unkomplizierter ist.

»Sie sind sauber, Mr Duke.« Ein Grinsen von beiden. Welcher Art Schmuggel könnte man Felix wohl verdächtigen, einen harmlosen alten Thespisjünger wie ihn?

Es sind die Worte, über die ihr euch Sorgen machen solltet, denkt er. Dort lauert die echte Gefahr. Worte, die nicht im Scanner auftauchen.

»Danke, Dylan.« Felix setzt ein trübes Lächeln auf, um zu signalisieren, dass sie alle drei wissen, dass diese Routine in seinem Fall sinnlos ist. Ein tatteriger Alter, ein bisschen wirr im Kopf. Hier gibt's nichts zu sehen, Leute, geht weiter.

»Was wird es dieses Jahr?«, fragt Madison. »Welches Stück?« Inzwischen sieht sich das Wachpersonal die Aufführung mit allen anderen zusammen an. Jedes Jahr hält Felix ausschließlich für das Personal einen Vortrag über das Stück, damit sich alle eingebunden fühlen. Der Eindruck, die Gefangenen könnten mehr Spaß haben als das Wachpersonal, ist immer riskant: Es könnte zu Sabotageakten kommen, entscheidende Requisiten und technisches Gerät könnten verloren gehen. Estelle hat ihn in diesem Punkt vorgewarnt, deshalb trifft er Vorkehrungen. Doch bisher ist nichts Schlimmes passiert.

»Der *Macbeth* war großartig«, sagt Madison. »Wie sie den Schwertkampf gespielt haben!« Es versteht sich von selbst, dass echte Schwerter nicht erlaubt waren, doch Karton ist schließlich sehr vielseitig.

»Ja! *Hier steckt des Usurpators Kopf, ein weiter Weg, Macduff*«, sagt Dylan. »Geschah dem Scheißkerl ganz recht.«

»Es war böse!«, sagt Madison. »Wie: *Etwas Böses kommt vorbei* – das war auch böse!« Er krümmt seine Finger zu Hexenklauen, stößt ein Kichern aus. Felix ist immer wieder überrascht, wie jeder in das Stück einsteigen will, sobald es ein Stück gibt.

»*Aug' vom Frosch*«, spricht Dylan mit ähnlich gekünstelter Hexenstimme. »Und was ist mit dem mit den Pfeilen? Ich hab im Fernsehen einen Film darüber gesehen. Die Hunde des Krieges, daran erinnere ich mich.«

»Pfeile wären gut«, sagt Madison. »Und Hunde.«

»Ja«, sagt Dylan, »aber echte Pfeile kommen nicht in Frage. Auch keine echten Hunde.«

»Dieses Jahr wird es ein wenig anders«, sagt Felix. »Wir machen *Der Sturm.*«

»Was ist das?«, fragt Madison. »Hab noch nie davon gehört.« Das sagen sie jedes Jahr, um Felix aufzuziehen; er weiß nie, wovon sie wirklich schon einmal etwas gehört haben.

»Das ist das Stück mit den Elfen«, sagt Dylan. »Stimmt's? Die herumfliegen und so.« Er klingt nicht übermäßig begeistert.

»Sie denken an den *Traum*«, sagt Felix. »*Ein Mitsommernachtstraum.* In dem hier gibt's keine Elfen. Hier gibt es Kobolde. Die sind böse.« Er hält inne. »Es wird Ihnen gefallen«, versichert er ihnen.

»Gibt es eine Kampfszene?«, will Madison wissen.

»In gewisser Weise«, sagt Felix. »Es gibt ein Gewitter. Und Rache. Definitiv Rache.«

»Wahnsinn«, sagt Madison. Die Mienen der beiden hellen

sich auf. Rache ist eine bekannte Größe: Davon bekommen sie genug zu sehen. Stiefel in den Nieren, selbst gefertigte Klinge im Hals, Blut in der Dusche.

»Sie spielen immer gute Stücke. Wir vertrauen Ihnen, Mr Duke«, sagt Dylan. Dummköpfe, denkt Felix: Vertrau niemals einem professionellen Schmierenkomödianten.

Nach dem Austausch der Nettigkeiten geht es mit den Formalitäten weiter. »Hier ist Ihr Alarmgerät«, sagt Dylan. Felix steckt es sich an den Gürtel: Es ähnelt einem Pager. Im Krisenfall soll er auf den Knopf drücken und die Wachen alarmieren. Es zu tragen, ist Vorschrift, obwohl Felix das Ding vage beleidigend findet. Er hat die Lage doch unter Kontrolle, oder nicht? Die richtigen Worte in der richtigen Reihenfolge, das ist seine wahre Absicherung.

»Danke«, sagt er. »Auf geht's. Der erste Tag! Der ist immer schwierig. Wünscht mir merde.«

»Merde, Mr Duke.« Zwei hochgereckte Daumen von Madison.

Es war Felix, der ihnen das Wort *merde* beigebracht hat. Ein alter Theater-Aberglaube, hat er ihnen erzählt, wie *Hals- und Beinbruch*. Je mehr er ihnen über alte Theater-Aberglauben erzählt, desto besser: Es erweitert den Kreis der Eingeweihten.

»Piepsen Sie uns an, wenn es Probleme gibt, Mr Duke«, sagt Dylan. »Die Kerle sitzen Ihnen im Nacken.«

Es wird Probleme geben, denkt Felix, aber nicht von der Art, wie ihr denkt. »Danke«, sagt er. »Ich weiß, dass ich auf Sie zählen kann.« Dann geht er den Flur hinunter.

12. So gut wie unzugänglich

Am gleichen Tag

Im Flur sieht es keineswegs nach Knast aus: keine Ketten, keine Handschellen, keine Blutflecken, obwohl es hinter den Kulissen welche gibt, wie er gehört hat. Die Wände sind in einem hellen Grünton gestrichen, da diese Farbe beruhigend wirken soll – anders als zum Beispiel Rot, das angeblich Leidenschaft entfacht. Würden nicht Schwarze Bretter und Poster fehlen, könnte es sich um ein moderneres Universitätsgebäude handeln. Der Fußboden ist grau, aus einem Belag, der wie Granit aussehen möchte, es aber nicht schafft. Er ist sauber mit einem leichten Glanz. Die Luft im Flur ist abgestanden und riecht nach Putzmittel.

Es gibt Durchgänge, deren Türen geschlossen sind. Die Türen sind aus Metall, aber in demselben Grünton gestrichen wie die Wände. Sie haben Schlösser, es ist jedoch kein Wohntrakt. Die Zellenblöcke liegen weiter nördlich: der Hochsicherheitstrakt mit Männern, die Felix nie zu Gesicht bekommt, und auch der Trakt der mittleren Sicherheitsstufe, aus dem sich seine Schauspieler rekrutieren.

In diesem Teil von Fletcher werden die Rehabilitationsmaßnahmen für die Insassen der mittleren Sicherheitsstufe durchgeführt, oder das, was man dafür hält. Die Kurse, die Beratungsgespräche. Es gibt zwei Psychiater und ein, zwei Anstaltsgeistliche. Einen Anwalt, der von draußen kommt und sich um die Rechte der Gefangenen kümmert. Sie kommen und gehen.

Felix hält sich von diesen Leuten fern – den anderen Lehrern, dem Rechtsbeistand, den Psychiatern und Geistlichen. Er will sich ihre Theorien nicht anhören, hat kein Interesse an ihrem Urteil über ihn und das, was er tut. Im Laufe der letzten drei Jahre ist es zu einigen Begegnungen gekommen, und die sind nicht gut verlaufen. Er wird schief angesehen, mit einer moralinsauren Missbilligung, die er widerwärtig findet.

Übt er einen schlechten Einfluss aus? Sie lassen durchblicken, dass dem so ist. Er muss sich immer wieder ins Gedächtnis rufen, dass alles, was er darauf vielleicht antworten oder vielmehr hinausschreien könnte, irgendwo in dem einen oder anderen Notizbuch vermerkt und gegen ihn verwendet werden könnte, sobald diese Fachkräfte aufgefordert würden, seine, wie man so schön sagt, therapeutische und/oder pädagogische Wirkungsmacht zu evaluieren. Deshalb hält er den Mund, wenn er mit scheinheiligem Gequassel konfrontiert wird.

Ist es wirklich hilfreich, Mr Duke, diese beschädigten Männer – und lassen Sie sich von uns sagen, wie sehr beschädigt sie auf die eine oder andere Weise sind, viele von ihnen durch Misshandlung und Vernachlässigung in der Kindheit; einige von ihnen wären in einer psychiatrischen Einrichtung oder einer Drogenentzugsklinik besser aufgehoben; das wäre für sie wesentlich besser geeignet, als ihnen vierhundert Jahre alte Wörter beizubringen –, ist es wirklich hilfreich, diese verletzlichen Männer traumatischen Situationen auszusetzen, die Ängste, Panikgefühle und Flashbacks auslösen können, oder, schlimmer noch, gefährliche Aggressionen? Situationen wie politische Morde, Bürgerkriege, Hexerei, abgeschlagene Köpfe und kleine Jungen, die von ihrem bösen Onkel in den Kerker geworfen werden? Vieles davon ist dem Leben, das sie zuvor geführt haben, entschieden zu nah. Wirklich, Mr Duke, wollen Sie solche Risiken eingehen und diese Verantwortung auf sich nehmen?

Es ist Theater, protestiert Felix jetzt in seinem Kopf. Die Kunst der wahren Illusion! Natürlich geht es um traumatische Situationen! Dämonen werden heraufbeschworen, um vertrieben zu werden! Haben Sie die Griechen nicht gelesen? Sagt Ihnen das Wort *Katharsis* etwas?

Mr Duke, Mr Duke. Sie sind viel zu abstrakt. Das sind richtige Menschen. Sie sind nicht die Chiffren in der Ästhetik Ihres Dramas, sie sind nicht Ihre Versuchskaninchen, nicht Ihr Spielzeug. Haben Sie ein wenig Respekt!

Ich habe durchaus Respekt, erwidert Felix lautlos. Ich respektiere Talent: ein Talent, das andernfalls weiter im Verborgenen schlummern würde, das aber die Kraft hat, aus Dunkelheit und Chaos Licht und Sein entstehen zu lassen. Diesem Talent räume ich Zeit und Raum ein; ich gebe ihm einen Ort und einen Namen, so flüchtig diese auch sein mögen – aber Theater ist flüchtig. Das ist die einzige Art von Respekt, die ich anerkenne.

Heroische Empfindungen, sagt er sich. Aber sehr prätentiös, Mr Duke, meinen Sie nicht?

Er bleibt vor einer geschlossenen Tür stehen, die ihm den Weg versperrt, wartet, bis sie aufgeht. Hinter ihm gleitet sie wieder zu. Am anderen Ende dieses Gebäudeabschnitts gibt es eine ähnliche Tür. Beide bleiben während seines Kurses geschlossen und verriegelt. Sicherer so, Mr Duke.

Es besteht keine akustische Verbindung nach draußen zu den Sicherheitskräften, keine Videoüberwachung. Er hat darauf bestanden: Die Schauspieler sollen während der Proben nicht bespitzelt werden, das hemmt sie zu sehr. Der Pager an seinem Gürtel sollte genügen, so sein Standpunkt, und bisher lag er damit richtig. In drei Jahren gab es nicht eine Situation, in der er ihn benutzt hat.

Es gibt hier einen Waschraum, die erste Tür links, und drei kleinere Räume, die er je nach Bedarf als Probenräume, als Garderoben oder als Künstlerzimmer benutzen kann. Außerdem zwei Demonstrationszellen, die eine die Nachbildung einer Zelle aus den fünfziger Jahren und die andere aus den Neunzigern; früher wurden sie für einen Kurs der University of Western Ontario für Justizverwaltung benutzt, nun aber nicht mehr. Jede verfügt über vier Schlafstellen, zwei oben, zwei unten, und über ein Überwachungsfenster in der Tür.

Die Schauspieltruppe nutzt sie für einzelne Szenen bei ihren Videoaufnahmen. Sie waren bereits Armeezelte, für Brutus und Richard und ihre Albträume. Mithilfe roter Laken und Papierfähnchen wurden sie zu Thronsälen. Sie dienten schon als Höhle der schottischen Hexen, als römischer Senat, als ein Kerker im Tower, wo der erste und der zweite Mörder herumschlichen und Vorbereitungen trafen, Clarence in Alkohol zu ertränken. Lady Macduff und ihre Kinder wurden in ihnen ermordet. Das war beinahe zu traumatisch: Einige Schauspieler erlebten damals Flashbacks ihrer albtraumhaften Kindheit. Gewalttätige Rohlinge, Drohungen, Verletzungen, Schreie, Messer.

Felix späht im Vorbeigehen durch die Fenster in diese Zellen. Alles darin ist abgenutzt, wenn auch aufgeräumt, die Schlafstellen sind mit grauen Decken ordentlich gemacht. Wer würde je an Hexerei denken, an die Zeremonien, das Chaos, die darin stattgefunden haben? Und was wird als Nächstes in ihnen passieren?

Schließlich gelangt er zu dem größten Unterrichtsraum, den Felix für die eher theoretischen Teile seines Kurses benutzt, jene, die den Proben vorausgehen. Zwanzig Pulte stehen darin; es gibt eine Tafel und, Estelle sei Dank, auch einen Computer – ohne Verbindung nach draußen ins Internet, daher ist das Surfen auf Pornoseiten unmöglich; er soll ausschließlich für die Theaterarbeit benutzt werden. Das Wichtigste: In diesem Raum gibt es einen großen Flachbildschirm, auf dem sich die Schauspieler dann das Ergebnis ihrer Bemühungen ansehen können.

Der Raum hat zwei Türen, eine an der Vorderseite und eine

an der Rückseite. Er hat keine Fenster. Es riecht schwach nach Salz und ungewaschenen Füßen.

Das ist das ganze Ausmaß, sinniert Felix. Mein Inselreich. Mein Exil. Meine Buße.

Mein Theater.

13. Felix spricht zu den Schauspielern

Mittwoch, der 9. Januar 2013

Felix steht vorne neben dem Whiteboard dem diesjährigen Kurs gegenüber. Auch wenn er die Teilnehmerliste gelesen und die Kurspakete – den Text, die Anmerkungen – verschickt hat, weiß er im Voraus nie, wer tatsächlich erscheinen wird. Jedes Mal steigen einige aus, dann rücken von der Warteliste welche nach. Auch aus anderen Gründen kann jemand fehlen. Verlegungen in eine andere Einrichtung, frühzeitige Haftentlassung, Verletzungen, die einen Aufenthalt in der Krankenstation erforderlich machen.

Er lässt seinen Blick forschend durch den Raum schweifen. Vertraute Gesichter, Veteranen seiner früheren Aufführungen: Die nicken ihm zu, deuten ein Lächeln an. Neue Gesichter, ausdruckslos oder besorgt: Sie wissen nicht, was sie erwartet. Verlorene Jungs, allesamt, auch wenn sie keine Jungs mehr sind: Sie sind zwischen neunzehn und fünfundvierzig. Alle Schattierungen sind vertreten, von weiß zu schwarz, dazu gelb, rot und braun; sie entstammen vielen Ethnien. Die Straftaten, für die sie verurteilt wurden, sind vielfältig. Was sie, außer ihrer Situation im Gefängnis, gemeinsam haben, ist der Wunsch, bei Felix' Schauspieltruppe dabei zu sein. Ihre Motive, vermutet er, sind unterschiedlich.

Er hat ihre Akten gelesen, die Estelle über mysteriöse Kanäle für ihn besorgt hat, auch wenn er vorgibt, dass dem nicht so wäre; er kennt also die Gründe für ihre Verurteilung. Ein paar sind Bandenmitglieder und müssen für einen Ranghöheren den Kopf hinhalten, ein paar wurden wegen semi-professionellen Drogenhandels festgesetzt. Raub – von Banken über Hauseinbrüche bis hin zu Autos und Lebensmittelläden. Ein jugendliches Hackergenie, das Konzerndaten gestohlen hat. Ein Betrüger, Spezialist für Identitätsdiebstahl. Ein vom rechten Weg abgekommener Arzt. Der Buchhalter eines respektablen Unternehmens, der wegen Unterschlagung einsitzt. Ein betrügerischer Rechtsanwalt, der ein Schneeballsystem aufzog.

Einige von ihnen sind erprobte Schauspieler und haben schon bei mehreren Aufführungen mitgespielt. Genaugenommen sollte niemand den Kurs öfter als einmal belegen, doch Felix hat diese Beschränkung umgangen, indem er sein ursprüngliches Angebot um etliche Ableger erweitert hat, mit Handreichungen und kostenlosen Downloads aus dem Netz. In »Theatertechnologie« lernen sie etwas über Beleuchtung, Requisiten, Spezialeffekte und digitale Bühnenausstattung. In »Theaterdesign« werden Kostümbildnerei, Make-up, Perücken und Maske unterrichtet. In »Videoediting für das Theater« lernen sie, Schweineohren in Seidentäschchen zu verwandeln. Dementsprechend vergibt er Noten. Für die jeweiligen Amtspersonen sieht das auf dem Papier alles sehr gut aus. Mr Duke ist eine solche Bereicherung: vier Kurse zum Preis von einem.

Inzwischen hat er so etliche Fachkräfte herangezogen, auf die er sich bei Bedarf verlassen kann. Er verfügt über Kostümbildner, Video-Editors, Beleuchter und Männer für Spezialeffekte, darüber hinaus über erstklassige Verkleidungskünstler. Manchmal fragt er sich, inwiefern diese Fähigkeiten nicht eines Tages bei einem Bankraub oder einer Entführung von Nutzen sein könnten, doch sobald solche unwürdigen Gedanken auftauchen, schiebt er sie beiseite.

Er blickt sich im Raum um und besetzt im Kopf bereits die Rollen. Da sitzt sein perfekter Ferdinand, Prinz von Neapel, der ihn aus runden, unbefangenen Augen ansieht, als würde er sich gleich verlieben: WonderBoy, der Schwindelkönig.

Da ist sein Ariel, wenn er sich nicht sehr irrt, ein elementarer Luftgeist, schlank und geschmeidig, der vor cooler jugendlicher Intelligenz nur so sprüht: 8Handz, der geniale Hacker. Ein dicklicher Gonzalo, der langweilige, ehrenwerte Berater: Bent Pencil, der betrügerische Buchhalter. Und Antonio, der treulose, umstürzlerische Bruder des Zauberers Prospero: SnakeEye, der Schneeball-Trickser und Immobilienpreller, mit seinem schrägen linken Auge und dem schiefen Mund, was aussieht wie ein höhnisches Dauergrinsen.

Ein Mondkalb als Trinculo, der Narr, der Spaßmacher. Kein offensichtlicher Stephano als betrunkener Mundschenk. Mehrere Calibans, muskelbepackt und mit finsterer Miene: erdig, potenziell gewalttätig. Er wird die Wahl haben. Doch bevor er sich für einen von ihnen entscheidet, muss er sie erst ein paar Zeilen sprechen lassen.

Er lächelt selbstsicher, das Lächeln eines Menschen, der weiß, was er tut. Dann setzt er zu einer Version der Rede an, mit der er jede neue Saison beginnt.

»Guten Morgen«, sagt er. »Willkommen bei der Fletcher-Schauspieltruppe. Mir ist egal, warum Sie hier drin sind oder was für Taten Ihnen nachgesagt werden: Für diesen Kurs ist die Vergangenheit ein Prolog, das heißt, dass wir genau hier und genau jetzt damit beginnen, Zeit und Leistungen zu messen.

Von diesem Moment an sind Sie Schauspieler. Sie alle werden in einem Theaterstück mitspielen; jeder wird eine Aufgabe haben, wie die alten Hasen, die schon einmal dabei waren, Ihnen erzählen können. Die Fletcher-Schauspieltruppe spielt nur Stücke von Shakespeare, denn das ist der beste und umfassendste Weg, Theater zu lernen. Shakespeare bietet für jeden etwas, denn so war sein Publikum: jedermann, von hochwohlgeboren bis ganz einfach und wieder zurück.

Mein Name ist Mr Duke, und ich bin der Regisseur. Das bedeutet, dass ich für die gesamte Produktion verantwortlich bin und das letzte Wort habe.

Wir arbeiten jedoch im Team. Jeder Einzelne wird eine wichtige Rolle innehaben, und wenn jemand Probleme hat, ist es Aufgabe seiner Teamkollegen, ihm zu helfen, denn unser Stück wird nur so stark sein wie unser schwächstes Glied: Wenn einer von uns versagt, versagen wir alle. Wenn ein Mitglied Ihres Teams also Schwierigkeiten hat, den Text zu lesen, müssen Sie ihm helfen. Außerdem müssen Sie einander dabei unterstützen, Ihre Rollen auswendig zu lernen und zu verstehen, was die einzelnen Wörter bedeuten und wie man sie kraftvoll vorträgt. Das ist Ihr Auftrag. Wir alle müssen uns zu Höchstleistungen aufschwingen: Die Fletcher-Schauspieltruppe hat einen Ruf zu verteidigen.

Ich habe von Teams gesprochen, und diejenigen unter Ihnen, die zuvor schon einmal bei einem meiner Stücke mitgemacht haben, wissen, was das bedeutet. Jeder Hauptdarsteller wird von einem Team umgeben sein, und jeder in diesem Team muss die Textstellen dieses Darstellers lernen. Schließlich braucht jede Hauptrolle eine Zweitbesetzung, falls jemand krank wird oder aus anderen Gründen … im Fall einer unvorhergesehenen Notlage wie zum Beispiel einer vorzeitigen Haftentlassung. Oder wenn jemand in der Dusche ausrutscht. Das Stück muss weitergehen, trotz allem: So ist es beim Theater. In dieser Truppe unterstützen wir einander gegenseitig.

Sie werden einiges schreiben müssen. Sie werden über Aspekte des Stücks schreiben, aber Sie werden auch die Stellen im Stück neu verfassen, bei denen Sie – wir – entscheiden, dass sie für ein modernes Publikum verständlicher gemacht werden könnten. Wir werden von unserer Aufführung ein Video anfertigen; dieses Video wird jedermann hier in Fletcher vorgeführt. Unser Video wird etwas sein, auf das wir stolz sein können, so wie auf unsere früheren Aufführungen auch.«

Er lächelt beruhigend und wirft einen Blick auf seine Notizen. »Als Nächstes müssen Sie einen Künstlernamen für sich wählen. Das haben in der Vergangenheit viele Schauspieler, Opernsänger und auch Zauberer getan. Harry Houdini wurde als Erik Weisz geboren, Bob Dylan als Robert Zimmerman,

Stevie Wonder als Steveland Judkins.« Er hat diese Namen im Internet nachgeschaut, mit dem Suchbegriff *Bühnen-Alter-Egos*. Er kennt nur einige von ihnen: Jedes Mal, wenn er diese Rede hält, fügt er ein paar jüngere hinzu. »Filmstars tun es, von Rockern und Rappern ganz zu schweigen. Snoop Dog war einmal Calvin Broadus. Verstehen Sie, was ich meine? Denken Sie sich also einen Künstlernamen aus. Das ist so etwas wie ein Erkennungsname.«

Nicken und Gemurmel. Die alten Hasen haben ihre Künstlernamen noch von früheren Aufführungen. Sie lächeln jetzt: Sie begrüßen die Rückkehr ihres anderen Ichs, das für sie bereitliegt wie ein vertrautes Kostüm, in das sie hineinschlüpfen können.

Felix hält inne und wappnet sich für den schwierigen Teil. »Nun. Das Stück in diesem Jahr.« Er schreibt mit rotem Textmarker auf das Whiteboard: DER STURM. »Also«, sagt er. »Sie haben den Text vorab bekommen, Sie haben meine Anmerkungen, Sie hatten Zeit, alles zu lesen.« Auf einige von ihnen trifft das nur bedingt zu, denn sie haben höchstens das Leseniveau der dritten Klasse. Sie werden jedoch improvisieren: Ihr Team wird ihnen helfen, sich zu verbessern, wird sie Schritt für Schritt die Stufenleiter des Lesen- und Schreibenlernens emporhieven.

»Ich fange mit den Schlüsselbegriffen an«, fährt Felix fort. »Das sind die wichtigen Punkte, auf die wir achten müssen, wenn wir uns überlegen, wie wir dieses Stück präsentieren wollen.«

Mit blauem Marker schreibt er:

ES IST EIN MUSICAL: Hat bei Shkspr. am meisten Musik und Gesang. Wie wird Musik verwendet/eingesetzt?

ZAUBEREI: Wie verwendet/eingesetzt?

GEFÄNGNISSE: Wie viele?

MONSTER: Wer ist eins?

RACHE: Wer sucht sie? Warum?

Als er ihre Gesichter betrachtet – starr, mit finsterem Blick oder sichtlich verwirrt –, denkt er: Sie kapieren es nicht. Anders als bei *Julius Cäsar*, anders als bei *Macbeth*; dort haben sie den Kern sofort erfasst. So schlimm wie jetzt war es nicht einmal bei *Richard III*, der eine Herausforderung darstellte, da nicht genügend von ihnen sich auf Richards Seite schlugen.

Er holt tief Luft. »Frisch von der Leber weg, gibt es Fragen?«

»Ja«, sagt Leggs. Einbruch und Körperverletzung. Er ist ein Veteran auf der Bühne des Fletcher-Gefängnisses, hat in *Julius Cäsar* schon den Mark Anton gespielt, in *Macbeth* eine der Hexen und in *Richard III* den Clarence. »Wir haben's gelesen. Aber warum nehmen wir gerade dieses hier? Es gibt keine Kampfszene, und es gibt darin, na ja, 'ne Fee.«

»Ich spiel keine Fee«, sagt PPod, die Lady Macbeth in *Macbeth* und Richmond in *Richard III*. Er ist ein Schmeichler, und nach eigener Aussage kann es draußen eine Schar ergebener Schönheiten kaum erwarten, dass er endlich entlassen wird.

»Ein Mädchen auch nicht.« Das kommt von Shiv. Er hat Verbindungen zu einer somalischen Drogenbande und wurde vor ein paar Jahren bei einer großen Razzia festgenommen. Er blickt sich im Raum nach Unterstützung um: trotziges Nicken, zustimmendes Gemurmel. Keiner will eine dieser Rollen: weder die von Ariel noch die von Miranda.

Felix hat es mit einer potenziellen Rebellion zu tun, aber das hat er vorhergesehen. Das Geschlechterproblem war auch schon in früheren Stücken aufgetaucht, doch damals waren die weiblichen Charaktere erwachsene Frauen gewesen, entweder unbedeutend oder ausgesprochen tückisch und daher viel müheloser zu akzeptieren. Die Hexen bei *Macbeth* waren leichtes Spiel – die Jungs hatten keine Einwände, die bösen alten Weiber zu spielen, denn sie waren Monster, nicht wirklich Frauen –, und Calpurnia war ohne Belang. Lady Macbeth war sogar ein noch größeres Monster als die Hexen: PPod meinte, sie sei genau wie seine Mutter, und spielte sie hervorragend. Lady Anne in *Richard III* war wütend und ein feuerspeiender Drache, und sie spuckte tatsächlich. Shiv war nicht mehr zu bremsen gewesen.

Miranda ist jedoch weder ein Monster noch eine erwachsene Frau. Sie ist ein Mädchen, und ein verletzliches Mädchen obendrein. Jeder Mann, der sie spielte, würde auf katastrophale Weise an Status einbüßen, würde zur Zielscheibe des Spotts. Indem er ein Mädchen spielte, riskierte er, als eines behandelt zu werden. Auch den Ferdinand zu spielen wäre ruinös: diese schmachtenden Liebesschwüre an einen bärbeißigen Mitgefangenen richten zu müssen.

»Lasst uns dieses Mädchen-Thema gleich jetzt aus dem Weg räumen«, sagt Felix. »Erstens, niemand in diesem Raum wird die Miranda spielen müssen. Miranda ist eine süße, unschuldige Fünfzehnjährige. Ich sehe nicht, wie einer von euch da sehr überzeugend wirken könnte.«

Erleichterte Seufzer. »Okay, gut«, sagt Shiv. »Aber wenn niemand hier es macht, wer macht es dann?«

»Ich werde jemanden engagieren ...« Felix hält inne und sortiert seine Worte neu. »Ich heuere eine professionelle Schauspielerin an«, sagt er. »Wirklich eine Frau«, fügt er hinzu, damit sie ihn auch richtig verstehen.

»Sie kommt hierher?«, fragt PPod. »Und spielt in unserem Stück mit?« Sie sehen einander ungläubig an. Manchen von ihnen sagt *Der Sturm* jetzt schon eher zu.

»Sie können ein Mädel dazu bringen, das zu tun?«

WonderBoy, der Schwindler mit dem seelenvollen Blick, ergreift das Wort. »Ich glaube nicht, dass es richtig ist, ein junges Mädchen hier reinzuholen. Sie bringen sie in eine komische Lage. Nicht, dass ich ihr ein Härchen krümmen würde, aber ... Ich mein ja bloß.«

»Doch, genau das würdest du verdammt noch mal tun«, sagt eine Stimme von hinten. Gelächter.

»Sie wird die *Rolle* eines jungen Mädchens spielen«, sagt Felix. »Ich habe nicht gesagt, dass es sich um ein junges Mädchen handeln wird. Sie ist aber auch nicht alt«, fügt er hinzu, um den bestürzten Ausrufen zu begegnen. »Betrachten Sie ihre Teilnahme als ein Privileg. Der geringste Ärger – Belästigungen, Grapschereien, Gekneife, schmutziges Gerede und so weiter –, und sie ist weg, und ihr auch. Ich erwarte von euch allen, dass ihr euch wie die professionellen Schauspieler benehmt, als die ich euch betrachte.« Nicht dass professionelle Schauspieler nicht dem Kneifen und Begrapschen frönen würden, ruft er sich in Erinnerung. Aber unnötig, ihnen diese Überlegung mitzuteilen.

»Irgendein glücklicher Steifkopf wird diesen Ferdie Wieheißt-er-noch spielen«, lacht Leggs. »Und kriegt die ganzen heißen Nahaufnahmen.«

»Steif ist richtig«, grinst PPod.

»Der Typ wird so steif sein, dass er erstarrt.« Gemurmel, Kichern.

»Darum kümmern wir uns, wenn wir so weit sind«, sagt Felix.

»Das ist alles gut und schön«, findet Bent Pencil, der betrügerische Buchhalter. Sein Bühnenname wurde ihm unter allgemeiner Zustimmung zugeteilt. Anfangs war er darüber nicht allzu begeistert und versuchte, auf etwas Würdevollerem zu bestehen, wie zum Beispiel »Numbers«. Er wollte seine Überlegenheit wahren. Aber irgendwann fand er sich mit »Bent Pencil« ab – letztlich blieb ihm nichts anderes übrig.

Bent Pencil spielte in *Julius Cäsar* den Cassius, und das ziemlich langweilig. Felix empfindet ihn als Prüfung. Er will immer beweisen, wie gut er sich vorbereitet hat. Gonzalo, denkt er: Bent Pencil eignet sich hervorragend für diese Rolle.

»Das ist alles gut und schön«, fährt Bent Pecil fort, »aber Sie haben das Problem, hm … das Problem Ariel nicht thematisiert.«

»Ja, der Luftgeist«, sagt Leggs.

»Das diskutieren wir am Freitag«, sagt Felix. »Hier ist Ihre erste schriftliche Übung. Ich möchte, dass Sie den Text sehr sorgfältig durchgehen und eine Liste sämtlicher Kraftausdrücke erstellen. Das sind die einzigen Schimpfwörter, die wir in diesem Raum benutzen werden. Jeder, der dabei erwischt wird, dass er andere Fluchworte verwendet, bekommt einen Punkt abgezogen. Das Zählen der Punkte ist Ehrensache, aber wir sind alle unsere Zeugen. Verstanden?«

Grinsen auf Seiten der Veteranen: Felix liebt es, den Kurs vor solche Herausforderungen zu stellen.

»Spielen wir um Zigaretten?«, fragt PPod. »Wie immer?«

»Natürlich«, sagt Felix. »Sobald Sie Ihre Liste zusammenhaben, suchen Sie sich zehn Schimpfwörter aus und lernen, wie sie buchstabiert werden. Das werden Ihre ganz besonderen Fluchworte sein. Die können Sie in diesem Kurs auf alle und alles anwenden. Wenn Sie nicht wissen, was sie bedeuten, erkläre ich es Ihnen gerne. Auf die Plätze, fertig, los!«

Köpfe werden gebeugt, Notizbücher herausgeholt, Textbücher konsultiert, Stifte fliegen über das Papier.

Euer Fluch, denkt Felix, war oft genug das Nicht-Schreiben-und-Lesenkönnen, diese hurenbockige Hexensaat. Möge sie mitsamt euren Wechselbalg-Zigaretten an der Pest krepieren.

14. Erste Aufgabe: Kraftausdrücke

Mittwoch, der 9. Januar 2013

Am Mittwoch ist Felix etwas entspannter. Er hat die erste Hürde genommen. Er setzt sein onkelhaftestes Gesicht auf: nachsichtig, aber auf Herausragendes hoffend. »Lassen Sie mal sehen, wie Sie mit den Kraftausdrücken zurechtgekommen sind«, sagt er. »Wer hat die vollständige Liste?«

»Bent Pencil«, sagt Shiv.

»Und wer wird sie vorlesen, damit wir alle sie hören können?«

»Er«, sagt Leggs.

»Weil er kann alles aussprechen«, sagt PPod.

Bent Pencil ergreift das Wort und trägt mit seiner besten Vorstandssitzungsstimme laut, eindrucksvoll und feierlich vor: »Für den Galgenstrick. Erstick doch an der Spucke. Du Kläffer, gotteslästerlicher, Schweinekerl, rücksichtsloser. Hurenbock. Schreihals, unverschämter. Großmäuliges Schwein. Boshaftes Ding. Dies Aas. Geschecktes Balg, Vettelauswurf. Du Erdkloß. Du Schildkröte. Du giftiger Knecht, vom Satan selbst gezeugt. Gifthexentau, wie meine Mutter je mit Rabenfedern strich vom Fäulnismoor, fall auf euch zwei. Ein Südwest pfeif euch an und blas euch Pusteln auf. Lurch, Kauz und Kröte über euch. Dreck, der du bist. Schreckliches Scheusal. An Pest krepier. Hexenbalg. Komm aller Pesthauch, den die Sonne dampft, aus Marschen, Mooren, Sümpfen über – hier den Namen einfügen – und freß' ihn stückweis wund. Oberlausiges Monster. Widerwärtiges, besoffenes Monster. Mondkalb. Hansnarr, du scheckiger. Du Spottfigur. Die Masern auf dein Monster. Dir die Gicht in die Finger. Ersauf er im Suff, der Narr. Bastard. Ding der Finsternis.«

»Gut gemacht«, lobt Felix. »Das klingt ziemlich vollständig. Mir fällt nichts ein, was Sie vergessen haben. Irgendwelche Fragen oder Kommentare?«

»Man hat mich schon schlimmer beschimpft«, sagt PPod.

»Warum ist *Erdkloß* so eine Beleidigung?«, fragt Leggs.

»Ja, wir leben schließlich auf der Erde«, ergänzt Red Coyote. »Das Essen wächst darauf. Und *Schildkröte*. Ne Schildkröte, ja? In manchen Ländern ist die heilig. Warum ist eine Schildkröte was Schlechtes?«

»Der Kolonialismus«, meint 8Handz, der in seinem früheren Leben als Hacker viel Zeit im Internet verbracht hat. »Prospero hält sich für so überlegen und furchteinflößend, dass er anderen vorschreiben kann, was sie denken sollen.«

Multikulturalismus in seiner schönsten Form, denkt Felix. Den Einwand gegen »Erdkloß« hat er vorausgesehen, aber nicht den gegen »Schildkröte«. Diese Hürde nimmt er zuerst. »›Schildkröte‹ bedeutet in diesem Stück einfach Langweiler«, erklärt er.

»So was wie Lahmarsch«, fügt HotWire hilfsbereit hinzu.

»Ich stimme dafür, dass wir das trotzdem nicht verwenden«, sagt Red Coyote.

»Ihre Entscheidung«, meint Felix. »›Erdkloß‹ bedeutet hier das Gegenteil von ›Luft‹. Gemeint ist damit etwas Niederes.«

»Ich stimme dafür, dass wir das auch streichen«, sagt Red Coyote.

»Auch das ist Ihre Entscheidung«, stellt Felix fest. »Noch etwas?«

»Ich schreib das auf«, sagt Red Coyote. »Jeden, der mich Schildkröte oder Erdkloß nennt, ich mein bloß.«

»Ist gut, wir haben dich gehört«, meint Leggs.

»Ich hab noch was«, meldet sich Shiv. »Ist ›Scheiße‹ ein Schimpfwort? Können wir das benutzen, oder was?«

Ein guter Punkt, denkt Felix. Strenggenommen ist »Scheiße« nicht unbedingt als Schimpfwort zu verstehen, sondern lediglich als ein skatologischer Ausdruck, aber er hat keine Lust, das Wort ständig hören zu müssen. *Scheiße dies, beschissen das, du Scheißkerl.* Er könnte sie abstimmen lassen, aber was nützt es, in dieser bunten Truppe verantwortlich zu sein, wenn er sich weigert, diese Verantwortung wahrzunehmen? »›Scheiße‹ ist gestrichen«, sagt er. »Passen Sie Ihre Schimpfwörter entsprechend an.«

»Letztes Jahr war ›Scheiße‹ okay«, sagt Leggs. »Wie kommt's?«

»Ich habe meine Meinung geändert«, erklärt Felix. »Ich bin es leid. Zu viel Scheiße ist stumpfsinnig, und Stumpfsinn ist Anti-Shakespeare. Wenn es jetzt keine weiteren Fragen mehr gibt, machen wir mit dem Rechtschreib-Quiz weiter. Keiner spickt beim anderen. Ich habe von hier aus jeden im Auge. Sind Sie bereit?«

15. Du Wunder, du

Donnerstag, der 10. Januar 2013

Felix hat seine Wunsch-Miranda bereits engagiert. Ein Mädchen, das er vor zwölf Jahren in seinem abgesagten *Sturm* besetzt hatte: Anne-Marie Greenland, die ehemalige Kinderturnerin.

Natürlich wäre sie heute älter, hatte er sich überlegt, wenn auch unterm Strich nicht so viel älter, denn vor zwölf Jahren war sie sehr jung gewesen. Mit ihrer Figur – schlank, drahtig – könnte sie gewiss immer noch als Miranda durchgehen. Vorausgesetzt, sie war nicht dick geworden.

Er hatte sich einiges einfallen lassen müssen, um sie aufzuspüren. Er wollte sich nicht an eine Schauspielagentur wenden, da keine Agentur ihre Klienten gerne in eine Strafvollzugsanstalt vermitteln würde: zu viele Haftungsfragen. Er würde sie persönlich kontaktieren und überreden müssen. Er würde ihr sogar anbieten, sie zu bezahlen; er könnte einen Teil seines winzigen Budgets dafür abzweigen.

Das Internet erwies sich als nützlich: Nach kurzer Suche stieß er auf ihren Lebenslauf. Sie war bei ActorHub und CastingGame registriert. Nach der Absage seines *Sturms* hatte sie in Makeshiweg einige kleinere Rollen übernommen: eine Prostituierte in dem Bordell in *Perikles*, ein Sklavenmädchen in *Anton und Kleopatra*, eine Tänzerin in *West Side Story*. Nichts Großes. Die Miranda zu spielen hätte für sie Wunder bewirkt: Er hätte das Talent aus ihr herauslocken, ihr so viel beibringen können.

Sie hätte eine steile Karriere vor sich gehabt. Er ist nicht der Einzige, dessen Leben durch Tony und Sal ernsthaften Schaden genommen hat.

Nach *West Side Story* hatte Anne-Marie gänzlich zum Tanz übergewechselt. Sie hatte mehrere Spielzeiten als Elevin und dann als Gasttänzerin bei Kidd Pivot verbracht: Felix hatte ein hervorragendes YouTube-Video von ihr gefunden, ein ausdrucksstarkes Stück mit zwei männlichen Tänzern. Doch aufgrund einer Verletzung hatte sie die Kompanie vor deren spektakulärer *The Tempest Replica*-Aufführung verlassen müssen und war acht Monate lang von der Bildfläche verschwunden. Dann tauchte sie wieder auf, als Choreografin in einer semiprofessionellen Aufführung von *Crazy for You* in Toronto. Das war letztes Jahr.

Harte Zeiten für Anne-Marie, vermutete er. Hatte sie einen Ehemann, einen Partner? Davon wurde nichts erwähnt.

Sie hatte ein Konto bei Facebook, auch wenn sie zuletzt nicht viel gepostet hatte. Ein paar Bilder von sich: eine dünne, muskulöse Honigblonde. Großäugig. Ja, sie könnte immer noch die Miranda spielen. Aber würde sie es auch wollen?

Felix fragte unter seinem richtigen Namen an, ob er auf Facebook ihr Freund werden dürfe, und erstaunlicherweise wurde er akzeptiert.

Als Nächstes musste er sein Anliegen vorbringen. Erinnerte sie sich an ihn?, fragte er online. Ja, sie erinnerte sich, kam die knappe Antwort. Kein Freudengeschrei. Stand sie für Theaterarbeit zur Verfügung? Je nachdem, erwiderte sie. Er glaubte zu wissen, was sie dachte: Er hatte sie einmal im Stich gelassen, wie konnte er da glauben, dass er einfach so wieder in ihr Leben hineinspazieren könnte, als wäre nichts geschehen?

Wie sich herausstellte, arbeitete sie als Teilzeit-Barista in einem Kaffee-Imperium – bei Horatio's – mitten in Makeshiweg. In der Hoffnung, beim Festival eine Rolle zu ergattern, vermutete er. Er verabredete ein Treffen, dann holte er sie bei Horatio's ab. Er machte sich keine allzu großen Sorgen, von jemandem aus seinem früheren Leben erkannt zu werden: Er sah inzwischen so verändert aus mit seinem weißen Bart und den weißen Augenbrauen, und außerdem waren von der alten Truppe nur noch die wenigsten da. Das hatte er auf der Website des Festivals überprüft.

Anne-Marie sah immer noch jung aus, wie er mit Erleichterung feststellte. Falls überhaupt, dann war sie dünner geworden. Das Haar trug sie hochfrisiert zu einem Tänzerinnenknoten, und in jedem Ohr steckten zwei kleine Goldohrringe. Sie trug hautenge Jeans und ein weißes Hemd, offenbar ihre Uniform bei Horatio's.

Er führte sie in eine der lauteren Bars um die Ecke, ins Imp and Pig-Nut; das Schild draußen zeigte eine Art rotäugigen Troll, der grinste wie in einem Splatter-Trailer. Als sie in einer der dunklen Holznischen Platz genommen hatten, bestellte Felix ein Bier einer einheimischen Mikrobrauerei für Anne-Marie und eins für sich. »Etwas zu essen?«, fragte er. Es ging allmählich auf die Mittagszeit zu.

»Einen Burger mit Pommes«, antwortete sie und betrachtete ihn aus ihren riesigen Wildfangaugen. »Rosa gebraten.« Die erste Regel hungerleidender Schauspieler fiel ihm wieder ein: Sag nie nein zu einer kostenlosen Mahlzeit. Wie viele Platten mit Trauben und Käse hatte er früher in den Künstlerzimmern vertilgt?

»Tja«, sagte sie. »Ist lange her. Du bist einfach, na ja, verschwunden. Niemand wusste, wohin.«

»Tony hat mich weggeputzt«, sagte er.

»Ja, irgend so was hat sich herumgesprochen. Ein paar von uns dachten, er hätte dich wirklich weggeputzt. Dir den Garaus gemacht und dich in einem Loch in der Erde verscharrt.«

»Beinahe«, meinte er. »So hat es sich angefühlt.«

»Du hast dich nicht verabschiedet«, warf sie ihm vor. »Von keinem von uns.«

»Ich weiß. Das tut mir leid. Ich konnte nicht. Es gab Gründe dafür.«

Sie wurde ein wenig weicher und schenkte ihm ein winziges Lächeln. »Es muss schwer für dich gewesen sein.«

»Mir hat besonders leidgetan«, gestand er, »dass ich nicht dein Regisseur sein konnte. In *Der Sturm.* Du wärst sensationell gewesen.«

»Tja«, sagte sie, »mir hat es auch leidgetan.« Sie rollte ihre Hemdsärmel auf – es war heiß hier –, und er sah, dass sie ein Bienen-Tattoo auf dem Arm hatte. »Was gibt's?«

»Besser spät als nie«, bemerkte er. »Ich möchte, dass du die Miranda spielst. In *Der Sturm.*«

»Kein Scheiß. Soll das ein Witz sein?«

»Nicht im Mindesten«, erklärte er. »Die Situation ist ein wenig sonderbar.«

»Das ist immer so«, sagte sie. »Aber ich erinnere mich noch heute an den Text. Ich habe damals so hart dafür gearbeitet, dass ich ihn im Schlaf aufsagen konnte. Wo führst du ihn auf?«

Er hielt kurz inne und holte tief Luft. »In der Fletcher-Justizvollzugsanstalt«, bekannte er. »Ich unterrichte dort einen Kurs. Für die, äh, Insassen. Ein paar von ihnen sind recht gute Schauspieler, du wärst überrascht.«

Anne-Marie nahm einen kräftigen Schluck von ihrem Bier. »Damit ich dich richtig verstehe«, sagte sie. »Du willst, dass ich mich in ein Gefängnis begebe, in dem es nichts anderes gibt als einen Haufen männlicher Häftlinge, und dort die Miranda spiele?«

»Keiner von ihnen hat sich bereit erklärt, ein Mädchen zu spielen«, führte Felix aus. »Du verstehst, warum.«

»Ich verstehe das durchaus. Ich mache ihnen daraus keinen Vorwurf«, sagte sie, und ihre Stimme klang hart. »Ein Mädchen zu sein ist das Letzte, glaub mir.«

»Du wärst sehr willkommen«, sagte er. »In der Truppe. Sie sind von der Aussicht begeistert.«

»Da wette ich«, antwortete sie.

»Nein, wirklich. Sie würden dich respektieren.«

»Eine Horde harmloser Blümchen-rühr-mich-nicht-ans, hm?«

»Es gibt dort Sicherheitspersonal«, erklärte er. »Mit Tasern und Wachleuten und Was-weiß-ich-nicht-allem.« Er hielt inne. »Nicht dass sie gebraucht würden. Wirklich nicht.« Er hielt wieder inne. »Du würdest dafür bezahlt.« Noch eine Pause, dann ein letzter Lockruf: »Eine solche Theatererfahrung bekommst du nie wieder. Garantiert.«

»Du hast sonst niemanden dafür gefunden, nicht wahr?«, sagte sie, und er wusste, er hatte es beinahe geschafft.

»Du bist die Erste, die ich gefragt habe«, gestand er wahrheitsgemäß.

»Ich bin aber zu alt«, sagte sie. »Inzwischen sind zwölf Jahre vergangen.«

»Du bist perfekt. Du hast eine gewisse Frische.«

»Wie frische Scheiße«, sagte sie, und er blinzelte. Ihr unflätiges Gerede hatte ihn schon immer erschreckt. Er war nie darauf vorbereitet, wenn wieder ein Strom schmutziger Wörter aus ihrem kindlichen Mund kam.

»Das liegt daran, dass du findest, dass ich wie ein Kind aussehe«, sagte sie. »Keine Titten.«

Es nutzte wohl kaum etwas, es abzustreiten. »Titten werden überbewertet«, sagte Felix – das war stets Musik in den Ohren kleinbrüstiger Frauen –, und sie grinste ein wenig.

»Spielst du den Prospero selbst?«, wollte sie wissen. »Kein Bankräuber, der den zauberhaften alten Arsch übernimmt? Ich habe seine Textstellen geliebt. Ich könnte es nicht ertragen, wenn jemand sie versaut.«

»Ja«, antwortete er. »Zauberei im Knast: Das ist eine Herausforderung für mich. Auf einer normalen Bühne zu spielen ist im Vergleich dazu ein Spaziergang. Oder betrachte es einmal so: Es könnte meine letzte Chance sein, ihn zu spielen.«

Plötzlich bedachte sie ihn mit einem breiten Grinsen. »Du bist noch genauso verrückt wie früher«, stellte sie fest. »Ach, Scheiße, du bist hervorragend. Verdammt, wer sonst würde sich so ein Ding einfallen lassen? Gut, einverstanden!« Sie streckte die Hand aus, damit Felix sie schütteln konnte, doch er war noch nicht fertig.

»Nur zwei Dinge noch«, sagte er. »Erstens, mein Name dort ist Mr Duke. Niemand weiß etwas von dem Festival ... dass ich einmal ... Es ist eine lange Geschichte, bei Gelegenheit erzähle ich sie dir. Aber ›Felix Phillips‹ ist verboten. Das könnte Fragen aufwerfen und Probleme verursachen.«

»Du fürchtest dich plötzlich vor Problemen?«, fragte sie. »Du?«

»Das wären schlimme Probleme. Zweitens, keine konventionellen Kraftausdrücke. Die sind nicht erlaubt: meine Regel. Die Schauspieler dürfen nur die Fluchworte benutzen, die in dem jeweiligen Stück vorkommen.«

Sie überlegte kurz. »Gut, das ist zu schaffen«, meinte sie. »Und jetzt, Mondkalb? Küss die Bibel! Wir sind im Geschäft!«

Dieses Mal schüttelten sie einander die Hand. Sie hatte einen Griff wie ein Dosenöffner. Keuschheit wird nicht der einzige Grund sein, aus dem sein Prospero dem Ferdinand raten wird, sich bei diesem Mädchen zurückzuhalten: Ferdinand würde als Bräutigam nicht schon vor der Hochzeitsnacht übel zugerichtet werden wollen.

»Mir gefällt deine Biene«, sagte er. »Das Tattoo. Hat es eine besondere Bedeutung?«

Sie blickte auf die Tischplatte. »Ich hatte etwas mit dem Ariel«, sagte sie. »Dem Schauspieler in deinem Stück. Es hat Spaß gemacht, solange es dauerte, obwohl er mir das Herz gebrochen hat. Die Biene war so etwas wie ein privater Scherz zwischen uns.«

»Ein Scherz? Was für ein Scherz?« Schon als er es sagte, stellte Felix fest, dass er die Antwort gar nicht hören wollte. Zum Glück kam der Hamburger, und Anne-Marie grub mit einem freudigen Seufzer ihre kleinen Zähne hinein. Felix sah zu, wie sie ihn hinunterschlang, und versuchte sich zu erinnern, wie es gewesen war, so hungrig zu sein.

16. Unsichtbar für jedes Auge sonst

Freitag, der 11. Januar 2013

Zu Beginn des Unterrichts am Freitag wirft Felix einen Köder aus. »Ich habe Neuigkeiten bezüglich der Schauspielerin, die unsere Miranda spielen wird«, verkündet er. Er spricht mit ruhiger Stimme, wartet ein paar Sekunden ab. Ist das eine gute Nachricht oder eine schlechte?, werden sie sich fragen.

Sie sind hellwach: kein Gemurmel, kein Gemurre. »Es war schwierig«, erklärt er. »Nur eine außergewöhnliche Frau würde dies tun.« Unmerkliches Nicken. »Sie hatte ziemlich viele Einwände. Ich musste eine Menge Überzeugungsarbeit leisten«, fährt er in seiner Rede fort. »Ich dachte zuerst, es würde nicht klappen. Aber dann …«

»Yeah!«, ruft 8Handz. »Sie haben es geschafft! Ver… ich meine, gemein ehrfurchteinflößend!«

»Ja, schließlich hatte ich Erfolg!«

»An Pest krepier!«, befindet PPod.

»Danke«, sagt Felix. Er erlaubt sich ein Lächeln, verbeugt sich leicht. Sie erwarten von ihm eine gewisse Förmlichkeit. Eine Galanterie, wie sie sich für den Gentleman alter Schule geziemt, den er ihnen vorspielt. »Ihr Name ist Anne-Marie Greenland«, führt er aus, »und sie ist nicht nur Schauspielerin, sondern auch Tänzerin. Eine sehr athletische Tänzerin«, fügt er hinzu. »Ich habe einen Videoclip mitgebracht, den ich Ihnen zeigen möchte.«

Er hat das Youtube-Video auf einen Memorystick heruntergeladen, den er jetzt in den Unterrichtscomputer steckt. »Licht aus, bitte.«

Da ist Anne-Marie in ihren Tagen als Tänzerin, in einem schwarzen Bustier und grünen Satinshorts. Sie wirft ihren geschmeidigen männlichen Partner zu Boden, dann umschlingt sie ihn mit Armen und Beinen wie ein Oktopus und zieht seinen Kopf nach hinten in einen Würgegriff. Er schüttelt sie ab, schleudert sie in die Luft und wirbelt sie im Kreis herum, ihr Kopf schwebt nur knapp über dem Boden. Dann schlittert sie zwischen seinen Beinen hindurch, kommt wieder auf die Füße und ist plötzlich mit gespreizten Beinen in der Luft. Jetzt hält sie ihn wie in einem Schraubstock und verdreht seine Ellbogen schmerzhaft zu einem rechten Winkel.

»Oha«, sagt eine Stimme. »Das ist … Was für ein scheckiger Hansnarr ist das denn?«

»Die könnte einem hurensohnmäßig wehtun!«

»Pestiges Tattoo!«

»Giftiger Pesthauch!«

»Worum geht's in dem oberlausigen Ding?«

»Um romantische Liebe«, antwortet Felix. »Nehme ich an.« Sofort schämt er sich: Ein so müder Zynismus hat in der Zauberwelt, an die sie demnächst glauben sollen, keinen Platz.

Anne-Marie dreht Pirouetten, umkreist ihren Partner, der über den Boden rollt. Sie macht einen Salto rückwärts, landet auf den Füßen. Ein zweiter männlicher Tänzer springt federnd herbei, hebt sie hoch und wirft sie sich mit zappelnden Beinen über die Schulter. Dann ist sie wieder auf dem Boden, geht kurz in Boxstellung, läuft dann aber davon und wird verfolgt; beide Tänzer jagen ihr nach. Sie bleibt stehen, hebt ein Bein, zieht es an den Körper und tritt mit der Ferse zu. Beide gehen in einem anmutigen Tandem zu Boden. Anne-Marie springt in die Luft, höher, als man für möglich halten würde.

Schwärze.

Ein ganzer Raum voller Männer stößt hörbar den Atem aus.

»Licht, bitte«, sagt Felix. Erleuchtung: Er sieht sich einer

Reihe verdatterter Gesichter gegenüber. »Das war eine kleine Kostprobe von den zahlreichen Talenten unserer neuen Miranda. Sobald wir übernächste Woche alle Rollen besetzt haben, wird Anne-Marie zu einer Gesamtlesung des Textes zu uns stoßen.«

»Hat sie so was wie den schwarzen Gürtel?«, möchte Leggs wissen.

»Mann, sie ist … sie ist bösartig, Mann!« Das von PPod.

»Sie tritt dich in die Eier, dass sie dir aus dem Mund fliegen«, meint SnakeEye. »Ich wette, sie ist so 'ne Pest-Lesbe – nur ein Weg, das herauszufinden!« Niemand lacht.

»Oberlausig, nur Haut und Knochen«, sagt Phil the Pill. »Essstörung.«

»Mir sind die oberlausigen Mädels kurvig lieber«, sagt PPod.

»In der Not frisst der Teufel Fliegen«, findet Krampus, der trübsinnige Mennonit.

»Tja, Schildkrötengesicht«, sagt Leggs. »Ich finde, sie sieht heiß aus!«

»Sie ist eine sehr talentierte Darstellerin«, erklärt Felix. Es freut ihn, dass sie bereits ihre selbst gewählten Schimpfwörter verwenden. »Wir haben Glück, dass sie sich einverstanden erklärt hat, mit uns zu arbeiten. An Ihrer Stelle würde ich mich aber nicht mit ihr anlegen. Sie haben gesehen, warum.«

»Ich wette, sie kann mit ihren Pest-Daumen töten«, sagt WonderBoy traurig.

»Und jetzt«, sagt Felix, »wollen wir über Ariel reden. Wer meint, dass er diese Rolle gerne übernehmen würde?«

»Auf keinen Fall, Mann«, sagt eine Stimme von hinten. »Ich spiel keinen Luftgeist, und das ist mein letztes Wort. Wie schon gesagt.« SnakeEye, ein Mann mit eindeutigen Ansichten.

Ein verbreitetes Gefühl: Keine Hand geht nach oben, sämtliche Gesichter verschließen sich. Er kann hören, was sie denken: wie bei Miranda, so bei Ariel. Zu schwach. Zu schwul. Außer Frage.

»Für die Miranda holen Sie doch eine Schauspielerin rein? Dann holen Sie für den Luftgeist einen Schwulen«, findet Shiv. Zustimmendes Gemurmel, leises Gelächter.

Felix könnte sie fragen, warum sie Ariel für schwul halten, aber er kennt den Grund. Fliegt durch die Luft, schläft in Blumen, zart. Sieht wie ein Schwuler aus, benimmt sich wie ein Schwuler, ist ein Schwuler. Und was Ariels Gesang angeht, in dem behauptet wird, er sauge wie eine Biene – das konnte man vergessen: Niemand, der auch nur über ein Fünkchen Selbsterhaltungstrieb verfügte, würde so etwas singen. Ariel ist nicht nur ein Luftgeist, er ist auch noch ein supersaugender Luftgeist. Das Stigma würde der Betreffende nie wieder los.

Es wäre also sinnlos, wenn Felix darauf hinwiese, dass Ariel kein Schwuler ist, und ebenso sinnlos, ihnen zu sagen, dass »saugen« zu Shakespeares Zeiten noch nicht die zahlreichen negativen Bedeutungen hatte, die das Wort seit damals angenommen hat, denn diese Bedeutungen hat es jetzt, und jetzt ist der Zeitpunkt, an dem sie das Stück aufführen.

»Lassen Sie uns kurz über Ariel sprechen«, sagt Felix, was bedeutet, dass er über Ariel sprechen wird, denn keiner der anderen Anwesenden wird bei diesem riskanten Thema den Mund aufmachen. »Vielleicht sehen wir diese Figur als Schwulen, weil wir nicht *weit* genug denken.« Er macht eine Pause, um die Bemerkung wirken zu lassen. Weit denken? Was ist das?

»Bevor wir ihn also in eine Schublade stecken, wollen wir seine Qualitäten aufzählen. Was für ein Wesen ist er? Erstens, er kann sich unsichtbar machen. Zweitens, er kann fliegen. Drittens, er verfügt über übernatürliche Kräfte, insbesondere Donner, Wind und Feuer. Viertens, er ist musikalisch. Aber fünftens, und das ist am wichtigsten«, wieder macht er eine Pause, »fünftens: *Er ist kein menschliches Wesen.*« Er blickt sich im Raum um.

»Und was, wenn er nicht einmal *real* ist?«, fragt Red Coyote. »Wenn er zum Beispiel Prospero ist, der Selbstgespräche führt? Vielleicht hat er mit einem Peyote-Pilz Bekanntschaft gemacht und ist total high, vielleicht ist er auch ganz einfach verrückt?«

»Vielleicht hat er gerade einen Traum?«, meint Shiv.

»Vielleicht sinkt dieses Schiff, in das sie ihn gesetzt haben. Und das ganze Stück spielt sich ab, während er ertrinkt.« Einer von den Neuen, VaMoose.

TimEEz: »Ich hab mal so einen Film gesehen.«

»Oder er hat einen Fantasie-Freund«, meint PPod. »Mein Sohn hatte so einen.«

»Niemand sonst sieht ihn«, sagt Leggs.

»Sie sehen ihn, wenn er als Harpyie erscheint«, behauptet Bent Pencil.

»Sie hören ihn«, stellt HotWire fest.

»Ja, schon«, meint Red Coyote. »Es könnte aber auch sein, dass Prospero so 'ne Art Bauchredner ist.«

»Gehen wir einmal davon aus, dass Ariel in gewisser Weise real ist«, gibt Felix vor. Er freut sich: zumindest reden sie. »Vorausgesetzt, Sie hätten noch nie etwas von diesem Stück gehört, und alles, was Sie über dieses Wesen Ariel wissen, wäre das, was ich Ihnen über ihn erzählt habe. Was für ein Wesen habe ich dann gerade beschrieben?«

Gemurmel. »'nen Superheld«, sagt Leggs. »Die Phantastischen Vier. Eine Art Superman. Außer, Prospero hätte das Kryptonit oder was auch immer, und damit die Kontrolle.«

»So was wie *Star Trek*«, wirft PPod ein. »Er ist irgendwie ein Alien, hatte einen Unfall mit seinem Raumschiff, landet auf der Erde und sitzt dort fest. Er will starten, zu seinem Heimatplaneten zurückfliegen oder so, wie in E.T., erinnert ihr euch? Das könnte es sein, oder?«

»Er tut, was Prospero sagt, damit Prospero ihm hilft zurückzukommen.« Dieses Mal 8Handz. »Er verdient sich seine Freiheit.«

»Damit er wieder bei seinen eigenen Leuten sein kann«, meint Red Coyote.

Zustimmendes Gemurmel. Das alles ergibt einen Sinn! Ein Alien! Um Klassen besser als ein Luftgeist.

»Wie stellen Sie sich sein Kostüm vor?«, fragt Felix. »Wie sieht er aus?« Er wird keine der traditionellen Darstellungsweisen von Ariel erwähnen: weder die Vogelfedern noch das Libellenkostüm, den Engel oder die Schmetterlingsflügel. Ebenso wenig wird er erwähnen, dass Ariel seit zwei Jahrhunderten stets von einer Frau gespielt wird.

»Irgendwie grün«, sagt PPod. »Mit so Insektenaugen, so wie Aliens sie haben, diese großen Augen ohne Pupillen.«

»Grün ist für Bäume. Blau ist besser«, findet Leggs. »Wegen der Luft. Ariel für Luft. Luft ist blau.«

»Er kann kein Menschenessen essen. Nur Blumen und so.« Red Coyote sagt das. »Natürlich. Als wär er Veganer.«

Allseitiges Nicken: Diese Theorie deckt ohne Ehrverlust auch das Saugen der Biene, denn so etwas erwartet man von Aliens – komische Essgewohnheiten.

»Gut«, sagt Felix. »Und was für eine Funktion übernimmt er hier in diesem Stück?«

Unterdrücktes Gemurmel. »Was meinen Sie mit ›Funktion‹?«, fragt Bent Pencil. »Wie Sie in Ihren Aufzeichnungen schreiben, ist er ein guter Diener. Er tut, was man ihm sagt. Caliban ist ein schlechter Diener.«

»Ja, ja«, meint Felix. »Aber wo wäre das Stück ohne die Aufgaben, die Ariel für Prospero erledigt? Ohne Donner und Blitz? Oder sogar ohne den Sturm? Ariel vollbringt die wichtigste Einzeltat der gesamten Handlung, denn ohne diesen Sturm gäbe es kein Stück. Er ist also von entscheidender Bedeutung. Er agiert jedoch hinter den Kulissen – außer Prospero weiß niemand, dass Ariel den Donner macht, die Lieder singt und diese Illusionen schafft. Wäre er jetzt hier bei uns, würde man ihn als den Mann für die Spezialeffekte bezeichnen.« In der Hoffnung, dem einen oder anderen Augenpaar zu begegnen, lässt Felix den Blick erneut durch den Raum wandern. »Er ist also ein Experte des Digitalen. Er schafft die 3-D-Realität.«

Unsicheres Grinsen. »Cool«, findet 8Handz. »Pesthauch-cool.«

»In unserem Stück ist Ariel somit die Figur Ariel, er ist aber auch für die Spezialeffekte zuständig«, verkündet Felix. »Beleuchtung, Ton, Computersimulation. Das Ganze. Und Ariel braucht ein Team, so wie das Team der anderen Geister, die im Stück von ihm befehligt werden.«

Langsam geht ihnen ein Licht auf: Sie lieben es, mit Computern zu spielen, bei den seltenen Gelegenheiten, bei denen es ihnen möglich ist.

»Monster-cool!«, verkündet Shiv.

»Wer möchte also ins Team Ariel?«, fragt Felix. »Nimmt jemand die Herausforderung an?«

Jede Hand im Raum geht nach oben. Seit sie die Möglichkeiten erfasst haben, will jeder im Team Ariel sein.

17. Die Insel ist voll Klang

Am gleichen Tag

Die Sonne geht allmählich unter; das Licht ist kalt, blassgelb. Auf dem inneren Zaun hocken zwei Krähen und halten Wache. Hoffnungslos, Freunde, denkt Felix. Ich bin der Einzige, der heute hier rauskommt, und ich bin noch nicht tot. Er steigt in sein eiskaltes Auto. Nach zwei Versuchen springt der Motor an.

Das äußere Tor schwingt auf, von unsichtbaren Händen geführt. Vielen Dank, ihr Halb-Marionetten, wendet sich Felix wortlos an sie, ihr Elfen des Stacheldrahts, der Taser und dicken Mauern, so schwache Herren ihr auch sein mögt. Als er hügelabwärts davonfährt, schließt sich das Tor wieder, fällt mit einem dumpfen, metallischen Knall ins Schloss. Schon wird es dunkel, hinter ihm leuchten grell die Suchscheinwerfer auf.

Sein Wagen folgt der Schnellstraße, dann biegt er ab und schiebt sich über das schmale, verschneite Sträßchen in Richtung seiner Höhle, fast so, als würde er den Wagen gar nicht steuern, sondern ihn allein durch die Kraft seiner Gedanken befehligen. Er erlaubt sich ein Gefühl der Erleichterung: Jetzt sind die ersten und größten Hindernisse überwunden, die ersten Ziele erreicht. Er hat seine Miranda erobert, Ariel wurde verwandelt und akzeptiert. Er spürt, wie sich seine restliche Besetzung materialisiert wie aus einem Nebel, mit verschwommenen Gesichtern, aber real. Bisher hält sein Zauber.

Der Wagen bleibt stehen, als wollte er sich nie wieder fortbewegen. Zum Glück gibt es keinen neuen Haufen aus festgebackenem Schnee und gefrorenem Matsch, der weggeschaufelt werden muss. Er parkt und schließt ab, dann stapft er mühsam durch den knirschenden Schnee zu seiner Bruchbude. Von dem Feld rechts ertönt ein gläsernes Wispern: die abgestorbenen Schilfstängel, die vereist aus den Verwehungen ragen und sich leise im Wind wiegen. Sie klingeln wie Glöckchen.

Drinnen ist es stockdunkel, im Fenster brennt kein Licht. Er hätte beinahe geklopft, doch wer würde schon antworten? Plötzlich überfällt ihn ein Kältegefühl wie bei der Nachricht eines unendlichen Verlusts. Er öffnet die Tür.

Leer. Ausgestorben. Niemand da. In der Hütte ist es kalt; er hat morgens Holz nachgelegt, bevor er nach Fletcher gefahren ist, aber das elektrische Heizgerät lässt er ungern an, wenn er nicht da ist. Zu riskant, obwohl Miranda sicher darauf achtgeben würde. Oder nicht?

Dummkopf, sagt er sich. Sie ist nicht da. Sie war noch nie da. Es war Einbildung und Wunschdenken, sonst nichts. Finde dich damit ab.

Er kann sich nicht damit abfinden.

Er legt Holz auf, schaltet das Heizgerät ein. Es dauert nicht lange, bis es in der Hütte warm wird. Zum Abendessen wird er ein Ei essen und ein paar Cracker, dazu eine Tasse Tee. Er ist nicht besonders hungrig. Nach dem Adrenalinschub dieser ersten Woche empfindet er jetzt Frustration; mehr ist es doch sicherlich nicht. Doch da ist ein Gefühl innerer Schwäche, eine gewisse Mutlosigkeit, ein Haarriss in seinem Willen, ein Stocken.

Zuletzt schien seine Rache so nah. Er musste lediglich abwarten, bis Tony und Sal der Fletcher-Justizvollzugsanstalt ihren VIP-Besuch abstatteten, und dann sicherstellen, dass sie sich die Videoaufnahme des Stücks nicht gemeinsam mit dem Direktor, sondern im geschlossenen Trakt ansahen – wo er sie, wenn auch zunächst für sie unsichtbar, erwarten würde. Sobald das Video einmal liefe, würde es in zwei Versionen gezeigt. Die eine wäre das Video, das überall sonst im Gefängnis auf dem Bildschirm zu sehen wäre. In der anderen Version spielten unter seiner Aufsicht plötzlich echte Menschen, und er höchstselbst führte Regie. Durch Doppelung eine Illusion zu schaffen – einer der ältesten Tricks aus dem Theaterrepertoire.

Doch an dieser Stelle verschwimmt seine Vision. Was macht ihn so sicher, dass er das durchziehen kann? Nicht das Stück an sich; das wird bereits als fertiges Video vorliegen. Sondern das andere Stück, das improvisierte Drama, das er für seine noblen Feinde im Sinn hat – wie es in die Tat umsetzen? Er wird ein Maß an technischer Expertise benötigen, über das er nicht verfügt. Und selbst wenn er dieses Problem lösen kann, welche Tollkühnheit, einen solchen Schachzug auch nur zu wagen! Wie riskant! So viel konnte schiefgehen. Seine Schauspieler könnten sich hinreißen lassen, besonders in Gegenwart eines Justizministers, der Straftätern mit harter Hand begegnete. Sie könnten die Gelegenheit beim Schopf packen; es könnte jemand verletzt werden.

»Es kommt niemand zu Schaden, es kommt niemand zu Schaden«, sagt er sich. Doch es könnte sehr wohl jemand zu Schaden kommen. Er hat keine ergebenen Elementargewalten hinter sich, gebietet nicht über echte Alchemie. Er besitzt keine Waffen.

Besser, die Idee aufzugeben. Seine Rachepläne, seine Hoffnung auf Wiedergutmachung zu begraben. Mit einem Kuss von seinem früheren Ich Abschied zu nehmen und sich leise ins Dunkel zurückzuziehen. Was hat er in seinem Leben denn je erreicht, von den paar kunterbunten Stunden, den paar kurzlebigen Triumphen einmal abgesehen, die in der Welt, in der die meisten Menschen leben, ohne Bedeutung waren? Wieso hatte er jemals das Gefühl, das Universum schulde ihm besondere Beachtung?

Miranda mag es nicht, wenn er deprimiert ist. Es beunruhigt

sie. Vielleicht hat sie sich deshalb unsichtbar gemacht, obwohl sie gewöhnlich ohnehin so gut wie unsichtbar ist. Ist sie das, im anderen Zimmer? Hört er ein Summen? Oder ist das nur der Kühlschrank?

Im Schlafzimmer hängt ein medizinischer Geruch, als wäre dort jemand krank gewesen. Lange Zeit leidend. Nein, hier ist sie nicht. Nur das Foto in seinem Silberrahmen: das kleine Mädchen auf der Schaukel, im Aspik der Zeit erstarrt. Sichtbar, aber nicht lebendig.

Er knipst die Nachttischlampe an, öffnet die Tür des großen Schranks. Dort hängt sein Zaubermantel; er wartet inzwischen schon ein Dutzend Jahre auf ihn. Wird er schließlich doch noch in den Müll wandern? Die vielen Augen darauf glitzern, lebendig und aufmerksam.

»Noch nicht«, bescheidet er seine Zaubertiere. »Noch nicht ganz. Noch hat die Stunde nicht geschlagen.«

Ihre Stunde wird seine Stunde sein. Die Stunde seiner Rache. Es muss einen Weg geben, damit es funktioniert. Er hat doch gewiss noch ein paar Tricks auf Lager.

Er geht zurück ins Vorderzimmer. »Meine Liebe«, sagt er laut; und da ist sie, dort drüben in der Ecke. Zum Glück trägt sie Weiß; sie schimmert. Was ist das für eine Anspannung, die er da spürt? Sie reagiert auf seine Sorgen und macht sich jetzt selbst welche.

»Es ist nichts passiert«, sagt er. »Und es wird auch nichts passieren, das verspreche ich dir. Ich werde nichts tun, ohne an dich zu denken.«

Doch wohin hat seine Fürsorge geführt? Er hat sie beschützt, ja, aber hat er es damit nicht übertrieben? Es gibt so vieles, was er ihr eigentlich bieten müsste. Sie sollte haben, was andere Mädchen ihres Alters für selbstverständlich halten, auch wenn er nicht weiß, was das im Einzelnen ist. Sicherlich Kleider. Hübsche Kleider, mehr Kleider, als sie jetzt besitzt. Sie scheint in aus

Mull und alten Bettlaken zusammengeschneiderten Behelfsklamotten herumzulaufen. Sie sollte Samt und Seide tragen oder Miniröcke und diese hohen Stiefel, die die Mädchen dieser Tage offenbar so mögen. Sie sollte ein pastellfarbenes I-phone besitzen. Sie sollte ihre Nägel blau, silbern oder grün lackieren, mit ihren Freundinnen schwatzen und aus pinkfarbenen Kopfhörern Musik hören. Partys besuchen.

Als Vater war er ein solcher Versager. Wie kann er das wiedergutmachen? Ein Wunder, dass sie nicht öfter schmollt, auf diese Weise mit ihrem schäbigen alten Vater eingesperrt; doch sie weiß gar nicht, was sie verpasst. Dennoch ist es ihm gelungen, ihr vieles beizubringen, das zu lernen die meisten Mädchen ihres Alters niemals die Chance hatten.

»Was hast du den ganzen Tag über gemacht?«, fragt er sie. »Möchtest du eine Partie Schach spielen?«

Zögernd – ist es ein Zögern? – geht sie zum Schachbrett, das wie üblich auf dem roten Resopaltisch aufgebaut ist.

Schwarz oder weiß?, fragt sie ihn.

18. Diese Insel ist mein

Montag, der 14. Januar 2013

Am Montag hat Felix sein Selbstvertrauen wiedergewonnen. Der Unterricht in der Fletcher-Schauspieltruppe muss stattfinden wie gewohnt. In dieser Woche wird er den Kurs darin unterstützen, die wichtigsten Charaktere auszuloten, als Ausgangspunkt für die spätere Besetzung. Da die lästige Frage um Ariel und Miranda nun gelöst ist, sollte es mit den weiteren Rollen kaum Probleme geben, mit Ausnahme von Caliban. Caliban wird zwangsläufig ein paar unangenehme Fragen aufwerfen.

Was sein anderes Vorhaben angeht, das geheime, muss er alle Fäden unbedingt fest in der Hand behalten. Muss ihnen ins Dunkle folgen. Welche Form die Sache auch immer annehmen wird, es wird auf das genaue Timing ankommen. Dies ist seine letzte Chance. Seine einzige Chance. Um sich zu entlasten, seinen Namen wiederherzustellen, ihre Nasen hineinzureiben – die Nasen seiner Widersacher. Wenn er versagt, wird es danach nur noch abwärtsgehen. Auch so ist es schon genug abwärtsgegangen.

Er darf keinen Rückzieher machen, darf nicht zögern. Er muss den Elan beibehalten, unbedingt. Alles hängt von seinem Willen ab.

»Wie geht's, Mr Duke?«, erkundigt sich Dylan, als Felix die Sicherheitsschleuse passiert.

»So weit, so gut«, antwortet Felix fröhlich.

»Wer spielt den Schwulen?«, will Madison wissen.

»Er ist kein Schwuler«, kontert Felix.

»Wirklich nicht?«

»Vertrauen Sie mir«, sagt Felix. »Übrigens, nächste Woche bringe ich einen Gast mit – eine ausgezeichnete Schauspielerin. Ihr Name ist Anne-Marie Greenland. Sie wird in dem Stück die Frauenrolle übernehmen. Die Miranda.«

»Ja, davon haben wir gehört«, sagt Madison. Die Buschtrommel in Fletcher ist unentwegt in Gang, zumindest in bestimmten Fällen; vielleicht liegt es aber auch am Überwachungssystem. Klatsch verbreitet sich so rasant wie die Grippe. »Wir sind sehr gespannt.« Er grinst.

»Hat sie die Genehmigung gekriegt?«, will Dylan wissen.

»Natürlich.« Felix spricht mit mehr Autorität, als er empfindet. Estelle hat das für ihn arrangiert. Es war knapp – es gab etliche Einwände –, aber Estelle weiß, welche Strippen sie ziehen und welchen Egos sie schmeicheln muss. »Ich hoffe, dass jeder hier – das Personal –, ich hoffe, Sie heißen sie willkommen.«

»Sie wird einen Pager tragen müssen, zur Sicherheit«, erklärt Dylan. »Diese Schauspielerin oder was auch immer. Wir zeigen ihr, wie man ihn benutzt. Falls es Schwierigkeiten gibt.« Ihre Neugier ist mit Händen zu greifen: Sie würden gerne weitere Details über dieses Mädchen wissen, aber sie werden sich keine Blöße geben und allzu große Begeisterung an den Tag legen. Sollte Felix ihnen ein paar Krumen hinwerfen und ihnen von dem frei verfügbaren YouTube-Video erzählen, in dem Anne-Marie ihre beiden männlichen Tanzpartner zu Lasagne verarbeitet? Besser nicht, entscheidet er.

»Es wird keine Schwierigkeiten geben«, sagt er, »aber das ist sehr nett von Ihnen.«

»Kein Problem, Mr Duke«, meint Dylan.

»Wir tun unser Bestes«, versichert Madison.

»Sie können auf uns zählen. Einen schönen Tag, Mr Duke«, bestätigt Dylan. »Merde!«

»Merde, hm?«, echot Madison und streckt Felix zwei hochgereckte Daumen hin.

»Das ganze Stück spielt auf einer Insel«, erläutert Felix, neben dem Whiteboard stehend. »Aber was für eine Insel ist das? Ist sie ihrerseits verzaubert? Wir erfahren es nie genau. Sie ist für jeden, der auf ihr landet, anders. Manche fürchten sie, andere möchten sie beherrschen. Und einige möchten am liebsten weg von ihr.«

Die Erste, die ihren Fuß darauf setzt, ist Calibans Mutter Sycorax, der nachgesagt wird, sie sei eine abscheuliche Hexe. Sie stirbt vor Beginn des Stücks, aber vorher gebiert sie auf der Insel noch Caliban. Er wächst dort auf, und er ist der Einzige, der die Insel wirklich mag. Solange Caliban ein kleiner Junge ist, ist Prospero freundlich zu ihm, aber dann kommt der Sex dazwischen, Caliban verliert die Orientierung und wird eingesperrt. Danach fürchtet Caliban sich vor Prospero und dessen Kobolden und Geistern, die ihn misshandeln. Vor der Insel fürchtet er sich jedoch nie. Im Gegenzug spielt sie ihm manchmal süße Musik vor.«

Er schreibt CALIBAN auf das Whiteboard.

»Dann gibt es noch eine Figur, die ebenso lange dort ist wie Sycorax, aber diese Figur ist kein Mensch. Es handelt sich um Ariel. Was denkt er über die Insel? Wir wissen es nicht. Sein Auftrag lautet, dort für Illusionen zu sorgen, aber er tut nur, was man ihm sagt.«

Unter CALIBAN notiert er ARIEL.

»Als Nächstes gelangen Prospero, der rechtmäßige Herzog von Mailand, und das Baby Miranda auf die Insel, die von Prosperos bösem Bruder Antonio in einem lecken Boot ausgesetzt wurden. Sie haben Glück, dass sie dort landen, denn sonst wären sie verhungert oder verdurstet. Sie müssen jedoch in einer Höhle wohnen, und außer Caliban gibt es keine anderen Menschen; Prosperos erklärtes Ziel ist es deshalb, mit Miranda möglichst schnell von der Insel weg und zurück nach Mailand zu gelangen. Er will seine alte Stellung zurückgewinnen, er will, dass seine Tochter gut verheiratet wird, und beides ist auf der Insel nicht zu haben. Miranda selbst steht diesem Thema neutral gegenüber. Sie hat nie etwas anderes kennengelernt, die Insel ist also für sie in Ordnung, bis es eine Alternative gibt.«

PROS & MIR, schreibt er.

»Dann, nach zwölf Jahren, werden nach einem Sturm, den Prospero und Ariel angezettelt haben, einige andere Personen an Land gespült. Der Sturm ist eine Illusion, sie sind jedoch davon überzeugt: Sie glauben, sie hätten Schiffbruch erlitten. Für Alonso, König von Neapel, ist die Insel ein Ort von Kummer und Verlust, denn er denkt, sein Sohn Ferdinand wäre vor der Küste ertrunken.

Für Alonsos Bruder Sebastian und Prosperos bösen Bruder Antonio ist die Insel ein Ort der Möglichkeiten: Sie scheint ihnen die Chance zu bieten, Alonso und seinen Ratsherrn Gonzalo zu ermorden; danach würde Sebastian das Königreich Neapel erben – auch wenn er nicht die leiseste Ahnung hat, wie er es schaffen soll, dorthin zurückzukehren. Diese beiden sehen die Insel als Einöde ohne jeden Zauber.

Gonzalo, der wohlmeinende alte Ratsherr, hält die Insel für reich und fruchtbar. Er vertreibt sich die Zeit damit, das ideale Königreich zu beschreiben, das er dort errichten würde, in dem alle Bürger gleich und tugendhaft wären und niemand einer Arbeit nachgehen müsste. Die anderen machen sich über seine Vision lustig.

Alle diese Männer denken hauptsächlich an Macht und Herrschaft: Wer herrschen sollte und wie, wer die Macht erhalten und wie er sie einsetzen sollte.«

Felix schreibt ALON, GON, ANT, SEB und zieht einen Strich darunter.

»Die nächste Rolle ist ganz anders. Es ist die von Ferdinand, dem Sohn Alonsos. Da er an einer anderen Stelle der Insel an Land schwamm, glaubt er, sein Vater sei ertrunken. Während er seinen Verlust betrauert, lockt Ariel ihn mit Musik an einen anderen Ort. Zunächst glaubt er, die Insel sei verzaubert; Miranda hält er auf den ersten Blick für eine Göttin. Als er hört, dass sie ein Menschenmädchen ist und überdies unverheiratet, verliebt er sich Hals über Kopf in sie und macht ihr einen Heiratsantrag. Seine Insel ist also ein Ort der Wunder sowie der romantischen Liebe.« Felix schreibt FERD und zieht einen weiteren Strich.

»Ganz unten in dem Haufen kommen Stephano und Trinculo«, erzählt er weiter. »Beide sind Dummköpfe. Außerdem betrunken. Wie Antonio und Sebastian sehen sie die Insel als einen Ort der Gelegenheiten. Sie wollen den gutgläubigen Caliban ausbeuten, indem sie ihn zu ihrem Diener machen; sie überlegen sogar, ihn nach ihrer Rückkehr in die Zivilisation als Missgeburt zur Schau zu stellen oder ihn zu verkaufen. Doch sie sind auch durchaus bereit, Diebstahl, Mord und Vergewaltigung in ihr Repertoire aufzunehmen. Befreit euch von Prospero, rät ihnen Caliban, dann wird die Insel euer Königreich, und obendrein bekommt ihr Miranda als Bonus.

Auch sie machen sich Gedanken um die Frage, wer regieren soll und wie; sie sind komische Versionen Antonios und Sebastians. Man könnte aber auch sagen, Antonio und Sebastian seien Dummköpfe in besseren Kleidern.«

STEPH & TRINC, schreibt Felix.

Er hält inne, sieht sich im Raum um: keine Feindseligkeit, aber auch keine echte Begeisterung. Sie beobachten ihn. »Vielleicht ist die Insel tatsächlich verzaubert«, fährt er fort. »Vielleicht ist sie eine Art Spiegel: Jeder sieht darin ein Abbild seines inneren Ichs. Vielleicht bringt die Insel es an den Tag, wer jede dieser Figuren wirklich ist. Vielleicht ist sie ein Ort, an dem man etwas begreifen soll. Doch was sollen alle diese Leute begreifen? Und: Begreifen sie es tatsächlich?«

Er zieht einen doppelten Strich unter seine Liste. »Also«, fasst er zusammen. »Das sind die wichtigsten Figuren. Notieren Sie sie in dieser Reihenfolge, alle außer Prospero und Miranda – ich werde den Prospero spielen, und Sie wissen, wer die Miranda übernimmt. Dann schreiben Sie neben jeden dieser Namen eine Zahl zwischen null und zehn. Zehn bedeutet, dass Sie diese Figur wirklich gerne spielen würden; null bedeutet, dass Sie null Interesse daran haben. Überlegen Sie sich, ob Sie die jeweilige Rolle gut ausfüllen könnten. Zum Beispiel wäre es eine Hilfe, wenn Ferdinand hinlänglich jung wäre und Gonzalo angemessen alt.

Von jetzt an bis zur Besetzung der einzelnen Rollen werden wir ein paar Textstellen lesen. Danach werden Sie Ihre Meinung über Ihren Favoriten vielleicht ändern. Falls dem so ist, streichen Sie die Zahl ungeniert durch und tragen Sie eine neue ein.« Alle machen sich an die Arbeit; man hört das schwerfällige Knirschen der Bleistifte.

Ist die Insel verzaubert?, fragt sich Felix. Sie ist vieles, doch eine Sache hat er nicht erwähnt: Die Insel ist ein Theater. Prospero ist der Regisseur. Er studiert ein Stück ein, und in diesem Stück ist noch ein weiteres enthalten. Wenn sein Zauber weiterhin hält und sein Stück Erfolg hat, geht sein Herzenswunsch in Erfüllung. Doch wenn er versagt …

»Er wird nicht versagen«, beharrt Felix. Einige Köpfe gehen hoch, neugierige Augenpaare starren ihn an. Hat er das laut ausgesprochen? Führt er Selbstgespräche?

Halte diese Neigung im Zaum, sagt er sich. Du willst nicht, dass sie glauben, du seist auf Drogen.

19. Ein oberlausiges Monster

Dienstag, der 15. Januar 2013

Am Dienstagmorgen zählt Felix die Stimmen. Von den zwanzig Mitgliedern seiner Schauspieltruppe möchte nur einer den ehrenwerten Gonzalo spielen. Zum Glück ist es Bent Pencil, der betrügerische Buchhalter. Felix trägt ihn ein.

König Alonso und sein Bruder Sebastian haben kaum Anhänger gefunden; sie stehen bei allen weit hinten auf der Liste, bekommen aber keine Nullen.

Antonio, Prosperos böser Bruder, ist beliebter: Fünf listen ihn als neun.

Stephano und Trinculo: beide zwei Freiwillige. Das macht vier, die sich als Spaßmacher sehen.

Acht von ihnen wollen den Ferdinand spielen, was in sechs Fällen Wunschdenken ist: Sie wären in der romantischen Hauptrolle keinesfalls überzeugend. Bei zweien wäre es jedoch möglich.

Zwölf für Ariel. Wie es scheint, interessieren sich viele aus der Truppe ernsthaft für Aliens und Spezialeffekte.

Und Caliban, überraschende fünfzehn.

Schwere Entscheidungen für kommenden Mittwoch, denkt Felix. Er wird mit Caliban den Anfang machen. Caliban ist ein geheimer Poet. Nachdem sie diesen Aspekt durchgesprochen haben, werden sicher einige der Bewerber abspringen. An Caliban ist mehr dran, wird er ihnen sagen, als nur ein hässliches Gesicht.

Zur Vorbereitung auf die schwierige Aufgabe, die vor ihm liegt, nimmt Felix sein wöchentliches Bad in der Blechwanne. Das ist ein größeres Unterfangen. Zuerst muss er auf der Herdplatte und im elektrischen Wasserkessel das Wasser erhitzen. Dann muss er das heiße Wasser mit kaltem aus der Pumpe mischen, sich ausziehen und in die Wanne steigen. Zu dieser Jahreszeit ist das eine kalte, rutschige Angelegenheit, denn von der Tür zieht es, und Eispartikel klappern gegen das Fenster. Das zerschlissene Handtuch hilft der Sache auch nicht. Er sollte sich ein neues besorgen; was hält ihn davon ab? Sein Sinn für Design, das ist es. Ein neues Handtuch würde nicht in das ärmliche, klösterliche Dekor passen.

Wie es sich für eine junge Dame mit einem gewissen Schamgefühl geziemt, ist Miranda nie da, wenn er dieses Ritual vollzieht. Wohin geht sie? Woandershin. Ein kluges Kind. Nichts würde ein heranwachsendes Mädchen mehr den Respekt vor seinem klugen Vater verlieren lassen wie der Anblick seiner spindligen Beine und seines runzligen, schrumpeligen Fleischs.

Wie genau haben Prospero und Miranda auf der Insel gebadet? Felix sinnt über diese Frage nach, während er behutsam seine Achselhöhlen einseift. Hatten sie eine Wanne? Unwahrscheinlich. Vielleicht gab es einen Wasserfall. Doch hätte Miranda nicht jedes Mal, wenn sie ihn benutzte, die Begierde des lüsternen Caliban riskiert? Gewiss; doch Prospero musste ihn bei diesen Gelegenheiten in seiner Felsenzelle eingesperrt haben.

Alles schön und gut, aber was war mit Prospero selbst? Musste er, um seinen Zauber zu wahren, nicht sein Zaubergewand tragen? Benötigte er nicht seine Bücher und seinen Stab? Unter dem Wasserfall hätte er das Zaubergewand nicht anbehalten können. Vielleicht duschte er auch gar nicht. Nach zwölf Jahren ohne Dusche musste der alte Junge ganz schön gerochen haben.

Doch er vergisst etwas: Ariel hätte Wache gestanden. Ariel mit den Harpyienflügeln, Prosperos Prätorianergardist unter den gehorsamen Geistern. »Badewärter« wurde im Text als Aufgabe Ariels nicht genannt, hatte sich aber vermutlich von selbst verstanden.

In vielen Theaterstücken fehlt etwas, findet Felix: Niemand nimmt ein Bad oder denkt darüber nach, eins zu nehmen, niemand isst, niemand entleert seinen Darm. Außer bei Beckett natürlich. Auf Beckett ist stets Verlass. Geschlechtsorgane, Pissen, stinkende Füße: alles da, das gesamte Panoptikum des Menschlichen in seiner irdischsten, jämmerlichsten Form.

Seine Füße quietschen, als er sie aus der Blechwanne hebt und auf die kalten Fußbodendielen setzt. Er trocknet sich rasch ab, steigt in sein flanellenes Nachthemd, füllt die Wärmflasche. Die Zähne in ein Wasserglas, in dem eine Brausetablette sprudelt. Eine Vitaminpille und einen Kakao. Für den Abort bringt er in diesem Schneesturm nicht die nötige Kraft auf, deshalb pinkelt er in ein Marmeladenglas, das er für diesen Zweck bereithält, und schüttet das Ergebnis in den Abfluss. Prospero musste sich nie im Schnee zurechtfinden: Er hätte kein Glas gebraucht.

Und dann ins Bett.

Sobald er unter der Decke liegt und das Licht gelöscht hat, verschmilzt Miranda mit der Dunkelheit. »Gute Nacht«, wünscht er ihr. Spürt er einen zarten Hauch über der Stirn von ihrer Hand? Gewiss.

Der Mittwochmorgen ist hell und klar. Nach einem gekochten Ei zum Frühstück fährt Felix an schneebedeckten Feldern und glitzernden Bäumen vorbei den Hügel hinauf zur Fletcher-Justizvollzugsanstalt; dabei summt er ein Liedchen. *Ban, ban, Caliban.* Die Szene bietet eine ausgezeichnete Gelegenheit für eine Musikeinlage. Er wird ihnen erzählen, der Calibangesang sei ein frühes Beispiel für Rap, und in gewisser Weise stimmt das auch.

»Wir haben ein Problem«, beginnt er, nachdem er seine Position neben dem Whiteboard eingenommen hat. »Fünfzehn von

Ihnen wollen Caliban spielen. Darüber müssen wir reden.« Er nimmt seinen Marker zur Hand. »Was für ein Wesen ist Caliban?« Ausdruckslose Blicke.

»Wir haben uns darauf geeinigt«, versucht er es noch einmal, »dass Ariel kein Mensch ist ... dass er eine Art Alien ist. Wie steht es mit Caliban? Er hatte eine menschliche Mutter, das immerhin wissen wir. Also – ein Mensch oder kein Mensch?«

»Ja, Mensch«, meint HotWire.

»Zu menschlich«, findet WonderBoy und blickt sich nach Unterstützung um. »So wie er Miranda bespringen will.« Ein paar trübe Lacher, zustimmendes Gemurmel.

So kommen wir nicht weiter, denkt Felix. »Frei von der Leber weg«, ermuntert er sie, »mit welchem Wort wäre Caliban am besten zu beschreiben?«

»Monster«, antwortet PPod. »Viele von denen nennen ihn ein Monster.«

»Böse.« »Dumm.« »Hässlich.« »Fisch. Sie sagen, er stinkt wie ein Fisch.«

»Eine Art Kannibale. So was wie ein Wilder.«

»Erde«, meint Phil the Pill.

»Knecht«, sagt Red Coyote. »Giftiger Knecht«, fügt er hinzu.

»Hexensaat«, sagt 8Handz, der Hacker von der dunklen Seite. »Das ist am besten.«

Felix notiert die Wörter in der Reihenfolge, wie sie genannt werden. »Kein besonders netter Kerl«, meint er. »Warum wollen Sie ihn dann spielen?«

Grinsen. »Er ist pestig furchteinflößend.«

»Wir *kapieren* ihn.«

»Er wird von allen rumgeschubst, aber er lässt sich nicht brechen, er sagt, was er denkt.« Dieser Beitrag kommt von Leggs.

»Er ist gemein«, verkündet Shiv. »Giftig böse! Er will jedem, der sich mit ihm anlegt, eins aufs Maul geben!«

Felix zieht einen Strich unter die Wörter. »Wir hören von anderen sehr viel Schlechtes über ihn«, sagt er. »Aber niemand ist nur die Summe dessen, was die anderen über ihn sagen. Die

Menschen haben auch noch andere Seiten.« Nicken: Das nehmen sie ihm ab. »Wie steht es um diese anderen Seiten?« Wie so oft gibt er sich selbst die Antwort:

»Erstens, er liebt Musik. Er kann singen und tanzen.« MUSIKALISCH, notiert er. »Irgendwie ähnelt er also Ariel.«

»Aber nicht wie ein Schwuler«, findet Shiv. »Keine Blümchen.«

Felix ignoriert das. »Er kennt die Insel – weiß, wo er alles findet, zum Beispiel Nahrung.« ORTSKENNTNISSE, notiert er. »Im ganzen Stück hat er den poetischsten Text über die Insel – den über seine schönen Träume.« ROMANTISCH, notiert er. »Und er hat das Gefühl, dass ihm Prospero sein Geburtsrecht – die Insel – gestohlen hat, und er möchte sie zurück.« RACHSÜCHTIG, schreibt er.

»In gewisser Hinsicht hat er recht«, meint SnakeEye.

»Er ist also wie Prospero«, fasst 8Handz zusammen. »Er hat all diese Rachegelüste. Und er möchte gern der Oberscheißer sein.«

»Einen Punkt Abzug, du hast *Scheißer* gesagt«, meldet sich WonderBoy zu Wort.

»Das war kein Fluch«, meint 8Handz. »Nur so eine Bezeichnung.«

»Was ich damit sagen will, ist«, erklärt Felix, »dass die Rolle von Caliban schwierig ist. Sie müssen sich das genau überlegen. Ihn zu spielen ist harte Arbeit.« Er hält inne, um diese Bemerkung wirken zu lassen. Ein paar unterdrückte Laute sind zu hören. Ändern ein paar der fünfzehn Caliban-Aspiranten ihre Meinung? Möglich.

»Und ja, er ähnelt teilweise Prospero«, fährt Felix fort. »Aber Prospero will niemals König der Insel werden und darauf eine Kolonie errichten. Im Gegenteil, er wünscht sich, sie weit hinter sich zu lassen. Aber Caliban findet, er sollte dort König sein, und möchte die Insel mit Ebenbildern seiner selbst bevölkern; um das zu erreichen, will er Miranda vergewaltigen. Als ihm das nicht gelingt, tut er sich mit Stephano und Trinculo zusammen und drängt sie, Prospero zu ermorden.«

»Kein schlechter Plan«, meint Leggs. Zustimmendes Gemurmel.

»Ich sehe, Sie können Prospero nicht leiden«, sagt Felix. »Und dafür gibt es Gründe. Wir sprechen später darüber. Hier ist unterdessen Ihre Aufgabe. An unserem ersten Tag sagte ich, eins der Schlüsselwörter in diesem Stück sei ›Gefängnisse‹.« GEFÄNGNISSE, schreibt er oben auf das Whiteboard. »Jetzt möchte ich, dass Sie das Stück durchgehen und alle Gefängnisse finden, einschließlich jener in der Hintergrundgeschichte – der Teil, der vor Beginn des Stücks passiert. Was für Gefängnisse sind das? Wer wird jeweils in ihnen eingesperrt? Und wer ist der Gefängniswärter – wer hat die Betroffenen hineingesteckt, wer hält sie dort fest?« GEFANGENER. GEFÄNGNIS. GEFÄNGNISWÄRTER, schreibt er. »Ich habe mindestens sieben Gefängnisse ausfindig gemacht. Vielleicht finden Sie noch weitere.« Tatsächlich sind es neun, aber sollen sie ihn doch übertrumpfen.

»Wenn es sich um ein und denselben Ort handelt, zum Beispiel die Insel, aber um einen anderen Teil davon, sind das dann zwei Gefängnisse?«, will Bent Pencil wissen. »Oder nur eins?«

»Sprechen wir lieber von einzigartigen Arrestsituationen als von Gefängnissen«, erwidert Felix.

»Einzigartigen Arrestsituationen?«, wiederholt Leggs. »Ja, wenn ich rauskomme, werd ich sagen, ich hätte eine pockennarbige, verdammt *einzigartige* Arrestsituation gehabt.« Gelächter der Truppe.

»Zumindest ist es keine einzigartig *tote* Situation«, sagt PPod.

»Einzigartige Zusammenschlagsituation.«

»Einzigartig absolut öde Situation.«

»Gut«, ergreift Felix wieder das Wort. »Sie wissen, was ich meine.« Sie schlagen Alarm, sobald er allzu sehr wie ein Sozialarbeiter klingt.

»Was genau zählt?«, fragt 8Handz nach. »Auch die Kiefer, in der Ariel feststeckt?«

»Sagen wir, jeder Ort oder jede Situation, an den oder in die man gegen seinen Willen gebracht wird, an dem oder in der man nicht sein möchte und aus dem oder der man nicht entkommen kann, ist ein Gefängnis«, führt Felix aus. »Also ja: Die Kiefer zählt.«

»Hurensohn!«, ruft HotWire. »In Einzelhaft in einer Kiefer!«

»Hurensohnmäßig *furchteinflößend*«, befindet 8Handz.

»Die Eiche wäre schlimmer«, meint Red Coyote. »Eichenholz ist härter.«

»Gibt es Punkte für die meisten Gefängnisse? Kriegen wir Zigaretten dafür?«, fragt Leggs.

III

Da unsere Mimen

20. Zweite Aufgabe:
Gefangene und Gefängnisaufseher

Gesammelte Ergebnisse der Kursteilnehmer

Gefangener	Gefängnis	Aufseher
Sycorax	Insel	Regierung von Algier
Ariel	Kiefer	Sycorax
Prospero und Miranda	Leckendes Boot	Antonio und Alonso
Prospero und Miranda	Insel	Antonio und Alonso
Caliban	Loch in den Felsen	Prospero
Ferdinand	Zauber, Ketten	Prospero
Antonio, Alonso und Sebastian	Insel, Zauber, Wahnsinn	Prospero
Stephano und Trinculo	Schlammiger Teich	Ariel und Geisterhunde auf Befehl Prosperos

21. Prosperos Geister

Mittwoch, der 16. Januar 2013

Felix füllt das Whiteboard in roten Blockbuchstaben mit den Beiträgen der Kursteilnehmer. »Das haben Sie gut gemacht«, lobt er. »Sie haben acht …«, er macht eine Pause, »acht einzigartige Arrestsituationen ausfindig gemacht.« Sollen sie den Ausdruck dieses Mal doch schlucken, denkt er, und sie schlucken ihn tatsächlich: keine spöttischen Bemerkungen. »Es gibt jedoch noch ein neuntes Gefängnis.« Verwirrte Blicke. Skepsis von 8Handz: »Auf keinen pesthauchigen Fall!«

Felix wartet. Sieht zu, wie sie zählen, überlegen.

»Sagen Sie es uns?«, fragt PPod schließlich.

»Wenn wir mit dem Stück fertig sind«, antwortet Felix. »Wenn unsere Zauber denn vorbei sind. Es sei denn, jemand errät es vorher.« Sie werden es nicht erraten, schätzt er, aber er hat sich schon früher geirrt. »Dann lassen Sie uns jetzt einen Blick auf die Gefängnisaufseher werfen. Drei Figuren werden von jemandem gefangen gehalten, der nicht Prospero ist: Sycorax, auf der Insel, von den Beamten von Algier; Ariel, in einer Kiefer, von Sycorax, und Prospero selbst, von Antonio unter Mithilfe Alonsos, zunächst in einem lecken Boot und dann auf der Insel selbst. Vier Figuren, wenn man Miranda mitzählt, aber sie war erst drei, als sie auf der Insel landete, und wächst dort auf, ohne sich gefangen zu fühlen. Außerdem sind sieben Personen in Situationen festgesetzt, in denen Prospero der Gefängnisaufseher ist. Er erscheint als der oberste Gefängnisaufseher in diesem Stück.«

»Außerdem ist er ein Sklaventreiber«, urteilt Red Coyote.

»Nicht nur bei Caliban, er hat auch Ariel unter seiner Fuchtel«, sagt 8Handz. »Er droht ihm mit dieser Eiche. Permanente Einzelhaft. Das ist unmenschlich.«

»Und er ist ein Landräuber«, fügt Red Coyote hinzu. »Scheiß alter Weißer. Er sollte Prospero Corporation heißen. Als Nächstes entdeckt er dort auch noch Öl, fördert es und verjagt alle mit Maschinengewehren.«

»Du bist so ein pockennarbiger Kommunist«, meint SnakeEye.

»Schieb's dir sonst wo rein, geschecktes Balg«, erwidert Red Coyote.

»Kein Hurensohn-Streit, wir sind ein Team«, erklärt Leggs.

Ruhe ist geboten. »Ich weiß, dass Sie Prospero diese Dinge vorhalten«, sagt Felix. »Besonders die Art, wie er Caliban behandelt.« Er blickt sich im Raum um: Stirnrunzeln. Zusammengepresste Kiefer. Eindeutige Feindseligkeit gegenüber Prospero. »Doch was sind seine Optionen?«

»Optionen!«, ruft Shiv. »Wir geben einen Sch… Wir geben keinen *Erdkloß* auf seine verdammten Optionen!«

»Pass auf mit dem *Erdkloß*«, mahnt Red Coyote. »Ich sag's bloß.«

»Es geht nicht immer nur um dich«, entgegnet Shiv.

»Geben wir Prospero eine Chance. Hören wir uns seine Optionen an«, sagt Bent Pencil milde. Er spielt gern den Mann der Vernunft.

»Ich zähle sie auf«, sagt Felix. »Angenommen, das Schiff mit König Alonso, Antonio, Ferdinand und Gonzalo wäre nie aufgetaucht. Es war schierer Zufall, dass es auf dem Rückweg von der Hochzeit von Alonsos Tochter so nah an der Insel vorbeisegelte. Oder in Prosperos Worten, es war die Tat eines aufgehenden Sterns und der Glücksgöttin. Doch nehmen wir einmal an, dieses Schiff wäre niemals aufgetaucht. Da wären Prospero und seine kleine Tochter, gefangen auf der Insel, und ein junger, stärkerer Mann, der versucht, gegen ihren Willen mit ihr Sex zu haben. Obwohl Prospero dem wilden Kind Caliban freundlich gesonnen war, wendet der erwachsene Caliban sich gegen ihn.

Niemand besitzt ein Gewehr. Niemand besitzt ein Schwert. Caliban hätte Prospero bei einem Kräftemessen leicht töten können. Tatsache ist, dass er genau das tun möchte, sobald sich eine Gelegenheit bietet. Hat Prospero also das Recht, sich selbst zu verteidigen?«

Halb lautes Gemurmel. Finstere Mienen.

»Wir wollen abstimmen«, verkündet Felix. »Einverstanden?«

Zögernd gehen die meisten Hände nach oben. Red Coyote bleibt eisern.

»Red Coyote?«, wendet Felix sich an ihn. »Er soll Caliban also erlauben, frei herumzulaufen, und damit das Risiko eingehen, von ihm ermordet zu werden?«

»Er hätte gar nicht erst dort sein sollen«, entgegnet Red Coyote. »Es ist nicht seine Insel.«

»Hat er sich diesen Aufenthaltsort ausgesucht?«, fragt Felix. »Er ist wohl kaum ein Eindringling, eher ein Ausgestoßener.«

»Trotzdem ist er ein Sklaventreiber«, erwidert Red Coyote.

»Er könnte Caliban die ganze Zeit eingesperrt lassen«, sagt Felix. »Er könnte ihn töten.«

»Er sagt es selbst, er will, dass er für ihn arbeitet«, erwidert Red Coyote. »Feuerholz sammelt, das Geschirr abwäscht. All so was. So macht er es auch mit Ariel. Lässt ihn gegen seinen Willen arbeiten. Gewährt ihm nicht seine Freiheit.«

»Zugegeben«, meint Felix. »Aber er hat doch trotzdem das Recht, sich zu verteidigen, oder nicht? Und seine einzige Möglichkeit, das zu tun, ist durch seinen Zauber, der aber nur wirksam ist, solange er Ariel Botengänge für sich erledigen lässt. Wenn es Ihre einzige Waffe wäre, Ariel an einem Zauberstrick festzubinden – einem zeitweiligen Zauberstrick –, würden Sie dasselbe tun. Oder nicht?«

Dieses Mal stimmen alle zu. »Okay«, erklärt WonderBoy, »aber warum es all den anderen zumuten? Die Szene mit dem Luftgeist, der Wahnsinn. Warum tötet er seine Feinde nicht einfach und übernimmt ihr Schiff? Lässt Caliban auf der Insel zurück und segelt nach Mailand oder sonst wohin?«

Weil es dann kein Stück gäbe, denkt Felix. Oder ein ganz anderes Stück. Doch wenn er will, dass die Figuren für sie real bleiben, darf er ihnen mit diesem Argument nicht kommen.

»Ich bin mir sicher, er war versucht, das zu tun«, sagt er. »Wahrscheinlich hätte er ihnen am liebsten den Schädel eingeschlagen. Wer hätte das nicht, nach allem, was sie ihm angetan haben?« Zustimmendes Nicken. »Damit würde er möglicherweise sein Herzogtum zurückgewinnen; da Antonio sich jedoch mit König Alonso geeinigt und Mailand der Herrschaft Neapels unterstellt hatte, würde derjenige, der das Königreich Neapel eines Tages erbte, einen Groll gegen Prospero hegen. Er würde dem mysteriösen Verschwinden seines Königs und dessen Sohnes misstrauisch gegenüberstehen, und die Seeleute würden anfangen zu reden. Der neue Herrscher von Neapel würde Prospero entweder wieder aus der Stadt werfen oder ihn umbringen und einen anderen als Herzog von Mailand einsetzen. Im schlimmsten Fall würde Neapel Mailand den Krieg erklären. Neapel ist größer. Mailand würde eine Niederlage riskieren. Was wäre demnach Prosperos beste Option?«

»Ferdinand heiratet Miranda«, meint Bent Pencil. »Dann würde Miranda Königin von Neapel und würde das Herzogtum mit Neapel vereinigen. Ein Frieden in Ehren. Das nennt man eine dynastische Heirat«, erklärt er den anderen.

»Ganz richtig«, sagt Felix. »Aber Prospero ist kein Tyrann: Er will nicht aus politischen Gründen eine Ehe erzwingen, so wie Alonso es bei seiner Tochter getan hat. Er will Miranda nicht als Teil eines kaltherzigen Menschenhandels verheiraten. Stattdessen möchte er, dass die jungen Leute – Ferdinand und Miranda – sich tatsächlich verlieben. Und setzt seine Zauberkräfte ein, um das zu erreichen. Oder dem zumindest auf die Sprünge zu helfen.« Nicken: Das finden sie gut.

»Ich würde das meinem Kind auch nicht antun«, verkündet Leggs. »Sie zu verheiraten. Mist.«

Felix lächelt. »Prospero muss außerdem eine Situation schaffen, in der Alonso diese Ehe akzeptiert«, erklärt er. »Normalerweise würde er das nicht tun, da Neapel ein Königreich ist und Mailand lediglich ein Herzogtum. Alonso will zweifellos, dass sein Sohn Ferdinand in ein großes, wohlhabendes Königreich einheiratet. Dadurch wäre er selbst mächtiger. Und Ferdinand würde jede heiraten müssen, die sein Vater für ihn auserwählt.«

»So war damals das Gesetz«, sagt Bent Pencil. »Man musste sich fügen.«

»Pestiges Gesetz«, findet VaMoose.

»Deshalb lässt Prospero Alonso also in dem Glauben, Ferdinand sei ertrunken, und dann kommt es zu der großen Enthüllung«, stellt 8Handz fest. »*Schaut her! Er ist am Leben.* Cool.«

»Und der König ist so außer sich vor Freude, dass er Ferdinand auch einen Frosch heiraten lassen würde, wenn er wollte«, sagt SnakeEye.

»Genau«, erklärt Felix. »Auf der einen Seite ist Ferdinands vorgeblicher Tod eine Strafe für Alonso – es ist ein Racheakt, es verursacht ihm Schmerz –, aber andererseits ist es eine wohl durchdachte Strategie.«

»Zwei Mücken mit einer Klappe geschlagen«, sagt Krampus der Mennonit.

»Nicht ganz dumm«, befindet SnakeEye. »Guter Trick.«

»Also, ist Prospero in Anbetracht seiner Möglichkeiten zu seinem Tun berechtigt? Lassen Sie uns noch einmal abstimmen«, meint Felix. »Wer ist für ja?«

Dieses Mal gehen alle Hände nach oben. Felix' Schultern entspannen sich: Erleichterung. Prospero wurde die Absolution erteilt, zumindest für den Moment. »Dann sind wir uns also einig«, fasst er zusammen. »Lassen Sie uns nun über diejenigen sprechen, die das alles in die Tat umsetzen.«

»Die das alles in die Tat umsetzen?«, fragt Bent Pencil.

»Jede Autorität beruht letztlich auf Gewalt«, erklärt Felix. »Die Insel ist ein Gefängnis, und wo ein Gefängnis ist, muss es auch jemanden geben, der gefangen hält. Sonst würden die

Insassen einfach aufstehen und davonlaufen.« Emphatisches Nicken.

»Aber auf der Besetzungsliste steht dafür niemand«, stellt Bent Pencil fest. »In ›Die Personen des Stücks‹.« Er schlägt seinen Text bei der betreffenden Seite auf und sieht nach.

»Dennoch sind sie da«, sagt Felix. »Sie erledigen das Kneifen und Fesseln, wenn Caliban geschwätzig war, und sie jagen als Geisterhunde nach Stephano und Trinculo.«

»Ist das nicht Ariel?«, fragt 8Handz nach. »Ich dachte, er sei das.«

»Schauen Sie noch einmal genauer hin. Ariel befehligt sie«, erläutert Felix. »Hier steht es. *Meine Trolle*. Genau das sind sie: Prosperos Trolle. Sie werden auf der Besetzungsliste nicht aufgeführt, weil sie von jedem gespielt wurden, der in der jeweiligen Szene gerade nicht auf der Bühne stand. Man setzt eine Maske auf, und bingo – ist man ein Troll. Also wird jeder in unserem Stück zwei Rollen haben: seine eigene und die als einer von Prosperos Trollen. Sie sind die Kontrollorgane, aber sie ermöglichen auch Rache und Vergeltung. Sie erledigen sozusagen die Drecksarbeit.«

Ah ja. Er sieht, wie es ablaufen könnte: Tony und Sal, von Trollen umgeben. Von ihnen gehütet. Von ihnen bedroht. Zu einer bibbernden Masse reduziert. *Hör, sie schrein,* denkt er. *Hetz sie nur gründlich. Diese Stunde liefert/ Mir meine Feinde aus auf Gnad und Ungnad.* Gütig lächelnd blickt er sich im Klassenzimmer um.

»Sauber«, findet 8Handz. »Ich verstehe. Troll & Söhne.«

22. Die Personen des Stücks

Donnerstag, der 17. Januar 2013

Anne-Marie hat die Kursteilnehmer bisher noch nicht kennengelernt. Sie hat ihren Text allein gelernt beziehungsweise aufgefrischt. Ihre erste Sitzung in der Justizvollzugsanstalt Fletcher wird an einem Freitag stattfinden, dem Tag, an dem Felix seine Besetzung bekannt gibt, aber er hat es so eingerichtet, dass er davor mit ihr zu Mittag isst. Er möchte sie vorbereiten, ihr eine Vorstellung verschaffen von dem, was sie dort erwartet. Wer zum Beispiel wird ihr Ferdinand sein? Sie hat ein Recht, das vorab zu erfahren.

Während er sein einsames Frühstücksei verzehrt – einsam deshalb, weil Miranda irgendwo unterwegs ist, und wie jeder weibliche Teenager ist sie reserviert, was ihre Privatsphäre betrifft –, geht er noch einmal die Entscheidungen durch, die er so gut wie getroffen hat.

Er hat sorgfältig über diese Entscheidungen nachgedacht. Da sind die selbst formulierten Vorlieben der Schauspieler, doch langjährige Erfahrung hat Felix gelehrt, diese zu missachten. Welcher natürliche Romeo sehnte sich nicht danach, den Jago zu spielen und umgekehrt?

Soll er nach dem Typ besetzen oder gegen den Typ? Hässliche in den Rollen, die nach Schönheit verlangen, einen grandiosen Prachtkerl als Caliban? Soll er sie in Rollen stecken, die sie dazu zwingen, ihre verborgenen Tiefen auszuloten, oder sollten diese Tiefen besser unausgelotet bleiben? Soll er das

Publikum herausfordern, indem er ihm wohlbekannte Charaktere in überraschenden und möglicherweise unangenehmen Verkleidungen zeigt?

In seinem früheren Leben beim Festival war er dafür bekannt gewesen, brutal die Grenzen auszuloten. Rückblickend hat er diese Dinge vielleicht gelegentlich übertrieben. Oder um ganz ehrlich zu sein nicht nur *gelegentlich*; die Dinge zu weit zu treiben war sein Markenzeichen. Doch dieses Mal sollte er den Bogen besser nicht überspannen. Er wird den Männern Rollen zuteilen, die ihnen eine Chance bieten, sie gut zu spielen: Schließlich ist er in erster und vorderster Linie Regisseur. Das Stück ist die Hauptsache. Seine Aufgabe ist es, den Schauspielern zu helfen, es aufzuführen.

Er hat sich eine Reihe Notizen gemacht, teilweise für seinen eigenen Gebrauch, aber auch, um sie Anne-Marie zu zeigen. Diese Aufzeichnungen dürfen niemals in fremde Hände gelangen, das wird er ihr gegenüber betonen. Nach seiner schönen Rede vor der Klasse – »Mir ist gleichgültig, was Sie getan haben« und so weiter – wäre es für seine Schauspieler desillusionierend herauszufinden, dass ihre Verurteilungen so detailliert beschrieben werden.

Er überfliegt seine vorläufige Liste:

Die Personen des Stücks
Prospero, abgesetzter Herzog von Mailand: Mr Duke, Regisseur und Produzent.

Miranda, seine Tochter: Anne-Marie Greenland, Schauspielerin, Tänzerin, Choreografin.

Ariel: 8Handz. Zierlicher Körperbau. Ostasiatischer Herkunft. Ungefähr dreiundzwanzig. Sehr gescheit. Geschickt mit Computern und sehr versiert in technischen Dingen. *Verurteilung:* Hacker, Identitätsdiebstahl, Hochstapelei. Fälschung. Empfindet seine Aktivitäten als gerecht, da er glaubt, als gütiger Robin Hood gegen die bösen King-John-Kapitalisten dieser Welt vorgegangen zu sein. Wurde von einem älteren Kollegen verraten, als er sich weigerte, Wohltätigkeitsorganisationen für Flüchtlinge zu hacken. Spielte in *Richard III* den Rivers.

Caliban: Leggs. Ungefähr dreißig. Gemischtrassig, irisch und schwarz. Rothaarig, sommersprossig, kräftig gebaut, besucht häufig das Fitnessstudio. Veteran, war in Afghanistan. Die Veteranenorganisation versäumte es, eine Behandlung wegen posttraumatischer Belastungsstörung zu übernehmen. *Verurteilung:* Einbruch, Tätlichkeiten in Verbindung mit Drogen und Alkohol. War in Suchtbehandlung, aber das Programm wurde gestrichen. Spielte den Brutus, die Zweite Hexe, den Clarence. Hervorragender Schauspieler, aber empfindlich.

Ferdinand, Sohn des Alonso: WonderBoy. Sieht aus wie fünfundzwanzig, ist aber wahrscheinlich älter. Skandinavischer Name. Sympathisch, frisch, gutaussehend, glaubwürdig; kann sehr ernsthaft wirken. *Verurteilung:* Betrug; verkaufte Lebensversicherungen an leichtgläubige Senioren. Besonders bei Einwanderern effektiv. Spielte den Macduff und den Hastings in *Richard III*.

Alonso, König von Neapel: Krampus. Etwa fünfundvierzig, Mennonit. Langes Pferdegesicht. Mitglied eines Mennonitenrings, der unter dem Deckmäntelchen der Frömmigkeit in Landmaschinen mexikanische Drogen in die USA schmuggelte. Depressiv. Spielte den Banquo in *Macbeth*, den Brutus in *Julius Cäsar*.

Sebastian, Bruder des Alonso: Phil the Pill. Vietnamesischer Flüchtlingshintergrund; die Familie brachte Opfer, um ihm das Medizinstudium zu ermöglichen. Ungefähr vierzig. Findet, er sei fälschlicherweise verurteilt worden. *Verurteilung:* Totschlag in Verbindung mit dem Tod dreier junger Collegestudenten durch eine Überdosis; er hatte ihnen wiederholt Rezepte für süchtig machende Schmerzmittel ausgestellt. Behauptet, sie hätten ihn angefleht, ihnen zu helfen. Leicht manipulierbar. Spielte den Buckingham in *Richard III.*

Adrian und Francisco, die beiden Höflinge. *Anmerkung: In vielen Produktionen sind diese Rollen gestrichen und ein Teil ihrer Texte Gonzalo oder Sebastian zugeordnet. Ein guter Plan, dem ich gefolgt bin.*

Gonzalo, älterer Ratsherr Alonsos: Bent Pencil. Übergewichtig, bekommt allmählich eine Glatze. In den Fünfzigern. WASP-Hintergrund. Buchhalter. *Verurteilung:* Veruntreuung. Intelligent mit Neigung zum Philosophischen. Empfindet seine Verurteilung als unverdient. Von den anderen respektiert, die glauben, er kann ihnen helfen, das System zu überlisten, wenn sie einmal draußen sind. Spielte den Cassius in *Julius Caesar*, den Duncan in *Macbeth.*

Antonio, usurpatorischer Bruder des Prospero: SnakeEye. Italienischer Herkunft. Schlank, macht Krafttraining. Hat einen Tic und blinzelt. Etwa fünfunddreißig. Juradiplom, das sich bei genauerer Überprüfung als gefälscht herausstellte. *Verurteilung:* Immobilien-Betrüger; Urkundenfälschung, verkaufte Immobilien, die ihm nicht gehörten. Betrieb auch in kleinerem Umfang ein Schneeballsystem. Überzeugend, aber nur für die, die überzeugt werden wollen. Ausgeprägte Anspruchshaltung. Hält andere für gutgläubig und findet, sie verdienten es, gerupft zu werden; meint, er sei nur aus verfahrenstechnischen Gründen erwischt worden. Spielte den Macbeth und Richard III. Guter Schurke.

Stephano, ein betrunkener Butler: Red Coyote. Mitte zwanzig. Kanadisch-indianischer Herkunft. *Verurteilung:* Alkoholschmuggel, Drogenhandel. Findet nicht, dass er etwas Illegales getan hat, da das Rechtssystem ohnehin illegal sei. Spielte den Mark Anton in *Julius Cäsar*. Spielte die Erste Hexe in *Macbeth.*

Trinculo, ein Spaßmacher: TimEEz. Zur Hälfte chinesischer Herkunft. Rundes Gesicht, blass. Wählte seinen Künstlernamen nach Timmy's Donut-Kette, behauptet, in der Mitte seines Kopfes sei nichts. Stellt sich dümmer, als er ist. Hochentwickelte Fähigkeiten als Taschendieb. *Verurteilung:* Chef eines Ladendiebstahlrings. Behauptet, dazu gezwungen worden zu sein. Wahrsager in *Julius Caesar*, Pförtner in *Macbeth*. Geborener Clown.

Ansager: Wir haben stets einen Ansager besetzt, der Kurzfassungen der einzelnen Szenen spricht, damit das Publikum der Handlung folgen kann. Überlegung, Shiv the Mex in dieser Rolle zu besetzen. Stammt aus New Mexico. *Verurteilung:* Körperverletzung. Trat als Vollstrecker einer Gang auf. Extrovertiert, gute Stimme. Spielte den Lord Grey in *Richard III*.

Bootsmann: PPod. Afrikanisch-kanadischer Herkunft. Musikalisches Talent, und ja, ich kenne die Klischees. Tänzer, nicht so gut, wie er glaubt, aber gut. *Verurteilung:* Drogen, Erpressung, Körperverletzung, Bandenbeziehungen. Würde einen guten Caliban abgeben, wird aber in anderer Funktion gebraucht.

Iris, Ceres, Juno: *Ein Problem. Keiner der Männer ist bereit, diese Göttinnen zu spielen. Doch Prospero bezeichnet sie als Marionetten, warum also nicht Marionetten verwenden? Oder Puppen mit digitalen Stimmen. Um ihnen einen Hauch Fremdheit zu verleihen. Im Video könnte es funktionieren.*

Es gibt eine Anzahl weiterer Rollen und Aufgaben, die Felix zuteilen muss: technische Spezialeffekte, Souffleure, Zweitbesetzungen. Kostüme und Kulissen. Für die Publicity wird er einen Fotografen brauchen; natürlich wird es keine echte Publicity geben, aber für die Jungs ist es ein Kick, wenn sie Fotos von sich selbst in Kostümen sehen. Der Kurs hat bereits beschlossen, dass einige der Musikeinlagen verändert und andere hinzufügt werden sollen; dazu sind Sänger und Tänzer erforderlich.

Rapsänger und Breakdancer, vermutet Felix. Anne-Marie kann sie bei der Choreografie unterstützen.

Im Großen und Ganzen hat er das Team zusammengestellt, aber alles kann noch geändert werden, wenn er die Stärken und Schwächen eines jeden kennt.

Vorläufige Teamzusammensetzung

Spezialeffekte: 8Handz als Cheftechniker; WonderBoy, Shiv, PPod, HotWire.

Kulissen und Kostüme: Jedem Hauptdarsteller selbst übertragen, unter Mithilfe seines Teams.

Publicity-Aufnahmen: WonderBoy. Hat Sinn fürs Glamouröse.

Musik DJs: Leggs, Red Coyote, Paleface Lee, Riceball. 8Handz wird Soundeditor.

Instrumentales: Leggs, Shiv the Mex, PPod, Red Coyote, Col.Deth.

Chor und Tänzer: PPod, Leggs, TimEEz, VaMoose, Riceball und Mitglieder der Truppe, je nach Bedarf.

Choreografie: Anne-Marie Greenland, Leggs, PPod.

Oberste Trolle: Riceball, Col.Deth, VaMoose.
Verurteilungen: Brandstiftung mit Versicherungsbetrug; bewaffneter Raub; Drogendelikte. Alle Erst-Schauspieler, die von den anderen lernen können. Zwei von ihnen waren Rausschmeißer.

Hintergrund-Trolle: Mitglieder der Truppe, je nach Bedarf.

Die Trolle, denkt Felix. Die ultimative Waffe. Der Dreh- und Angelpunkt seines geheimen Projekts, das Kernstück seiner Rache, alles hängt von den Trollen ab. Was sollen sie tragen? Schwarze Skimasken, oder sieht das zu sehr nach Räubern und Terroristen aus? Falls ja, umso besser, denkt er: Angst kann sehr motivierend sein. Richtungsweisend, könnte man sagen.

23. Miranda Wunderbar

Am gleichen Tag

Felix trifft sich mit Anne-Marie im Imp and Pig-Nut in Makeshiweg zum Mittagessen. Sie ist nicht mehr ganz so knochig, aber angespannt. Unter Strom. Sie brodelt vor Energie. Gleichzeitig wirken ihre Augen größer und ihr Gesichtsausdruck ist offener: Sie sieht um zehn Jahre jünger aus. Sie trägt ein schlichtes langärmliges weißes Hemd. Die Miranda in dem Stück trägt traditionell weiß oder zumindest beige.

Ausgezeichnet, denkt Felix. Sie verschmilzt mit ihrer Rolle. Ehe man sichs versieht, geht sie barfuß, obwohl Winter ist. »Ein Bier?«, fragt er. »Ein Burger mit Pommes?«

»Ich glaube, ich nehme nur den Walnuss-Preiselbeer-Salat und eine Tasse grünen Tee«, antwortet sie. »Ich habe das Fleischessen mehr oder weniger aufgegeben.« Junge Mädchen tun das heutzutage, denkt Felix: Seine eigene Miranda ist genauso. Sie essen Quinoa, Flachssamen, Mandelmilchshakes. Nüsse, Beeren. Zucchininudeln.

»Übertreib es nicht«, empfiehlt er.

»Übertreiben?«

»Mit Unschuld und Reinheit«, sagt er. »Du weißt schon. Die Salate.« Sie lacht.

»Einverstanden, ich nehme ein Bier«, meint sie. »Und Pommes zum Salat.«

Felix bestellt sich einen Burger. Es ist eine Weile her, seit er den letzten gegessen hat. Woher bekamen sie auf dieser

Insel eigentlich Proteine?, fragt er sich. Ach ja, Fisch. Deshalb riecht Caliban wie ein Fisch! Er gräbt mit seinen langen Nägeln nicht nur nach Erdkastanien, er fängt auch Fische. *Nie mehr hol ich ihnen Fisch.* Warum hat Felix bisher nie zwei und zwei zusammengezählt?

»Wie kommst du voran?«, erkundigt er sich. »Mit deiner Rolle?«

»Es ist alles da«, sagt sie. »Vom letzten Mal. In meinem Kopf. Es hat nur gewartet – du weißt schon, war im dunklen Damals und im Loch der Zeit verstaut. Eine meiner Mitbewohnerinnen hört mich ab. Ich habe den Text fast drauf.«

»Ich freue mich darauf, diese Szene mit dir zu spielen«, meint Felix. »Die *Im dunklen Damals*-Szene. Eigentlich das ganze Stück. Du wirst der Star sein!«

Sie lächelt wehmütig. »Ja, ich weiß, hm? Ich werde eine steile Karriere machen, als Miranda mit einem Haufen Krimineller. Du redest darüber, als sei es real. Eine echte Produktion.«

»Es ist real«, beharrt er. »Mehr als real. Hyperreal. Du wirst schon sehen.«

Das Essen kommt, wunderbarerweise ohne Verzögerung, und eine Pause entsteht, während sie kauen. Als er den richtigen Zeitpunkt für gekommen hält, sagt Felix: »Ich habe das Stück besetzt. Vorläufig. Es kann immer noch Veränderungen geben. Ich habe die Liste mitgebracht, damit du weißt, mit wem du spielst, bevor du sie kennenlernst. Ich habe für dich ein paar Notizen gemacht.«

Er reicht die mit einer Büroklammer zusammengehaltenen Seiten über den Tisch; sie studiert sie. »Du hast also ihre Straftaten eingetragen«, stellt sie vorwurfsvoll fest. »Aufmerksam von dir, aber ist es auch fair? Bei normalen Schauspielern würdest du das nicht tun. Du hast immer gesagt, wir sollten nackt kommen. Keine vorgefassten Meinungen über die anderen.«

»Normale Schauspieler findet man in Wikipedia«, erwidert er. »Deren Straftaten bestehen aus schlechten Kritiken. Allgemein zugängliches Wissen. Wie dem auch sei, das hier sind strenggenommen keine Straftaten, es sind Schuldsprüche. Das ist etwas anderes. Wir wissen nicht, ob sie was auch immer *tatsächlich* getan haben.«

»Ja, ja, verstanden, ist schon gut«, sagt sie. Sie fährt mit dem Finger die Liste entlang. »Körperverletzung, Erpressung, Betrug. Nett. Immerhin keine Serienmörder oder Kinderschänder.«

»Die sind im Hochsicherheitstrakt«, erläutert Felix. »Unter besonderer Beobachtung. Zu ihrem eigenen Schutz. Meine Jungs heißen so etwas nicht gut.«

»Gut«, meint Anne-Marie. »Dann wird Caliban also nicht wirklich versuchen, mich zu vergewaltigen?«

»Nicht im Geringsten«, versichert Felix. »Die anderen würden ihn aufhalten. Einer von ihnen ist Buchhalter.« Er deutet auf Gonzalo. »Und da ist dein Ferdinand.«

»Niedlich«, befindet Anne-Marie. »WonderBoy. Hat er sich diesen Künstlernamen selbst ausgesucht?«

»Ich bin mir nicht sicher«, antwortet Felix. »Er hat aber das passende Gesicht dafür. Wie in dieser Aftershave-Reklame aus den Fünfzigern. Im Ernst.« Mit dem *Aftershave aus den Fünfzigern* hat er sein Alter preisgegeben, aber sie zieht ihn nicht damit auf.

»Dann also ein Betrüger. Der alte Menschen ausgenommen hat«, meint sie. »Das ist nicht schön.«

»Er hat niemanden verletzt«, wehrt Felix ab. »Nicht körperlich. Er hat Senioren gefälschte Lebensversicherungen verkauft und war damit sehr erfolgreich. Sie haben es vor ihrem Tod nie herausgefunden.«

»Sag das noch einmal?«, fordert Anne-Marie mit einem Grinsen.

»Na gut, die Begünstigten hätten es herausgefunden, aber da keines seiner Opfer bereits verstorben war, war das nicht passiert. Eine sitzen gelassene Freundin hat ihn verraten, so wie ich es verstanden habe.«

»Und wie viele davon gab es? Sitzen gelassene Freundinnen?«

Schon klingt sie besitzergreifend: in Bezug auf einen unechten Schauspieler, der den Ferdinand spielt, das Faksimile eines nichtexistenten Verehrers.

»›Was hab ich manche Frau schon wohlwollend angeschaut‹«, zitiert Felix, »aber sie kamen nicht an dich heran. Du bist einzig, unvergleichlich, erinnerst du dich?«

»Ich weiß.« Sie lacht wieder. Er wird sie bei den Proben bitten, dieses Lachen zu wiederholen, es von einem Lachen, das sich selbst auf den Arm nimmt, in ein freudiges Lachen zu verwandeln.

»Er ist offenbar ein Schmeichler«, sagt Felix. »Einige der Senioren kamen zu seiner Verhandlung. Sie forderten Strafmilderung, er sollte noch eine Chance bekommen. Sie mochten ihn; sie betrachteten ihn als ihren Sohn. Wenn einer diese blumigen Liebesschwüre überzeugend darstellen kann, dann ist es WonderBoy.«

»Willst du mir etwas sagen?«, fragt Anne-Marie.

»Vorgewarnt heißt gewappnet«, meint Felix. »Dieser Junge könnte einer Statue von Königin Victoria die Hosen abschwatzen. Er wird dich zu seiner Freundin draußen machen wollen, damit du gewisse Dinge für ihn einschmuggelst, wer weiß? Lass dich nur nicht darauf ein. Wahrscheinlich ist er bereits verheiratet. Mit mehr als einer Frau«, fügt er nachdrücklich hinzu.

»Du glaubst, ich werde mich in ihn verlieben, stimmt's?«, stellt Anne-Marie fest. »Glaubst du, ich sei so leicht zu haben?« Ihre Kiefer verkrampfen sich.

»Nein, nein«, versichert Felix. »Da sei Gott vor. Aber du wirst in dieser Rolle einen kühlen Kopf behalten müssen.«

»Und du bist bereits in der Rolle«, grinst Anne-Marie. »Und spielst meinen überfürsorglichen Vater. Aber du kennst doch Teenager, sie lassen ihre vielbewunderten Daddys im gleichen Moment im Stich, in dem ein kraftstrotzender junger Hengst auftaucht. Gib nicht mir, sondern meinen verdammten Hormonen die Schuld.«

»In Ordnung, Waffenstillstand«, sagt Felix. »Du machst

das gut, aber verkneif dir das Fluchen. Das ist verboten, denk daran; besonders für Miranda.«

»Einverstanden«, erwidert Anne-Marie. »Ich werde es versuchen.« Sie geht weiter die Liste durch. »Wie ich sehe, hast du die Gesang-und-Tanz-Einlage mit aufgenommen.«

»Nun, *Der Sturm* wurde im ganzen achtzehnten Jahrhundert als Oper aufgeführt«, erklärt Felix. »Deshalb habe ich ihn den Jungs als Musical angepriesen. So lässt sich für sie leichter ein Kontext herstellen. Sie hatten Probleme mit den Elfen und dem Lied von den saugenden Bienen und so weiter.«

»Ja, das kann ich mir vorstellen«, meint Anne-Marie grinsend.

»Ich habe mich gefragt, ob du vielleicht bei der Choreografie helfen könntest. Ihnen ein paar Hinweise geben.«

»Das wäre möglich«, antwortet sie. »Ich gehe davon aus, dass es kein Ballett gibt. Wir werden sehen, was ihre Körper hergeben.« Felix lächelt: Ihm gefällt das Wort *wir*. »Was wirst du mit den saugenden Bienen machen? Das könnte die Sache zum Platzen bringen.«

»Das müssen wir noch sehen«, erklärt Felix. »Sie könnten das Lied umschreiben. In den Stücken, die wir früher aufgeführt haben, haben sie manche Abschnitte neu geschrieben, wenn sie fanden, eine Szene müsste etwas modernisiert werden. Unter Verwendung des, ah, des Zeitgenössisch-Volkstümlichen.«

»Des Zeitgenössisch-Volkstümlichen«, wiederholt Anne-Marie. »Du meinst Slang.«

»Das erfüllt die Lese-und-Schreib-Anforderungen des Kurses«, erläutert er ein wenig entschuldigend. »Etwas Schriftliches. Wie dem auch sei, wenn wir von den Texten ausgehen, die uns vorliegen, dann müssen Shakespeares Truppen ganz schön improvisiert haben.«

»Du bist immer sehr an die Grenzen gegangen«, bemerkt Anne-Marie. »Was ist mit Iris, Ceres und Juno? Das Maskenspiel bei der Verlobung. Das ist eine komische Szene. Sehr wortreich, das könnte langweilig werden. Ich sehe hier, dass du über Puppen nachdenkst?«

»Ich kann die Männer nicht dazu auffordern, sich als Göttinnen zu verkleiden. Wir könnten eine Montage ...«

»Was für Puppen?«

»Ich hatte gehofft, du würdest mir helfen«, gesteht Felix. »Ich bin auf diesem Gebiet nicht besonders bewandert. Erwachsene Puppen.«

»Du meinst, mit Titten.«

»Nun ja, keine Babys oder, du weißt schon, Tiere. Was würdest du vorschlagen?« Seine Miranda hatte es nicht über das Teddybärenstadium hinaus geschafft: Puppen sind ein wunder Punkt für ihn.

»Disney-Prinzessinnen«, erklärt Anne-Marie entschieden. »Die wären perfekt.«

»Disney-Prinzessinnen? So wie ...«

»Ach, du weißt schon. Schneewittchen. Aschenputtel, Dornröschen, Jasmin aus *Aladin* mit diesen tuntenhaften Hosen, Ariel aus *Die kleine Meerjungfrau*, Pocahontas mit den Lederfransen ... Ich hatte sie früher alle. Aber nicht die Merida – das war nach meiner Zeit.«

Für Felix ist das Neuland. Wer war denn Merida? »Ariel geht nicht«, sagt er. »Wir haben bereits einen Ariel.«

»Einverstanden, ich lass mir was einfallen. Das könnte richtig gut funktionieren! Wer hätte es nicht gern, wenn drei Disneyprinzessinnen auf seiner Verlobungsparty auftauchen und die Verlobten mit Segenswünschen überschütten? Und vielleicht einem bisschen Glitzerkonfetti«, fügt sie verschmitzt hinzu, denn Felix ist für seinen Glitzereinsatz bekannt.

»Ich lasse mich von dir beraten«, sagt Felix in höflichstem Ton. »Miss Nonpareil.«

»Heb dir das für deine Fans auf«, antwortet sie lachend. Doch er hat, was er will: Sie sind jetzt Verbündete.

Oder nicht? Vielleicht sind ihre Augen nicht groß aus Unschuld. Vielleicht ist es Angst. Eine Blitzsekunde lang sieht er Prospero mit Mirandas Augen – eine versteinerte Miranda, die plötzlich begreift, dass ihr bewunderter Vater ein ausgewachsener Wahnsinniger ist, und obendrein auch noch paranoid. Wenn er glaubt, sie schliefe, spricht er laut mit jemandem, der gar nicht da ist; doch sie hat ihn gehört, und das macht ihr Angst. Er behauptet, er könne Geister befehligen, Stürme herbeirufen, Bäume entwurzeln, Gräber öffnen und die Toten zum Gehen bringen, aber was bedeutet das im wirklichen Leben? Schierer Wahnsinn. Das arme Mädchen ist mit einem testosterontriefenden Gewaltverbrecher, der sie vergewaltigen will, und einem uralten Dad, der völlig von der Rolle ist, mitten im Ozean gefangen. Kein Wunder, dass sie sich dem erstbesten vernünftig aussehenden jungen Mann in die Arme wirft, der ihr über den Weg läuft. *Hol mich hier raus!*, sagt sie eigentlich zu Ferdinand. Oder nicht?

Nein, Felix, so ist es nicht, sagt er sich entschieden. Prospero ist nicht verrückt. Ariel existiert. Auch andere, neben Prospero, sehen und hören ihn. Die Verzauberungen sind real. Halt daran fest. Vertrau dem Stück.

Aber ist das Stück denn vertrauenswürdig?

24. Zum gegenwärtigen Vorgang

Freitag, der 18. Januar 2013

Im Copyshop von Wilmot macht Felix Kopien seiner überarbeiteten Besetzungsliste – nur die Namen der Figuren und die Schauspieler, keine Beschreibungen –, damit er sie an die Kursteilnehmer verteilen kann. Dann fährt er nach Makeshiweg und holt Anne-Marie vor dem Haus ab, das sie sich mit drei Mitbewohnerinnen teilt. Er überreicht ihr den Passierschein für die Justizvollzugsanstalt Fletcher, den Estelle über ihre Beziehungen für sie besorgt hat, dann folgt sie ihm in ihrem eigenen Wagen – einem zerbeulten silbergrauen Ford – hügelan und durch das äußere Tor auf den Parkplatz.

Sie steigt aus dem Auto und setzt vorsichtig einen Stiefel auf das Eis. Sollte er ihr eine helfende Hand entgegenstrecken? Nein, das sollte er nicht, er würde sofort einen Hieb kassieren. Sie betrachtet prüfend den Maschendraht, die Stacheldrahtkrone, die Suchscheinwerfer. »Ganz schön grimmig«, sagt sie.

»Ja, es ist ein Gefängnis«, entgegnet er. »Obwohl ›Die Mauer macht den Kerker nicht, Den Käfig nicht das Gatter‹. Aber sie trägt zu einer käfigartigen Atmosphäre bei.«

»Aus welchem Stück ist das?«, will Anne-Marie wissen.

»Nicht aus einem Stück«, antwortet er. »Aus einem Gedicht. Der Verfasser war tatsächlich im Gefängnis – er stand politisch auf der falschen Seite. Im *Sturm* heißt es, ›Gedanken sind frei‹, aber unglücklicherweise in einem Lied, das von drei Dummköpfen gesungen wird.«

»Wie deprimierend«, stellt Anne-Marie fest. »Beschäftigen wir uns dieser Tage mit der dunklen Seite? Geht dir der Winter unter die Haut? Ist dir kalt genug?«

»Hier entlang«, sagt Felix. »Der Eingang. Pass auf. Es ist vereist.«

»Das ist Anne-Marie Greenland«, stellt er sie an der Sicherheitsschleuse Madison und Dylan vor. »Sie ist eine sehr bekannte Schauspielerin«, lügt er, »die sich freundlicherweise bereit erklärt hat, bei unserer Schauspieltruppe mitzumachen. Sie wird uns bei unserem diesjährigen Stück aushelfen. Sie hat einen Passierschein.«

»Nett, Sie kennenzulernen«, sagt Dylan zu Anne-Marie. »Wenn etwas ist, wenn es Schwierigkeiten gibt, können Sie uns rufen.«

»Danke«, antwortet Anne-Marie knapp mit ihrer Ich-kann-auf-mich-selbst-aufpassen-Stimme.

»Das hier ist so was wie ein Pager«, erklärt ihr Madison. »Sie drücken auf den Knopf. Kann ich ihn Ihnen anklippen …«

»Verstanden«, sagt Anne-Marie. »Ich klippe ihn mir selbst an.«

»Dann schieben Sie Ihre Tasche hier rein und gehen durch die Schleuse. Was ist das in der Tasche? Diese spitzen Dinger?«

»Stricknadeln«, antwortet Anne-Marie. »Von meinem Strickzeug.«

Felix ist überrascht − Stricken und Anne-Marie passen scheinbar nicht zusammen −, aber Dylan und Madison lächeln nachsichtig: eine weibliche Beschäftigung. »Ma'am, tut mir leid, aber die müssen bei uns bleiben«, sagt Dylan.

»Ach, um Himmels willen«, meint Anne-Marie. »Ich stricke jemanden zu Tode?«

»Diese Nadeln könnten gegen Sie verwendet werden«, erklärt Madison geduldig. »Alles, was spitz ist. Sie wären überrascht, Ma'am. Hier sitzen gefährliche Männer ein. Die Tasche können Sie auf dem Rückweg wieder mitnehmen.«

»Gut«, erwidert Anne-Marie. »Aber bringen Sie mir meine

Wolle nicht durcheinander, während ich weg bin.« Daraufhin lächeln sie, vielleicht lächeln sie sie aber auch nur an, denn es ist offensichtlich, dass sie von ihr entzückt sind. Warum auch nicht?, denkt Felix. Trotz ihrer Rasiermesserschärfe ist sie ein helles Licht an einem düsteren Ort. Sie durchbricht die Eintönigkeit.

Felix führt sie in seinem Trakt den Flur entlang und weist auf die diversen leerstehenden Räume hin. »Die hier können wir benutzen, außerdem die beiden Demonstrationszellen, als Künstlerzimmer und Garderoben. Und als Probenräume«, fügt er hinzu.

»Gut«, sagt sie. »Ich brauche einen davon. Für die Tanzeinlagen.«

Die Männer sind bereits im Klassenzimmer. Felix stellt Anne-Marie vor. Sie hat ihren Mantel abgelegt: Sie ist konservativ gekleidet, ein weißes Hemd, schwarze Strickjacke, schwarze Hose. Die Haare hat sie zu einem unauffälligen honigblonden Knoten zusammengefasst; in jedem Ohr steckt jeweils nur ein Ohrring. Sie lächelt unverbindlich in Richtung Zimmerwand, dann nimmt sie vorne im Raum an einem Tisch Platz, den Felix ihr zugewiesen hat. Sie hält den Kopf hoch erhoben und den Rücken gerade, die Haltung einer Tänzerin. Keine einladende Lässigkeit.

»Miss Greenland hört vorerst nur zu«, sagt Felix. »Um Sie kennenzulernen. Sie wird sich beteiligen, sobald wir mit den Proben anfangen.«

Totenstille. Die Männer rechts und links von ihr versuchen, sie nicht anzustarren: Ihre Blicke gleiten zur Seite. Die hinter ihr fixieren sie gebannt, obwohl sie nur ihren Rücken sehen können. Sei wachsam, sagt Felix zu sich. Halt die Augen offen. Geh nicht davon aus, dass du sie kennst. Versuche dich zu erinnern, wie du in ihrem Alter warst. Du magst mittlerweile ein wenig nachgelassen haben, aber das war nicht immer so.

»Und jetzt zur Besetzung«, fährt er fort, als wäre alles wie immer. »Ich bin der Regisseur, und solche Entscheidungen obliegen mir. Vielleicht bekommen Sie nicht die gewünschte Rolle, aber so ist das Leben. Also kein Drängen, kein Geschacher, keine Klagen. Ein Theater ist keine Republik, sondern eine Monarchie.«

»Ich dachte, Sie hätten gesagt, wir seien ein Team«, bemerkt VaMoose säuerlich.

»Sie sind das«, antwortet Felix. »Sie sind ein Team. Aber ich bin der König. Alle Entscheidungen sind endgültig. Die erfahrenen Schauspieler wissen das, richtig?« Ein paar der Veteranen nicken.

Als Nächstes lässt er die Besetzungslisten herumgehen. Unterdrücktes Murren ist zu hören.

»Sie wollen, dass ich einen betrunkenen Indianer spiele«, sagt Red Coyote, der als Stephano eingetragen ist.

»Nein«, erwidert Felix. »Ich möchte, dass Sie einen betrunkenen Weißen spielen.«

»Juhu, ich bin der Spaßmacher«, ruft TimEEz. »Das kann ich!«

»Ferdinand«, stellt WonderBoy fest. »Ich bin bereit.« Er lächelt Anne-Maries Rücken an und zeigt seine vollkommenen Zähne.

»Ich nicht«, sagt Krampus der Mennonit. »Ich bin nicht dazu bereit. Die Rolle des Königs – er stöhnt immer nur. Ich sollte den Caliban spielen.«

»Ich weiß, dass viele von Ihnen den Caliban spielen wollten«, sagt Felix, »aber nur einer kann es tun.«

»Caliban sollte ein Ureinwohner sein«, behauptet Red Coyote. »Das ist offensichtlich. Man hat ihm sein Land gestohlen.«

»Auf keinen Fall«, findet PPod. »Er ist Afrikaner. Wo liegt Algier überhaupt? In Nordafrika, stimmt's? Seine Mutter kam von dort. Schau dir die Landkarte an, du Schwachkopf.«

»Dann ist er also Muslim? Das ist er hurensohnmäßig nicht, denke ich.« VaMoose, ein weiterer Caliban-Aspirant.

»Es ist sowieso ausgeschlossen, dass er stinkiger weißer Abschaum ist«, stellt Shiv fest und funkelt Leggs wütend an. »Nicht einmal ansatzweise weiß.«

»Sag ich doch«, erwidert Leggs. »Du hast den Mann gehört, Blödmann, das ist das letzte Wort. Würg's runter.«

»Punktabzug, du hast geflucht«, sagt PPod.

»Würg's runter ist nicht geflucht«, findet Leggs. »Das sagt man bloß so. Das weiß jeder, und dir die Gicht in die Finger!«

Anne-Marie lacht.

Die nächste Aufgabe besteht darin, sorgfältig ihre jeweiligen Szenen zu studieren: Was passiert darin, wie sollten sie gespielt werden, wo liegen die Probleme? Felix hat sorgfältig darauf geachtet, in jedem Team ein, zwei erfahrene Schauspieler unterzubringen: Sie können den anderen zur Seite stehen. Zumindest theoretisch.

Die Männer ziehen sich in die ihnen zugewiesenen Räume zurück. Anne-Marie steht auf, reckt sich, streckt ein Bein nach hinten und beugt es im rechten Winkel. »Sie scheinen gar nicht so übel zu sein«, stellt sie fest.

»Habe ich behauptet, dass sie das sind?«, meint Felix.

»Nein, nicht direkt. Aber ...« Offenbar denkt sie wieder an ihre Verurteilungen.

»Bist du immer noch dabei?«, fragt Felix.

»Ja, natürlich«, sagt sie, doch ihre Stimme klingt verhalten. »Und was tue ich als Nächstes? Wo steckt mein süßer Ferdinand? Sollte ich nicht anfangen, mit ihm die rührseligen Szenen zu proben?«

»Er leckt sich bereits die Lippen, aber fang heute noch nicht an«, sagt Felix. »Sie müssen sich in ihre Rollen einarbeiten, die Dinge für sich selbst herausfinden. Dann gehe ich mit ihnen die Szenen einzeln durch. Da unsere Endversion ein Video sein wird, können wir die Szenen aufnehmen, wenn die Jungs bereit sind und sobald wir die Kostüme und alles andere beieinander haben. Danach können wir das Stück wie ein Mosaik zusammensetzen. Aber wir beide können die zweite Szene des ersten Akts durchgehen, wenn du magst.«

Und so weint Miranda und fleht, und Prospero beruhigt und

tröstet und schwört, dann erklärt er sich. Gerade als er zu seiner Geschichte über Antonios Bruderverrat ansetzt, durch den sie auf diese Insel verschlagen wurden, erscheint 8Handz in der Tür.

»Mit wem soll ich eigentlich proben?«, erkundigt er sich. »Ferdinand übt, mit trübsinniger Miene auf einem Felsen zu sitzen; ich soll dann reinkommen und ihn mit Musik von dort weglocken, aber die Musik haben wir noch nicht. Und meine erste Textstelle ist mit Ihnen, Mr Duke.«

»Ah, mein Ariel«, meint Felix. »Es gibt da ein paar technische Probleme, die ich mit Ihnen besprechen muss. Wir machen eine Pause«, wendet er sich an Anne-Marie. »Geh und sieh nach, was die Jungs anstellen.«

»Eine kleine Intrige, hm?«, sagt sie mit einem Lächeln zu 8Handz. »Denkst du dir Trugbilder aus? Behalte den alten Zauberer im Auge, sonst wickelt er dich um den Finger.«

»Ich weiß«, antwortet 8Handz grinsend. »Das hat er schon.«

Felix wartet, bis sie weg ist. Er senkt die Stimme. »Wie genau wissen Sie über Überwachungssysteme Bescheid?«, will er wissen.

8Handz lächelt. »Ich kann so einiges«, meint er. »Wenn ich habe, was ich brauche. Denken Sie an was Bestimmtes?«

»Ich möchte sehen, ohne gesehen zu werden«, erklärt Felix. »In allen Räumen, einschließlich des Flurs.«

»Sie und jeder Geheimdienst der Welt«, stellt 8Handz fest. »Ich mache Ihnen eine Einkaufsliste. Besorgen Sie mir alles, und die Sache ist geritzt.«

»Wenn Sie hinkriegen, was ich mir vorstelle«, meint Felix, »bin ich mir ziemlich sicher, dass ich eine frühzeitige Entlassung für Sie arrangieren kann.«

»Wirklich?«, fragt 8Handz. »Ich hab mich bereits darum bemüht, aber das braucht Zeit. Wie wollen Sie das anstellen?«

»Mit meinem Einfluss«, erklärt Felix geheimnisvoll.

Feinde an hoher Stelle, denkt er.

25. Böser Bruder Antonio

Mittwoch, der 6. Februar 2013

Die Zeit ist wie im Flug vergangen. Nur noch fünf Wochen bis zur Stunde null, jener Stunde, in der die verhassten Minister sein Reich betreten und sein als Knospe angelegter Plan sich zur vollen Blüte entfalten wird. Die Erwartung schärft Felix die Sinne, lässt seine Augen leuchten und spannt seine Muskeln. Bereit sein ist alles.

Tony und Sal rücken näher, sie nehmen an Banketten teil, treten bei Galas auf, gewähren der Presse Interviews, als streuten sie Rosen, und hinterlassen in ihrem Kielwasser Fotos, wo immer sie auftauchen. Er folgt ihnen durch das pulsierende Internet, spielt die Spinne zu ihren Schmetterlingen, durchstöbert den Äther nach ihren Bildern. Ohne den leisesten Verdacht gehen sie sorglos ihrer Wege und verschwenden in ihren intriganten Köpfen keinen einzigen Gedanken an ihn, Felix Phillips – der dank ihnen zu Unrecht ins Exil verbannt wurde und ihnen jetzt auflauert und seinen Überfall vorbereitet. Es hat eine Weile gedauert, doch Rache sollte am besten kalt genossen werden, mahnt er sich.

Er hakt die Tage ab, zählt die noch verbleibenden Stunden. Sie werden die Justizvollzugsanstalt Fletcher Mitte März besuchen, bereit, sich das Stück anzusehen.

Doch das Stück ist noch nicht für sie bereit. Die Truppe ist dem noch nicht einmal nahe. Felix wird von Ungeduld geplagt: Was kann er tun, um die Dinge zu beschleunigen, dieses Video auf Film zu bannen, geschnitten und poliert, in einen Edelstein verwandelt? Rechtzeitig bis zu der vereinbarten Ankunft.

Die Trolle verschwören sich gegen ihn. Unter den nachgeordneten Trollen gab es zwei Abgänge, auch wenn er einen von ihnen überreden konnte, wieder mitzumachen. Ein weiterer Troll befindet sich mit einer nicht näher benannten Verletzung auf der Krankenstation: eine Retourkutsche, die eine Nagelfeile beinhaltete, erzählte ihm Leggs, »hat mit keinem von uns was zu tun«. Bei den Proben gab es Beschimpfungen, eine Rauferei, als er ihnen den Rücken zukehrte. Die Sache könnte sehr leicht scheitern; aber das hat er bei jedem Stück gedacht, bei dem er bisher Regie geführt hat.

Alles, was er auf Video hat, sind ein paar vorläufige Szenen: grob, sehr grob. Bei dem Verleih, auf den er immer zurückgreift, hat er ein elektronisches Keyboard bestellt, aber das ist noch nicht eingetroffen, und wie sollen sie es ohne Musik hinkriegen?, fragen sie. Sie möchten, dass er für sie einen Internetzugang arrangiert, damit sie MP3s herunterladen können, aber das ginge einen Schritt zu weit: Selbst Estelle kann das nicht bewerkstelligen, da die Gefängnisleitung die üblichen Einwände erhebt. Die Insassen werden es missbrauchen, sie werden es nutzen, um sich Pornos anzuschauen und Fluchtpläne auszuhecken. Es würde nichts nützen, wenn Felix sagte, dass sie viel zu sehr mit dem Stück beschäftigt sind, um sich um einen Ausbruch zu scheren: Man würde ihm nicht glauben. Außerdem könnte er sich ebenso gut irren. Er tut sein Bestes, bringt ihnen Musikclips mit und spielt sie auf dem Klassencomputer, aber nein, nein, sie sagen, das ist nicht die Version, um die sie gebeten haben, und rollen die Augen. Weiß er denn nicht, dass die Monkees Scheiße sind?

Frustration an jeder Ecke. WonderBoy und Anne-Marie haben Schwierigkeiten. Ihre erste Probe war hervorragend, die nächste jedoch matt: WonderBoy brachte nichts zustande, spulte nur mechanisch seinen Text ab.

»Was ist passiert?«, fragte Felix Anne-Marie an einem Donnerstag, als sie gemeinsam Kaffee tranken.

»Er hat mir einen Antrag gemacht«, antwortete Anne-Marie.

»Das wird von ihm erwartet. Es steht in der Szene«, sagte Felix, um Neutralität bemüht.

»Nein, ich meine damit, dass er mir wirklich einen Antrag gemacht hat«, bekräftigte Anne-Marie. »Er sagt, es sei Liebe auf den ersten Blick gewesen. Ich sagte, es sei nur ein Theaterstück, habe nichts mit der Realität zu tun.«

»Und dann?«, wollte Felix wissen. Sie spielte mit ihrem Löffel: Er wusste, da war noch mehr.

»Er hat mich irgendwie gepackt. Hat versucht, mich zu küssen.«

»Und?«

»Ich wollte ihn nicht außer Gefecht setzen«, sagte Anne-Marie.

»Aber du hast es getan?«

»Nur kurzfristig«, bekannte sie. »In erster Linie hat das seine Gefühle verletzt, mehr als alles andere. Irgendwann hörte er auf, sich auf dem Fußboden zu krümmen, und stand auf. Ich habe mich entschuldigt.«

Das würde seine mangelnde Leidenschaft erklären, dachte Felix. »Ich rede mit ihm.«

»Tu das nicht, du würdest ihn nur in Verlegenheit bringen«, warnte sie.

Selbst sein Ariel, 8Handz, stümpert. Bei der zweiten Probe von Akt I, Szene 1 begann er seinen Text mit »Sieg heil, großes Ungeheuer!« und fing dann verlegen an zu kichern, weil etwas, das in seinem Kopf herumgespukt hatte, ihm ungebeten über die Lippen gekommen war.

Sie blödeln hinter seinem Rücken herum, bedenken ihn selbst und auch Prospero mit Beschimpfungen, machen sich über das Stück lustig – das ist normal –, aber 8Handz muss sich wieder daran erinnern, wer er eigentlich ist. Zugegeben, Ariel hat zahlreiche Pflichten, die auf seinen Schultern lasten; aber dennoch. 8Handz muss Vernunft annehmen.

Ist es in diesem Stadium immer so schwer?, fragt sich Felix. Ja, das ist es. Nein, ist es nicht. Dieses Mal ist es schwieriger, weil so viel für ihn auf dem Spiel steht.

Noch vierzehn Sitzungen, dann ist der große Tag. Sie schwanken immer noch wegen der Kostüme, sie patzen mit ihren Texten, sie nuscheln. »Es lagen zwei zischende Schlangen zwischen zwei spitzen Steinen«, erinnert er sie. »Knackig! A-U-S-sprache! Es spielt keine Rolle, was Sie sagen, wenn wir Sie nicht hören können! Fischers Fritze fischt frische Fische! Kein Genuschel!«

Eine gewöhnliche Schauspieltruppe hätte er früher längst angeschrien, sie Erbsenhirne genannt, sie angewiesen, aus ihrem tiefsten Inneren zu schöpfen, die Figur zu suchen, ihre Gefühle bis kurz vor dem Zusammenbruch auszureizen und das Blut und den Schmerz dann gefälligst zu nutzen, *zu nutzen*! Doch das hier sind fragile Egos. Manche von ihnen haben Aggressionsbewältigungstherapien absolviert, wenn er herumschrie, würde er ihnen ein schlechtes Vorbild sein. Bei anderen wiederum ist die Depression nie weit entfernt. Sobald sie überfordert werden, brechen sie zusammen. Und geben auf, selbst seine wichtigsten Schauspieler. Sie würden Fersengeld geben. Das ist früher schon vorgekommen.

»Sie haben das Talent«, sagt er zu ihnen. Schulterzucken, passiver Widerstand. »Sie sind besser als das!« Was soll er machen, ihnen mit Gefängnis drohen? Das funktioniert nicht, sie sitzen bereits im Gefängnis. Er hat kein Druckmittel.

Wo ist die Energie? Wo ist der Funke, der diesen leblosen Haufen feuchten Holzes zum Lodern bringt? Was mache ich falsch?, sorgt sich Felix.

Er hat auf Kaffee bestanden – guten Kaffee, nicht dieses widerwärtige gemahlene Zeug –, er hat die Bohnen bezahlt, er hat sie mahlen lassen, er hat sie mitgebracht und darauf geachtet, dass auch Dylan und Madison ihren Anteil bekommen. Während seiner morgendlichen Qualitätskaffeepause kommt Snake-Eye auf ihn zu. Anne-Marie steht hinter ihm, bereit, ihm in welcher Sache auch immer den Rücken zu stärken, vermutet Felix. Sie trägt eines ihrer Tanzprobenoutfits: Strickstulpen an den Beinen, eine pfauenblaue Trainingshose, ein langärmliges schwarzes T-Shirt. Und wie er feststellt, Steppschuhe: Es wird eine Percussion-Sitzung geben.

»Wir haben uns was überlegt«, sagt SnakeEye. »Mein Team. Das Team Antonio.«

»Schießen Sie los«, fordert Felix ihn auf.

»Sie wissen, wo Sie, ich meine Prospero, die Hintergrundgeschichte erzählen? Für Miranda? Wie es überhaupt dazu kommt, mit dem Bruder ...«

»Akt I, Szene 2«, antwortet Felix. »Ja?«

»Genau die.«

»Was ist damit?«, fragt Felix.

»Die ist zu lang«, erklärt SnakeEye. »Außerdem ist sie langweilig. Sogar Miranda findet sie langweilig. Sie schläft fast ein.«

Er hat recht, denkt Felix. Diese Szene stellte für jeden Schauspieler, der je den Prospero gespielt hat, eine Herausforderung dar: Wie Akt I, Szene 2 bewältigen, diese Schilderung von Prosperos trauriger Geschichte, und sie dabei unwiderstehlich machen? Die Szene ist zu statisch. »Aber die Zuschauer brauchen diese Information«, sagt er. »Sonst können sie der Handlung nicht folgen. Sie müssen erfahren, welches Unrecht er erlitten hat und warum er Rache üben will.«

»Ja, das verstehen wir schon«, erwidert SnakeEye. »Deshalb dachten wir uns, warum nicht einen Flashback daraus machen?«

»Es ist bereits ein Flashback«, meint Felix.

»Ja, aber Sie wissen ja, was Sie immer sagen. Zeigen, nicht erzählen, das Stück vorantreiben, Energie herausholen?«

»Ja«, meint Felix. »Und?«

»Deshalb könnten wir eine Flashback-Szene daraus machen, die aber von Antonio erzählt wird. Wir haben das schon geprobt.«

Ha. Er übergeht mich, denkt Felix. Schiebt mich beiseite. Beschafft sich eine größere Rolle. Wie passend für Antonio. Aber ist das nicht genau das, wozu er sie ermuntert hat? Unkonventionell zu denken, einen neuen Rahmen zu setzen?

»Großartig, lassen Sie hören«, fordert er SnakeEye auf.

»Die Jungs machen den Hintergrund-Chor«, sagt SnakeEye. »Das Team Antonio. Wir nennen das ›Böser Bruder Antonio‹.«

»Gut«, verkündet Felix. »Showtime.«

»Vergesst nicht zu zählen«, sagt Anne-Marie, als sie Aufstellung nehmen, SnakeEye vorne, sein Team in einer Reihe dahinter: Phil the Pill, VaMoose und erstaunlicherweise auch Krampus der Mennonit. Falls Anne-Marie Krampus so etwas wie Tanzschritte abgerungen hat, wäre das ein Wunder.

»Ich bin gespannt«, sagt Felix.

»Auf drei geht's los!«, weist Anne-Marie sie an. Sie zählt, *eins-zwei-drei,* dann klatscht sie einmal in die Hände, und los geht's.

SnakeEye zielt auf Antonios Wesenskern ab: skrupellos, von sich selbst eingenommen. Er plustert sich auf, er reibt sich die Hände, blinzelt mit seinem schiefen linken Auge, verzieht verächtlich den Mund. Hätte er einen Bart, würde er ihn zwirbeln. Er stolziert daher, bereit zu töten. Sein Team gibt mit Stampfen, Klatschen und Fingerschnalzen den Rhythmus vor. Eine Atemübung in A-Cappella-Technik.

Sie sind gut, viel besser, als Felix erwartet hat. Ist das alles Anne-Marie zu verdanken, oder haben sie das von Musikvideos abgeschaut? Vielleicht beides. *Stampf, stampf, klatsch, stampf, stampf, klatsch, klatsch, stampf, stampf, klatsch,* machen die Hilfstruppen. SnakeEye legt los:

Ich bin der Herzog, der Herzog von Milan
Ich hab das Sagen, ich bin der Boss
Willste Asche, musste kuschen
Aber hey, das war nicht immer so
Ich war mal dieser Antonio
War ein kleines Licht, das machte mich krass fertig

Ich war der Loser, wär fast verreckt
Für mich gab's keinen Respekt
Aber ich blieb nett, immer adrett.

Mein Bruder Prospero
Der hatte das Sagen
Der war der Herzog, der war der Herzog
Der war der Herzog von Milan.

Ooh-ah-hah, ooh-ah-hah, stampf-klatsch
stampf-klatsch, schnipp-schnipp, stampf.

Er war 'n Spacko, war nicht cool
Kümmerte sich 'nen Dreck um seinen Kram
Las lieber Bücher, sagte, hey Bruder
Mach du mal voran
Mach mal den Boss von Milan
Scheuch sie rum von hier und nach da
Schaff du mal die Kohle ran.

Steckte die Nase in Bücher, der große Zauberer,
Und für mich lief's immer sauberer
Niemand über mir
Ich machte, was ich wollte
Und gewöhnte mich daran
Er kümmerte sich 'nen Dreck
Was für 'n Spacko, war nicht cool
Sah nicht, was ich trieb
Ich wurd zum Dieb
Wurd sein böser Bruder
Nur so blieb ich am Ruder.

Ooh-ah-hah! Ooh-ah-hah! Stampf-klatsch,
stampf-klatsch, schnipp-schnipp, stampf!

Da lief ich zum König, zum König von Naples
Der war ganz scharf auf den Shit von Milan.
Der Deal war so einfach
Er half mir beim Stehlen
An meiner Treue sollt's nicht fehlen
Wir packten meinen Bruder mitten in der Nacht
Die Wachen waren gefügig gemacht.

Wir warfen ihn in ein Boot
Für sein Leben sahen wir rot
Die Tochter, die kam dazu
So hatten wir auch vor der unsere Ruh
Erzählten, die beiden seien freiwillig weg
Auf 'nen wun-der-schö-nen Ur-laubs-trip.

Ooh-ah-hah! Ooh-ah-hah! Stampf-klatsch,
stampf-klatsch, schnipp-schnipp, stampf!

Da lächelten alle und schienen froh
Doch leider blieb das nicht lang so
Wo ist nur unser Prospero?
Kommt er nicht zurück? Gab's ein Unglück?
Oh nein, oh nein – Prospero tot
Wie traurig, wie schaurig!
Aber hey, er hat doch 'nen Bruder!

Und jetzt hab ich, hab ich das große Sagen
Jetzt bin ich, jetzt bin ich der Herzog, der Herzog
    von Milan!

Yeah!
Er ist der Herzog, er ist der Herzog, er ist der Herzog
    von Milan.
Stampf-stampf, stampf-stampf, stampf-stampf!
Klatsch-klatsch. Hah!

Nach dem letzten »Hah!« sehen sie alle Felix an. Er kennt diesen Blick. *Lieb mich, weis mich nicht zurück, sag, ich hab es geschafft!*

»Was meinen Sie?«, fragt SnakeEye. Er ist die ganze Zeit herumgesprungen und atmet schwer.

»Das hat was«, befindet Felix, der ihn eigentlich am liebsten erwürgen möchte. Szenendieb! Doch er unterdrückt dieses Gefühl: Es ist ihre Aufführung, weist er sich zurecht.

»Mehr als das! Komm schon, es ist hervorragend!«, beharrt Anne-Marie, die ihn von weiter hinten im Raum aus beobachtet hat. »Es sagt uns, was geschehen ist, fasst es zusammen! Das muss bleiben!«

»Tolles Gestampfe«, findet Felix.

»Dafür bin ich da«, grinst Anne-Marie. »Miss Hilfsbereit. Holz schleppen, Tanzeinlagen, was auch immer.«

»Danke«, sagt Felix.

»Eifersüchtig, Mr Duke?«, flüstert Anne-Marie verschmitzt. Sie durchschaut ihn zu sehr. »Du willst gefragt werden, nicht wahr?«

»Werd nicht frech«, flüstert er zurück.

»Dann sind wir der Meinung«, verfolgt SnakeEye seine Sache weiter, »dass wir danach zum Boot übergehen sollten, zu dem lecken Boot, in dem Sie sind, das können wir im Video zeigen, während er, ich meine Sie, sagt – er spricht den Text, in dem Miranda zu ihm sagt, was für eine Last es gewesen sein muss, mit einem dreijährigen Kind in diesem Boot, und er antwortet, sie sei wie ein Engel gewesen, der ihn gerettet hat? Ein Cherub. Die Stelle.«

»Ich kenne die Stelle«, sagt Felix. Sein Herz krampft sich zusammen.

»Ein paar von den Jungs haben Kinder«, sagt SnakeEye. »Sie haben Fotos von ihnen, die können wir benutzen. Dann drehen wir ein Video von dem Boot – wir können so was wie ein Spielzeugboot nehmen, es herumstoßen, es so bearbeiten, dass es aussieht, als fiele es gleich auseinander; es ist dunkel, der Wind bläst, es ist Nacht, und dann zeigen wir am Himmel die

Bilder von den Kindern. So empfinden die Jungs für ihre Kinder: Sie sind so was wie Engel, die ihnen helfen, das Schlimmste zu überstehen.«

Wie kann Felix da nein sagen? »Dann versuchen wir es mal«, willigt er ein.

»8Handz sagt, er kann solche Fotos leicht einmontieren«, erklärt SnakeEye. »In ein Video. Er sagt, er kann jedes davon eine Sekunde lang aufleuchten lassen. Wie Sterne.«

»Das klingt hübsch.« Felix schnürt sich langsam die Kehle zu. Warum bringt ihn eine so schmalzige Idee so komplett aus der Fassung? Sentimentaler Tropf! Wird er gleich losheulen?

Vorsicht, mahnt er sich. Reiß dich zusammen. Prospero hat immer alles unter Kontrolle. Mehr oder weniger.

SnakeEye hat noch mehr zu sagen: Er tritt von einem Fuß auf den anderen. Spuck's aus, würde Felix ihn am liebsten anherrschen. Verpass mir auch noch den Todesstoß. Bring es zu Ende.

»Wir dachten, Sie würden vielleicht auch etwas dazu beitragen wollen, Mr Duke.« Seine Stimme klingt befangen. »Falls Sie so ein besonderes Foto haben. Sie könnten es ebenfalls dem Himmel hinzufügen. Wie eine Art Gastauftritt. Die Jungs sagen, das wäre o.k.«

Seine verlorene Miranda, dreijährig auf ihrer Schaukel, hoch am Himmel in ihrem Silberrahmen. Lachend vor Freude. *Das hat mich gehalten.*

»Nein.« Felix schreit beinahe. »Nein, ich habe nichts Passendes! Aber ich danke Ihnen. Entschuldigen Sie mich.« Sie tun dies nicht, um ihm einen Schlag zu versetzen. Sie können unmöglich etwas über ihn wissen, ihn und sein Bedauern, seine Selbstkasteiung, seine endlose Trauer.

Halb blind, die Tränen zurückhaltend, stolpert er den Flur hinunter in die Demonstrationszelle aus den Fünfzigern und lässt sich auf die untere Schlafstelle fallen. Kratzige graue Decken. Die Arme um die Knie geschlungen, mit gebeugtem Kopf. Verloren auf hoher See, treibt er hierhin und dorthin. In einem fauligen Wrack, das selbst die Ratten schon verlassen haben.

26. Mechanismen

Stimmungen vergehen. Die Lage bessert sich. Geschäftigkeit hilft immer.

Am Wochenende fährt Felix nach Toronto, um Kostüme und Requisiten zu besorgen. Er nimmt den Zug und lässt seinen Wagen in Makeshiweg auf dem Bahnhofsparkplatz stehen, weil er sich dem Verkehr und der zermürbenden Parkplatzsuche nicht aussetzen will. Er ist nicht mehr an städtische Menschenmassen gewöhnt.

Die Jungs haben ihm Listen mit den Dingen mitgegeben, die sie für nötig halten. Er hat ihnen nichts versprochen, außer dass er sein Bestes für sie tun wird. Anne-Marie hat die drei Disney-Prinzessinnen hinzugefügt. Sie hätte sie online bestellt, sagte sie, aber ihre Kreditkarten seien über dem Limit.

Er steigt an der Union Station aus dem Zug und beginnt mit seiner Suche. Nach einigen Nachforschungen auf ihrem Smartphone hat Anne-Marie ihm eine Karte gezeichnet, auf der einige Läden markiert sind.

Seine erste Station ist ein Spielwarengeschäft ein paar U-Bahn-Stationen entfernt. Inzwischen kann er es mit solchen Geschäften aufnehmen: Miranda ist aus dem Spielzeugalter heraus. Er geht einmal am Schaufenster vorbei und dann noch einmal: Dort drinnen ist alles nur Plastik, nur Karton. Sicherlich kann er riskieren einzutreten.

Er holt tief Luft, stürzt sich über die Schwelle in diese Welt lädierter Wünsche und verlorener Hoffnungen. So hell, so schimmernd, so außer Reichweite für ihn. In seinem Brustkorb flattert etwas, aber er hält stand.

Als er sicher im Laden steht, steuert er auf die Abteilung mit Strandspielzeug zu: Alles, was eventuell schwimmen könnte, wird vermutlich dort zu finden sein. Als er die zahllosen Angebote in Primärfarben betrachtet, kommt eine Verkäuferin auf ihn zu. »Kann ich Ihnen helfen?«, fragt sie.

»Danke«, antwortet Felix. »Ich hätte gerne zwei Boote. Eins eher ein Ruderboot, das andere vielleicht größer, eher wie ein Segelboot.« Nein, er möchte kein Modellset. Sondern etwas, das tatsächlich Wasser aushält, ein Badespielzeug zum Beispiel oder …

»Ah«, sagt die Verkäuferin. »Enkelkinder?«

»Nicht ganz«, sagt Felix. »Ich bin eher so was wie ein Onkel.« Gemeinsam suchen sie die Boote aus. Das kleine kann mit Flicken bedeckt werden, das große wird in einem Sturm gut aussehen.

»Sonst noch etwas?«, fragt die Verkäuferin. »Kann ich Sie für Schwimmhilfen für die Kleinen interessieren? Schwimmflügel – sie sind wie Schmetterlingsflügel bedruckt, das ist hübsch für Mädchen – und die Nudeln sind sehr beliebt. Schwimmnudeln«, fügt sie hinzu, als sie seinen verständnislosen Blick bemerkt.

»Danke, nein«, sagt Felix, »aber haben Sie irgendwelche, äh, Disney-Prinzessinnen?«

»Ja, natürlich«, sagt das Mädchen und lacht. »Die haben wir im Übermaß.« Sie muss einen Magisterabschluss haben oder so etwas, wer sonst würde von *Übermaß* sprechen? »Dort drüben.« Sie findet ihn putzig. Das ist gut, sagt er sich: Putzig kann funktionieren.

»Würden Sie mir beim Aussuchen helfen?«, bittet er und setzt ein hilfloses Gesicht auf. »Ich brauche drei.«

»Was für glückliche Nichten!«, sagt sie und hebt ironisch eine Augenbraue. »Haben Sie an bestimmte Prinzessinnen gedacht?«

Felix konsultiert seine Liste. »Schneewittchen«, liest er. »Jasmin. Pocahontas.«

»Oh«, meint die Verkäuferin. »Wie gut Sie sich auskennen! Im Geschmack kleiner Mädchen. Ich wette, Sie haben Töchter, nicht nur Nichten!«

Felix zuckt zusammen. Wirklich, das ist die Hölle, denkt er, und es ist noch nicht zu Ende. Verdammt, Anne-Marie, ich hätte sie mitnehmen sollen, damit sie diese Sachen selbst besorgt. Er erledigt den Kauf, dann bittet er, dass die zukünftigen Göttinnen aus ihren Schachteln genommen, in Seidenpapier verpackt und allesamt in eine einzige Tüte gestopft werden. Demütigend für sie, aber die Apotheose wartet schon.

Die beiden Einkaufstüten in der Hand, macht er das Kostüm- und Scherzartikel-Imperium auf der Yonge Street ausfindig, das Anne-Marie ihm aufgeschrieben hat. Im Fenster ist eine halb nackte Schaufensterpuppe mit Stilettoabsätzen, einer paillettenbesetzten Maske und ledernen Bondageutensilien ausgestellt, die eine Peitsche schwingt. Im Innern wandert er zwischen Vampirzähnen, Batman-Capes und Zombiemasken umher und versucht, nicht wie ein Fetischist auszusehen. Hinter dem Verkaufstresen steht ein muskelbepackter junger Mann mit einer Menge Chromschmuck in den Ohren und einem Totenschädeltattoo auf dem Unterarm.

»Was Spezielles?«, fragt er mit einem knappen, anzüglichen Grinsen. »Wir haben neues Leder reingekriegt, sehr schön. Wir fertigen nach Maß. Knebelmasken, diverse Schellen.« Er hält Felix für einen Masochisten; nicht ganz falsch, denkt Felix.

»Haben Sie schwarze Flügel?«, fragt er. »Oder eine andere Farbe außer weiß?«

»Gefallener Engel, was?«, bemerkt der Typ. »Klar. Wir haben ein Paar blaue. Tun die's auch?«

»Die sind sogar noch besser«, meint Felix. Er kauft die Flügel, einen Tiegel blaue Gesichtsfarbe, einen Tiegel schlammgrüne Gesichtsfarbe, ein Clown-Schminkset, einen schuppenbesetzten grünen Godzilla-Hut, der oben mit Echsenaugen bestückt ist und mit einem Oberkiefer, dessen Zähne die Stirn einfassen, ein paar Gymnastikzüge mit Schlangenmuster – diese drei Letzteren für Caliban – und einige Werwolfmasken, die noch am ehesten Geisterhunden ähneln.

Das Geschäft führt keine Halskrausen, dafür findet er vier kurze Samtcapes, die er dem Adel zugedenkt. Eine Handvoll Talmi-Ketten mit Löwen- und Drachenmedaillons. Zwei billige, mit Goldpailletten besetzte Togas und eine mit silbernen: Glitzerfummel, um die Dummköpfe anzulocken. Ein paar Päckchen blaues Glitzerkonfetti, mehrere Blätter mit aufklebbaren Tattoos: Spinnen, Skorpione, Schlangen, das Übliche.

Die Flügel sind schwierig zu transportieren. Er geht in ein Gepäckwarengeschäft, kauft einen großen Rollkoffer und verstaut die Flügel, die Boote, die Disney-Prinzessinnen, die Werwolfmasken und den Glitzerkram darin. Alles passt hinein, es bleibt sogar noch Platz, und das ist auch gut so, denn es kommt noch mehr.

Seine nächste Station ist ein Sportgeschäft. Er suche nach einer Skibrille, sagt er zu dem fit aussehenden jungen Verkäufer: die mit den regenbogenfarbenen Gläsern. »Das sind unsere Bestseller«, meint der junge Mann. »Aus Plutonite.« Die riesigen Wrap-around-Gläser schimmern lilablau und sehen aus wie Insektenaugen. »Für Sie selbst?«, erkundigt sich der Verkäufer und hebt die Augenbrauen; offenbar übersteigt es seine Fantasie, sich Felix auf Skiern vorzustellen.

»Nein«, antwortet Felix. »Für einen jungen Verwandten.«

»Ein guter Skifahrer?«

»Das wollen wir hoffen«, meint Felix. »Außerdem möchte ich fünfzehn schwarze Skimasken.«

»Fünfzehn?«

»Falls Sie sie haben. Es ist für eine Party.«

Sie haben nur acht vorrätig, aber im Einkaufszentrum von Wilmot gibt es ein Mark's Work Wearhouse, wo er zweifellos die restlichen findet, plus fünfzehn Paar Skihandschuhe aus

Stretchmaterial. Er ist sich nicht sicher, wie viele Trolle er letztlich brauchen wird, aber besser, er ist gut vorbereitet.

In einem Eckladen mit Schnickschnack, wo auch Schirme und Handtaschen feilgeboten werden, findet er einen halb transparenten wasserblauen Damenregenmantel mit einem fröhlichen Muster aus Marienkäfern, Bienen und Schmetterlingen. »Den größten, den Sie haben«, informiert er die Verkäuferin. Das ist die Damengröße Large, trotzdem wird er für 8Handz vielleicht ein bisschen knapp sein. Sie können ihn immer noch am Rücken aufschneiden und die beiden Seiten an seinem Hemd festpinnen: Nur die Vorderseite muss ansehnlich sein.

In einem Canadian Tire-Outlet ersteht er einen blauen Duschvorhang, eine Heftmaschine, eine Wäscheleine, ein paar Plastikwäscheklammern – die letzten beiden Dinge für die Szene, in der Stephano und Trinculo die Kleider stehlen – und eine grüne Plastikschüssel für das Festessen, das aufgetischt und dann weggeschnappt wird.

Dann geht er zu einem nahegelegenen Bürobedarfsgeschäft und besorgt eine Großpackung Zeichenpapier in diversen Farben, eine Rolle braunes Packpapier und ein paar Filzstifte: für Kakteen, Palmen und derlei für das Insel-Setting. Es genügen ein paar Dinge: Das Gehirn vervollständigt dann das Bild.

Seine letzte Station ist eine Boutique für Damenbadeanzüge. »Ich hätte gerne eine Bademütze«, erzählt er der eleganten Dame mittleren Alters, die dort Aufsicht führt. »In Blau, wenn Sie das haben.«

»Für Ihre Frau?«, erkundigt sich die Dame lächelnd. »Machen Sie eine Kreuzfahrt?« Felix ist versucht, ihr zu sagen, dass die Kappe für einen verurteilten Straftäter in einem Gefängnis bestimmt ist, der die Rolle eines fliegenden blauen Zauber-Aliens spielt, entscheidet sich aber dagegen.

»Ja. Im März. In die Karibik«, erklärt er.

»Das klingt wunderschön«, meint die Frau ein bisschen sehnsüchtig. Es ist ihr Schicksal, andere für Kreuzfahrten auszustatten, aber selbst nie eine zu unternehmen.

Er betrachtet prüfend mehrere Bademützen und verwirft sie: eine mit Gänseblümchen, eine mit einem Muster aus rosa Rosen auf aquamarinblauem Grund, eine mit wasserfesten Schleifchen. »Sie mag die schlichten am liebsten«, erklärt er. Das Beste, was er findet, ist eine lächerliche Kappe mit aufgesetzten Schuppen. »Gibt es die auch größer?«, möchte er wissen. »Ich brauche die größte. Sie hat einen großen Kopf und sehr viel Haar«, fühlt er sich zu einer Erklärung verpflichtet.

»Sie muss recht hoch gewachsen sein«, bemerkt die Verkäuferin.

»Statuesk«, sagt Felix.

Vielleicht gibt es eine Möglichkeit, die Kappe zu dehnen, hofft er. Er will nicht, dass 8Handz lächerlich aussieht, mit einer winzigen blauen Kappe hoch oben auf dem Kopf wie ein Pilz.

27. Die du nichts von dem weißt, was du bist

Am gleichen Tag

Felix kehrt mit dem Zug nach Makeshiweg zurück, dann rollt er seinen großen Koffer über den Parkplatz zum Auto. Es schneit unablässig weiter; als er die Zufahrt zu seiner Behausung erreicht, muss er sich mit dem Koffer durch die frischen Schneeverwehungen zur Tür durchkämpfen.

Trotz der lokalen Schneeschauer geht tief im Südwesten die Sonne in apricotfarbenen Wolken unter. Die Bäume am Rand des weiß schimmernden Feldes werfen bläuliche Schatten. Vor noch nicht allzu langer Zeit wäre Miranda zu dieser Stunde draußen gewesen, um die letzten Sonnenstrahlen auszunutzen und im Schnee zu spielen; sie hätte ihn mit beiden Händen in die Luft geworfen oder Schneeengel gemacht. Er hält nach Fußspuren Ausschau; nein, sie ist nicht draußen gewesen. Aber dann erinnert er sich, dass sie keine Fußspuren hinterlässt, so leicht ist ihr Schritt.

Im Haus herrscht ein erdiger Aschegeruch, wie so oft, wenn das Feuer ausgegangen ist. Er schaltet das Heizgerät ein. Es surrt; das Metall knackt, als es sich erwärmt. »Miranda?«, forscht er.

Zuerst glaubt er, sie sei nicht da, und sein Herz sinkt. Dann entdeckt er sie: Sie sitzt dort drüben am Tisch in den tiefer werdenden Schatten. Sie wartet neben dem Schachbrett, bereit, ihre Lektion wieder aufzunehmen. Er hat ihr ein paar Spielzüge beigebracht. Als er seinen neuen Koffer öffnet, steht sie jedoch auf und kommt näher und staunt, was er alles mitgebracht hat.

Solche Schätze – der Goldstoff, die blaue Gummibadekappe, die kleinen Boote! Die drei Disney-Prinzessinnen in ihrem grellen Putz: Sie findet sie bezaubernd.

Was ist das alles?, möchte sie wissen. Woher kommt es, wofür ist es? Eine Badekappe? Skibrillen? Was ist Baden, was ist Skifahren? Natürlich kennt sie diese Gegenstände nicht: Sie weiß so wenig über die Außenwelt.

»Sie sind für das Theaterstück«, erklärt ihr Felix. Dann muss er ihr auseinandersetzen, was ein Theaterstück ist, was Schauspielerei ist, warum Menschen vorgeben, jemand zu sein, der sie nicht sind. Er hat noch nie mit ihr über das Theater gesprochen; tatsächlich hat sie bisher kaum Interesse dafür gezeigt, wohin er geht, wenn er sich nicht in ihren zwei schäbigen Räumen aufhält, aber jetzt hört sie aufmerksam zu.

Als er am Montag von der Justizvollzugsanstalt Fletcher zurückkommt, nachdem er sechs Stunden lang Szene für Szene Akt II durchgekaut hat, stellt er fest, dass sie *Der Sturm* gelesen hat. Er hätte sein überzähliges Exemplar nicht so achtlos herumliegen lassen dürfen. Jetzt hat sie es gesehen und ist davon fasziniert. Er hätte es wissen müssen.

Er wollte nie, dass sie ans Theater geht. Das Leben dort ist zu schwierig, zu garstig für das Ego. Man erfährt so viele Zurückweisungen, so viele Enttäuschungen, so viele Fehlschläge. Man braucht ein eisernes Herz, eine Haut aus Stahl, die Willenskraft eines Tigers, noch mehr sogar als Frau. Für ein Mädchen wie sie wäre es ein besonders schwieriger Beruf: Sie ist so zartfühlend, so sensibel. Bisher wurde sie vor den schlimmsten Seiten der menschlichen Natur bewahrt: Wie würde sie zurechtkommen, wenn sie damit konfrontiert würde? Sie sollte einen sichereren Berufsweg wählen, zum Beispiel Medizin oder vielleicht Zahnmedizin. Und bei Gelegenheit natürlich einen ausgeglichenen, liebevollen Mann heiraten. Dann würde sie ihre Zeit nicht in einer Welt der Illusionen vertun – voller verschwindender Regenbögen, zerplatzender Seifenblasen und wolkenhoher Türme –, so wie er selbst es getan hat.

Doch das Theater liegt ihr offenbar im Blut, denn sie ist jetzt wild entschlossen. Sie besteht darauf, an der Produktion teilzunehmen. Schlimmer noch, sie will die Miranda spielen. Sie findet, dass die Rolle genau das Richtige für sie ist, informiert sie ihn. Der Gedanke daran macht sie so glücklich! Sie kann es kaum erwarten, den Menschen kennenzulernen, der den Ferdinand spielen wird. Sie weiß, zusammen werden sie spektakulär sein.

»Du kannst die Miranda nicht spielen«, sagt er ihr so entschieden, wie er es vermag. »Das ist unmöglich.« Dies ist das erste Mal, dass er sich ihr direkt widersetzt. Wie soll er ihr sagen, dass außer ihm niemand sie sehen kann? Sie würde es niemals glauben. Und wenn sie es glaubte, wenn sie gezwungen würde, es zu glauben, was würde dann aus ihr?

Warum nicht?, beharrt sie. Warum kann sie nicht die Miranda spielen? Er ist so gemein! Er versteht das nicht! Er behandelt sie wie …

»Wie ein launisches Mädchen?«, fragt er.

Ist das eine Schnute? Die Arme in Verteidigungshaltung abwehrend gekreuzt? Aber warum?, möchte sie wissen. Warum kann ich sie nicht spielen?

»Weil ich bereits eine Schauspielerin für die Miranda engagiert habe«, sagt er. »Es tut mir leid.«

Das macht sie traurig, was wiederum ihn traurig macht. Er hasst es, ihre Gefühle zu verletzen; es schmerzt ihn in der Seele.

Sie verschwindet – ist sie draußen, stapft im Dunkeln durch den Schnee? Liegt sie in ihrem Zimmer auf dem Bett und schmollt, wie Teenager das zu tun pflegen?

Aber sie hat kein Zimmer, erinnert er sich. Sie hat kein Bett. Sie schläft nie.

28. Hexensaat

Montag, der 25. Februar 2013

Seit sie die Kostüme anprobieren können, herrscht wieder mehr Leben in der Truppe. Allmählich wird das Stück für sie real. Sie verbringen viel Zeit vor den Spiegeln in Raum zwei, inzwischen zum Künstlerzimmer umbenannt, und betrachten sich von allen Seiten, ziehen Gesichter, probieren ihre Texte aus. Machen die Aufwärmübungen, die er ihnen beigebracht hat.

Es lagen zwei zischende Schlangen zwischen zwei spitzen Steinen, kann er sie sprechen hören. *Er, er, er: Reue! El, el, el: Liebe! Ess, ess, ess: Süße! Pe, pe, pe: Perfektion!* Die, die singen sollen, wärmen ihre Stimmen auf, singen, wie Anne-Marie sie angewiesen hat: *Om Om Om! Ding Dong! Gong!*

Das Keyboard trifft ein; nach einigen Debatten darf es die Sicherheitsschleuse passieren. Felix bestimmt Raum vier zum Musikzimmer. Anne-Marie arbeitet mit den Tänzern. Vor jeder Probe wärmen sie sich auf: Sie lässt sie Liegestütze und Bodenübungen machen. Wenn er auf dem Flur seines kleinen Reichs auf und ab geht und die Ohren spitzt, kann Felix sie hören:

»Haltet den Rhythmus! Eins-zwei, dann Schritt auf *zwei!* Los jetzt! Los jetzt! Hopp oder top! Tief aus eurem Innern! Zählen! Bewegt den Bauch! Ja!«

Am einen Tag wühlt 8Handz bis zu den Ellbogen in Kabeln, am nächsten in Mini-Kameras. Danach installiert er etliche winzige Mikrofone und Lautsprecher, von der kabellosen Sorte: Es wäre nicht angezeigt, Löcher in die Wände zu bohren.

Felix hat in der Ecke des Hauptraums eine zusammenfaltbare Leinwand aufgestellt, auf der sie sich das Video ansehen werden. Hinter der Leinwand stehen ein Schreibtisch mit einem Bildschirm und einer Tastatur und zwei Stühle, einer für 8Handz und einer für ihn selbst. Felix kann jetzt jeden Punkt seines Reiches überwachen.

»Das Künstlerzimmer«, sagt 8Handz und holt es auf den Bildschirm. »Das Musikzimmer. Die Demonstrationszelle, die alte. Und hier die andere. Hier habe ich sie alle beschriftet, sehen Sie? Es gibt eine Audio- und eine Videoanlage, und beide können aufzeichnen.«

»Genau, was ich brauche«, erklärt Felix. »Mein tapferer Luftgeist!«

»Sind Sie sicher, dass Sie für all das eine Erlaubnis haben?«, fragt 8Handz ein wenig ängstlich. Er möchte sich nicht der Gefahr von Sanktionen aussetzen: Das könnte eine frühzeitige Entlassung verzögern.

»Niemand wird Ihnen etwas vorwerfen«, verspricht Felix. »Das ist alles Teil des Stücks. Ich übernehme die volle Verantwortung. Ich habe es der Gefängnisleitung erklärt, sie wissen, was wir hier machen.« Das ist nur die halbe Wahrheit, aber sie muss genügen. »Falls es irgendwelche Fragen gibt, verweisen Sie einfach auf mich.«

»Cool«, meint 8Handz.

Anne-Marie und WonderBoy haben ihre Szenen geprobt, in beiden Fällen glaubwürdig. Sie ist jungfräulich und spontan, er guckt wie ein Welpe und ist vernarrt in sie. Auch abseits der Bühne guckt er wie ein Welpe und ist in sie vernarrt, doch Anne-Marie tut so, als fiele es ihr gar nicht auf. Sie hat sich auf die Rolle der Herbergsmutter verlegt, in der Absicht, in ihren Schauspielkollegen weniger Lust als brüderliche Zuneigung zu wecken. Aus diesem Grund hat sie angefangen zu backen: Sie kommt mit Blechen voll Karamellbrownies, Schokoladenkeksen oder Zimtbrötchen und reicht sie in der Kaffeepause herum.

Auch Dylan und Madison erhalten eine Kostprobe und reißen Witze, dass in den Köstlichkeiten Drogen versteckt seien, denn ist das nicht genau das, was Theaterleute mögen? Wilde, verrückte Orgien feiern? Anne-Marie lächelt nachsichtig wie über zwei altkluge Neunjährige.

Erstaunlich, denkt Felix, wie jemand so Schlankes und Mädchenhaftes so mütterlich wirken kann. Er hat sich viele Jahre zuvor nicht in ihr getäuscht: Sie ist eine gute Schauspielerin.

Außerdem hat sie die Verantwortung für die Göttinnen übernommen. Sie hat entschieden, dass Schneewittchen Iris sein wird, die Botin, Pocahontas wird Ceres, die Göttin der Fruchtbarkeit, und Jasmin wird Juno, die Schutzpatronin der Ehe. »Aber diesen Mist können sie nicht anbehalten«, sagte sie zu Felix, als er sie ihr gab, und begann sofort, sie zu entkleiden.

»Das sehe ich ein«, meinte Felix, »aber wo werden wir ...«

»Meine Strickgruppe kann ein Projekt daraus machen.«

»Ich sehe dich immer noch nicht in einer Strickgruppe.« Früher waren Strickgruppen etwas für missionarisch veranlagte Tanten und Matronen im ersten Weltkrieg, die für die Jungen im Schützengraben Socken strickten, und nichts für coole junge Schauspielerinnen.

»Es beruhigt die Nerven. Das Stricken. Du solltest es ausprobieren. Männer machen es auch.«

»Ich passe«, antwortete Felix. »Und du glaubst, deine Gruppe würde das übernehmen wollen? Puppen anziehen?«

»Sie sind ziemlich radikal«, sagte sie. »Sie werden es lieben. Regenbogenfarben für Iris; Obst und Tomaten und, du weißt schon, Weizenähren und so was für Ceres; ein Pfauenfedermuster für Juno.«

»Göttinnen in Wolle?«, fragte Felix. »Werden sie nicht fett aussehen?« Irgendwo lauerte hier der schlechte Geschmack, allerdings nicht in der von ihm bevorzugten Spielart.

»Du wirst dich wundern«, verkündete Anne-Marie. »Sie werden nicht fett aussehen. Versprochen.«

»Die Sache ist die«, erklärte er, »mein bester Text in dem ganzen Stück folgt unmittelbar auf den Auftritt dieser Göttinnen. ›Die Zauber sind vorbei ...‹« Er kann einfach nicht widerstehen und deklamiert:

»Da unsre Mimen,
Wie ich dir sagte, waren alle Geister und
Sind aufgelöst in Luft, in dünne Luft;
Und, wie dies körperlose Traumgewebe, so
Die wolkenhohen Türme, die Paläste,
Die stillen Tempel, selbst der Erdenball,
Ja, was an ihm nur teilhat, wird zerfließen,
Und, wie dies wesenlose Schauspiel schwand,
Vergehen ohne Spur. Wir sind vom Stoff,
Aus dem die Träume sind; und unser kleines Leben
Beginnt und schließt im Schlaf.«

»Verdammt, du kannst es immer noch«, sagte Anne-Marie beeindruckt. »Deshalb wollte ich immer mit dir arbeiten. Du bist der Maestro. Du hast mich fast zum Weinen gebracht.«

»Danke«, sagte Felix und verbeugte sich leicht. »Es ist ziemlich gut, nicht wahr?«

»Ziemlich? Verdammt«, antwortete Anne-Marie. Sie wischte sich ein Auge.

»Also gut, vergiss das ›ziemlich‹«, bemerkte Felix. »Aber meinst du nicht, diese in Wolle gewandeten Disney-Prinzessinnen würden irgendwie ...« Welches Wort war nur das richtige? »Würden das Ganze irgendwie unterminieren? Diese Textstelle? Besteht nicht das Risiko, dass sie einfach lächerlich wirken?«

»Ich habe online nachgeforscht, außerdem habe ich drei Produktionen gesehen, und dieses Göttinnen-Ding wirkt fast immer lächerlich, selbst wenn es sich um Menschen handelt«, meinte Anne-Marie. »Man hat Rückprojektion benutzt, aufblasbare Puppen, vor ein paar Jahren haben sie sie auf Stelzen spielen lassen. Unsere werden aber nicht wie Disney-Prinzessinnen aussehen, wenn wir mit ihnen fertig sind. Ich werde ihre

Gesichter bemalen. Leuchtfarbe im Dunkeln, dachte ich, und ein wenig Glitzer. Um ihnen ein maskenhaftes Aussehen zu geben. Und da sie in gewisser Weise ohnehin Ariels Marionetten sind, können wir auch diese japanische Bunraku-Technik oder Schwarzlicht benutzen – und sie von ein paar Jungs mit Skimasken und schwarzen Handschuhen bewegen lassen. Die hast du ja. Und die Stimmen mit einem Stimmverzerrer bearbeiten, ein bisschen wie eine unheimliche Geisternummer.«

»Einen Versuch ist es wert«, sagte Felix.

Mittwoch, der 27. Februar 2013

Noch zwei Wochen, bis die Planeten kollidieren und der Sturm entfesselt wird. Inzwischen haben sie die ursprüngliche Sturmszene mit dem sinkenden Boot und 8Handz in Badekappe und Brille aufgenommen: Sie war überraschend gut zu filmen gewesen. Felix wird seine erste eigene Szene mit Ariel in der kommenden Woche aufnehmen. 8Handz war so sehr mit der Technik beschäftigt, dass er mehr Zeit für seinen Text benötigt.

Heute filmen sie Caliban. Sie machen die Nahaufnahmen seiner Auftritte, die Fernaufnahmen kommen später dran. Dies ist der erste Tag mit Leggs in vollem Kostüm: der schuppenbewehrte Godzilla-Kopfputz, Zähne und Augen unsichtbar und die Ränder in die Mangel genommen, damit sie ihm in Fetzen ums Gesicht hängen; das Gesicht selbst ist mit schlammfarbenem Make-up beschmiert; seine Beine haben ein Eidechsenmuster, und die Arme sind mit aufklebbaren Spinnen- und Skorpiontattoos bedeckt. Sein Kostüm sieht nicht schlimmer aus als in einigen anderen Caliban-Vorstellungen, die Felix bisher gesehen hat, und besser als in manchen.

»Bereit?«, fragt Felix.

»Ja«, sagt Leggs. »Ähm, wir haben etwas hinzugefügt. Anne-Marie hat uns geholfen.«

Felix wendet sich an Anne-Marie. »Taugt es etwas? Wir können nicht herumtändeln, uns läuft die Zeit davon, wir müssen vorankommen.« Er hat sie ermutigt, ihre eigenen Texte zu schreiben, er hat also kein Recht, übel gelaunt zu sein.

»Dreieinhalb Minuten«, antwortet sie. »Ich habe es gemessen. Und ja, es ist super! Würde ich dich anlügen?«

»Darauf gebe ich keine Antwort«, sagt Felix.

»Take eins«, kündet TimEEz an. »Hexenbalg. Von Caliban und der Hexensaat. Zuerst kommt die Stelle mit dem Ansager, die können wir später aufnehmen. Hier kommt Caliban. Aus seinem Gefängnis im Stein, ein Sklave soll er sein, Aber nehmt euch in Acht, denn er drängt an die Macht! So ungefähr.«

Felix nickt: »Gut.«

»Vergiss nicht zu atmen«, erinnert Anne-Marie Leggs. »Aus dem Zwerchfell. Denk daran, was ich über Wut gesagt habe. Sie ist wie Treibstoff – finde sie, nutze sie! Das ist deine Chance loszubrüllen! Geh ab wie eine Rakete! Eins, zwei, los!«

Leggs brüllt auf, kauert sich zusammen, schüttelt die Faust. TimEEz, PPod, VaMoose und Red Coyote stehen an der Seite und klatschen den Takt, synkopieren leise Hu-hu, Hu-hu, während Leggs seinen Gesang, seine Tirade loslässt.

Mein Name ist Caliban, hab Schuppen und Klauen
Ich riech wie Fisch und nicht wie Mensch.
ER nennt mich Hexensaat
Aber das ist nur einer der Namen, den ER für mich hat
ER nennt mich Gülle, Dreck, Sklavenbrut
ER sperrt mich ein, ich soll gehorchen
Aber ich bin Hexensaat!

Meine Mama hieß Sycorax, sie nennen sie Witch
Eine blauäugige Hexe, eine richtige Bitch
Mein Papa war der Satan, so ihre Story
Daher bin ich doppelt böse, niemals sorry
Denn ich bin Hexensaat!

Sie setzten sie auf 'ne Insel, denn sie war dick
Da sollte sie krepieren, ist kein Witz
Ich werd geboren, sie wird tot
Und nun ist diese Insel MEIN
Diese Insel war mein Königreich! Ich war der King!
Der King von allem, König Hexensaat!

Dann kam ER, Prospero, mit seiner kleinen Bitch
Er denkt, er ist was Besonderes, er war mal rich
Zuerst lief's gut
Ich gab ihm Food
Doch dann sprang ich die Kleine an
Hätt ihr doch einen Gefallen getan!
Voller Hexensaat – yeah!

So schlug er mich grün und blau
Ich muss schuften, er denkt, er ist schlau
Liest in seinem Zauberbuch
Während ich fluch
Mein Körper ist nur noch Schmerz
Aber ich bin Hexensaat!

Ich zerreiß sein Buch
Brech seinen Zauberstab
Das wär ein Spaß
Schlag ihm den Schädel ein
Zahl's ihm heim
Mache diese Bitch zu meiner Braut
Da kann sie schreien so lang sie mag
Runter auf die Knie, sie wird's mögen
Da kann sie flennen so lange sie mag
Ich vögle sie den ganzen Tag
Denn ich bin Hexensaat!

Vergesst nicht:
Ich bin Hexensaat!

Er ist fertig. Er atmet schwer.

»Wow, du warst umwerfend!«, sagt Anne-Marie. Sie applaudiert, und das Hintergrund-Team applaudiert ebenfalls, dann fällt auch Felix in den Applaus ein.

»Ja, ich hab mich an den ganzen Text erinnert«, sagt Leggs bescheiden.

»Mehr als das! Das war der beste Lauf bisher!«, erklärt Anne-Marie. »Wir legen es auf den Bildschirm, damit du es dir ansehen kannst, dann brauchen wir noch einen letzten Aufnahmetag! Wir brauchen Kostüme für das Hintergrund-Team, dazu passend sollten sie diese Echsenhüte aufsetzen.« Zu Felix sagt sie: »Ich wette, so hast du es noch nie gesehen!«

»Stimmt«, antwortet Felix. »Das habe ich nicht.« Er fühlt sich ein wenig beiseitegeschoben: In seinen Augen hat Leggs es geschafft. Nein, nicht in seinen: in denen Anne-Maries. Und was das Stück angeht, natürlich. Er hat es für das Stück geschafft. »O schöne neue Welt, die solche Wesen trägt!«, zitiert er.

»'s ist neu für dich«, lacht sie. »Armer alter Felix! Verhunzen wir dein Stück?«

»Es ist nicht mein Stück«, antwortet Felix. »Es ist unser Stück.« Glaubt er das? Ja. Nein. Nicht wirklich.

Ja.

29. Annäherung

Samstag, der 2. März 2013

Als Felix am Samstag um die Mittagszeit erwacht, hat er einen schlimmen Kater, was seltsam ist, denn er hat nichts getrunken. Er leidet an geistiger Erschöpfung, seine Energiereserven sind aufgebraucht. Zu viel Nachdenken, zu viel Regiearbeit, zu viel Schauen. Zu viel Output, zu viel Gerede, zu viel außen. Er hat vierzehn Stunden geschlafen, aber das hat seine Reserven nicht annähernd wieder aufgefüllt.

In seinem schäbigen, mit den Jahren fadenscheinig gewordenen Nachthemd stolpert er in den vorderen Raum. Licht strömt durch das Fenster, doppelt hell, weil es von der Schneedecke draußen zurückgeworfen wird. Er blinzelt, zuckt zurück wie ein Vampir: Warum gibt es keine Vorhänge? Er hat sich nie um Vorhänge gekümmert, denn wer hätte schon hereinschauen wollen?

Abgesehen von Miranda, wenn sie draußen ist und durch das Glas späht, um sich zu versichern, dass es ihm gut geht. Wo ist sie? Der Vormittag ist nicht ihre Zeit, besonders nicht um zwölf, wenn die Sonne am höchsten steht. Die Helligkeit lässt sie verblassen; sie braucht das Zwielicht, um zu leuchten.

Idiot, sagt er sich. Wie lange willst du noch an diesem Tropf hängen? Gerade Illusion genug, um dich am Leben zu erhalten. Zieh den Stecker, warum auch nicht? Gib deine Flitteraufkleber, deine Scherenschnitte, deine Buntstifte auf. Stell dich dem gewöhnlichen, ungeschönten Schmutz des wirklichen Lebens.

Doch das wirkliche Leben ist glänzend koloriert, flüstert ein anderer Teil seines Gehirns. Es hat alle möglichen Schattierungen, einschließlich der, die wir nicht sehen können. Die ganze Natur ist ein Feuer: Alles formt sich, alles blüht, alles vergeht. Wir sind gemächlich ziehende Wolken ...

Er schüttelt sich, kratzt sich am Kopf. Zirkulation, Zirkulation, um die schrumpfende Walnuss in seinem Schädel wiederzubeleben. Ein Kaffee ist, was er jetzt braucht. Er kocht Wasser im elektrischen Kessel, lässt die gemahlenen Bohnen ziehen, filtert das Gebräu, dann stürzt er es hinunter wie ein Alki seinen Rum. Die Neuronen beginnen Funken zu sprühen.

In die Kleider, Jeans und ein Sweatshirt. Er macht sich einen Getreidebrei aus vermatschten Frühstücksflocken, den Resten aus drei Schachteln. Es ist Zeit, Lebensmittel einzukaufen, den Schrank aufzufüllen. Er kann nicht zulassen, dass einer dieser ausgetrockneten Einsiedler aus ihm wird, die erst Monate nach ihrem Tod gefunden werden, weil sie dank unwiderstehlicher Visionen zu essen vergaßen.

Gut so. Jetzt ist er wiederhergestellt. Jetzt ist er bereit.

Er schaltet den Computer ein, sucht nach Tony und Sal. Da sind sie, sie und ihre Soundbites, dreihundert Meilen entfernt. Sie haben einen Dritten ihrer Sorte im Schlepptau: Sebert Stanley, Minister für das Veteranenwesen, ein Jasager mit schwachem Rückgrat aus alten Tagen, dem die Wähler ihr Vertrauen schenken, weil sie seinen Onkel kannten und schon immer einen Stanley gewählt haben.

Sie werden in Windeseile hier sein, was für ein Vergnügen das für Felix sein wird! Werden sie ihn wiedererkennen? Anfangs nicht, denn er wird außer Sichtweite bleiben, während die Trolle ihre Arbeit verrichten. Wie werden sie reagieren, wenn sie glauben, ihr Leben hänge am seidenen Faden? Werden sie Qualen leiden? Ja, sie werden Qualen leiden. Doppelte Qualen. Zweifellos.

Auf dem Kalender sieht er sich die kommende Woche an:

seine eigenen Szenen, die er noch vor sich hat. Die Zeit reicht nur für ein Take mit der Videokamera, allerhöchstens zwei: Er wird gleich beim ersten Mal möglichst gut sein müssen. Er war sich seines Texts absolut sicher – gewiss ist er mittlerweile in seine Knochen eingraviert –, aber ist das klug? Was ist mit den Reimen, der Gestik, der Mimik? Der Kraft, der Präzision? Er sollte proben. *Es lagen zwei zischende Schlangen. Sieben spitze Spatzenschnäbel.*

Er öffnet den großen Schrank. Da ist sein Zaubermantel, die vielen Augen bündeln das Licht. Er nimmt ihn heraus, wischt Staub und ein paar klebrige Spinnweben davon ab. Zum ersten Mal seit zwölf Jahren schlüpft er hinein.

Es ist wie die Rückkehr in eine abgestreifte Haut; als trüge der Mantel ihn und nicht umgekehrt. Vor dem kleinen Spiegel wirft er sich in Positur. Die Schultern zurück, das Zwerchfell angehoben, den Bauch entspannt, mit Raum für die Lungen. *Mi-mi-mi, mo-mo-mo, mu-mu-mu. Trotzig. Träge. Trampelig. Boshafter Geist.* Spuck nicht.

Als Nächstes der Stab. Der Stock mit dem silbernen Fuchsknauf springt in seine Hand. Er hebt ihn hoch: Sein Handgelenk ist elektrisiert.

»Erschein, mein Ariel. Komm«, intoniert er.

Seine Stimme klingt falsch. Wo ist die authentische Stimmlage, der richtige Ton? Wie war er je auf den Gedanken gekommen, dass er diese unmögliche Rolle spielen könnte? Prospero vereint in sich so viele Widersprüche! Titeltragender Adliger, bescheidener Einsiedler. Weiser alter Zauberer, rachsüchtiger alter Einfaltspinsel. Reizbar und unvernünftig, nett und fürsorglich. Sadistisch, versöhnlich? Zu misstrauisch, zu vertrauensvoll? Wie jede leise Nuance in Bedeutung und Intention vermitteln? Es ist unmöglich.

Bei der Aufführung dieses Stücks wird schon seit Jahrhunderten gemogelt. Textstellen wurden gestrichen, Sätze verändert in dem Bestreben, Prospero auf ein schmales Feld zu beschränken. Man versuchte, ihn entweder zum einen oder zum anderen zu machen. Versuchte, ihn passend zu machen.

Jetzt gib nicht auf, sagt er sich. Es steht zu viel auf dem Spiel. Er wird diese Zeile wieder proben. Soll sie eher wie ein Befehl klingen oder wie eine Einladung? Wie weit entfernt, glaubt er, ist Ariel, wenn er das sagt? Oder es ruft? Ist es ein Zischen oder ein Schreien? Er hat sich so oft selbst in dieser Szene gesehen, dass er kaum weiß, wie er sie spielen soll. Er wird seiner eigenen überspitzten Vorstellung niemals gerecht werden können.

»Erschein, mein Ariel.« Er beugt sich vor, als würde er lauschen. »Komm!«

Unmittelbar an seinem Ohr vernimmt er Mirandas Stimme. Es ist kaum ein Flüstern, aber er hört es.

Zum Gruß, mein Meister! Herr, zum Gruß! Ich komm
Willfährig deinem Wolln, sei's fliegen, schwimmen,
In die Feuer tauchen, reiten auf
Den Wolkenschafen. Arbeit durch dein mächtig Wort
Gib Ariel und den Seinen.

Felix lässt seinen Stab fallen, als hätte er sich verbrannt. War das wirklich geschehen? Ja, das war es. Er hat es gehört!

Miranda hat einen Entschluss gefasst: Sie wird zu Ariels Zweitbesetzung – dagegen kann er doch sicher nichts einzuwenden haben.

Wie klug von ihr, wie perfekt! Sie hat die eine Rolle gefunden, die es ihr erlaubt, sich bei den Proben nahtlos einzufügen. Nur er wird sie hin und wieder sehen können. Nur er wird sie hören. Für jedes andere Auge wird sie unsichtbar sein.

»Braver Geist!«, ruft er. Er würde sie gern umarmen, doch das ist unmöglich. Prospero und Ariel berühren einander nie: Wie sollte man einen Geist auch berühren? In diesem Augenblick kann er sie nicht einmal sehen. Er wird sich mit ihrer Stimme zufriedengeben müssen.

IV

Grober Zauber

30. Von meiner Kunst vorführn

Montag, der 4. März 2013

Am Montagmorgen wacht Felix zeitig auf. Sein Traum der vergangenen Nacht hängt ihm noch nach: Wovon handelte er? Musik kam darin vor, und jemand, der sich zwischen den Bäumen von ihm entfernte. Er wollte etwas rufen, denjenigen bitten zu warten, aber kein Wort kam über seine Lippen, und er konnte sich nicht rühren.

TRÄUME, hätte er auf sein Whiteboard schreiben sollen. Das ist sicher einer der Schlüsselbegriffe. *Die Lebensgeister, wie im Traum, sind mir gebannt.* Wie viele Menschen in dem Stück schlafen plötzlich ein oder sprechen vom Träumen? *Wir sind vom Stoff, aus dem die Träume sind.* Doch woraus bestehen Träume? *Unser kleines Leben, Beginnt und schließt ein Schlaf.* Beginnt und schließt. Ein perfekter Kreis, genau wie *selbst der große Erdenball.* Wusste Shakespeare immer, was er tat, oder schlafwandelte er meist? Blieb er im Fluss? Schrieb er in Trance? Spielte er einen Zauber aus, dem er selbst unterlag? Ist Ariel eine Musengestalt? Felix kann sich einen ganz anderen *Sturm* vorstellen, einen, in dem ...

Sei still, sagt er sich. Füg der Gemengelage nicht noch mehr hinzu. Die Jungs haben auch so schon alle Hände voll zu tun.

Er trinkt seinen ersten Kaffee und schaut aus dem Fenster. Draußen ist es bewölkt und bitterkalt: Sein Atem hat die Scheibe mit Eisblumen gemustert. Offenbar zieht gerade eine Wetterfront über sie hinweg. Während der Nacht graupelte es; möglicherweise sind ein paar Stromleitungen umgestürzt. Außerdem wird es wieder Glatteis geben, trügerisch, weil unsichtbar. Doch die Räumfahrzeuge müssen bereits vorbeigekommen sein, er sollte also keine Probleme haben, solange er langsam fährt.

Heute wird er seine erste Szene aus dem ersten Akt mit Ariel aufnehmen, in vollem Kostüm. Er stopft den Tiermantel in eine grüne Mülltüte und legt den Fuchsknauf-Stock dazu. Dann schlüpft er in seine warmen Sachen: ein wattierter Mantel und gefütterte Stiefel, schwere Handschuhe, eine rot-weiße Synthetik-Strickmütze mit Bommel für zwei Dollar aus dem Value Village in Makeshiweg, wie Anne-Marie erklärt hatte, als sie sie ihm schenkte; sie wolle vermeiden, dass er sich am Kopf verkühle. »Wir brauchen das Zeug in deinem Schädel«, hatte sie gebrummt. Sie behauptet, Sentimentalität zu verabscheuen.

»Hast du mit WonderBoy Frieden geschlossen?«, erkundigte er sich sachlich. »Lässt er dich inzwischen in Frieden?«

»Er möchte mein Brieffreund werden«, sagte sie. »Mir schreiben, wenn wir das Stück hinter uns haben.«

»Das ist eine furchtbare Idee«, urteilte er allzu entschieden. »Dann kennt er deine Adresse, und wenn er rauskommt, wird er versuchen – ich gehe davon aus, dass du nein gesagt hast.«

»Lass mich zuerst das Stück hinter mich bringen«, sagte sie.

»Du führst ihn an der Nase herum«, meinte Felix. »Ist das fair?«

»Wir haben die große Liebesszene noch nicht auf Video«, entgegnete sie. »Du bist der Regisseur. Willst du eine *Wow*-Szene oder eine *Buh*-Szene? Denn wenn ich definitiv nein sage, wird *Buh* daraus.«

»Du bist skrupellos! Das ist unmoralisch!«, stellte er fest.

»Hör auf zu predigen, ich bin beim Besten in die Lehre gegangen. Alles für das Stück, richtig? So hast du es vor zwölf Jahren formuliert. Wie ich mich erinnere.«

Das war damals, dachte Felix. Würde ich das heute immer noch sagen? »Ich werde mit ihm sprechen«, sagte er. »Die Sache klären.«

»Du bist nicht mein wirklicher Vater«, meinte sie. »Ich komme selbst zurecht. Das Problem wird sich lösen. Vertrau mir.«

Für die Aufnahme hat sie ihr Haar aus seinem Knoten gelöst, es wie vom Wind zerzaust und ein paar Papierblumen hineingesteckt. Das Kleid hat sie selbst geschneidert: weiß, mit offenen Säumen und einer aus Schnur gestrickten Schärpe. Ein Ärmel entblößt die Schulter. Natürlich war sie barfuß. Ein wenig künstliche Bräune, ein wenig Rouge, nicht zu viel. Alles in allem ein frischer Gesamteindruck.

Die Szene hatte alles, was Felix sich nur wünschen konnte: von ihrer Seite großäugige Unschuld und hingerissenes Entzücken. Und WonderBoy war untadelig: respektvoll und doch voller Flehen, die Verkörperung schmachtender Sehnsucht. Als er sagte: »Du Wunder, du!« und die Hand ausstreckte, als ob er sie berühren wollte und seine Hand dann in der Bewegung verharrte, als wäre sie gegen eine Glasscheibe gestoßen, hätte er Stahl zum Schmelzen bringen können. Er war mehr als überzeugend.

Ich hoffe, sie macht ihn nicht kaputt, dachte Felix. Aber er ist ein Hochstapler, vergiss das nicht. Ein Hochstapler, der einen Schauspieler spielt. Ein doppelter Irrealis.

Er wirft einen letzten prüfenden Blick in den Spiegel. Im Lauf der letzten Wochen hat er abgenommen, ist ein wenig hager geworden. Seinen bohrenden Blick, ähnlich wie der eines im Käfig hockenden Habichts, kann er in diesen Szenen für sich arbeiten lassen: ein starres Funkeln. Auf die Beute konzentriert, aber auch erregt, verwirrt. Er dreht den Kopf zur Seite, beäugt sein Profil. Soll er eine Spur Scheußlichkeit hinzufügen, einen Hauch Dracula? Nein, besser nicht.

Er schlingt sich den Schal um den Hals und geht hinter seiner weißen Atemwolke her zum Auto. Wundersamerweise springt der Wagen an. Das ist ein gutes Omen. Momentan weiß er gute Omen zu schätzen.

Miranda hat ihre Entscheidung nicht vergessen: Sie ist entschlossen, in dem Stück mitzuspielen. Sie begleitet ihn zum Auto – er spürt sie dort, hinter seiner linken Schulter –, will aber zunächst nicht einsteigen. Hat sie Angst? Erinnert sie sich an ihre letzte Autofahrt ins Krankenhaus mit drei Jahren, mit hohem Fieber, in Decken gepackt? Er hofft, nicht.

Zu spät, zu spät. Warum waren ihm ihre geröteten Wangen, der rasche Atem, ihre Benommenheit nicht früher aufgefallen? Weil er nicht da war, sondern von diesem oder jenem mysteriösen Vorhaben in Anspruch genommen. *Cymbeline* – war das das Projekt gewesen, das für seine Abwesenheit verantwortlich war? Das ihm teurer gewesen war als sein Liebling? Sein Fehler, sein allertraurigster Fehler.

Er erklärt ihr das Auto, langsam und genau. Es ist eine fliegende Zaubermaschine, führt er aus, so etwas wie ein Schiff, nur dass es auf Rädern auf der Erde fährt. Er zeigt ihr die Räder. Der Rauch, der aus dem Auto entweicht, bedeutet nicht, dass es brennt, der stammt vom Motor. Der Motor bewegt es vorwärts. Er wird das Auto steuern, deshalb gibt es nichts zu befürchten. Sie kann hinten sitzen, unmittelbar hinter ihm. Falls sie in dem Stück mitspielen will, müssen sie so dorthin fahren. Beinahe, als flögen sie durch die Luft.

Glücklicherweise ist niemand in der Nähe, der seine Selbstgespräche belauscht oder sieht, wie er für eine Person, die gar nicht da ist, die hintere Wagentür öffnet.

Als sie schließlich losfahren, scheint sie die Fahrt zu genießen. Bäume, Farmhäuser und Scheunen sausen vorbei; sie ist neugierig auf alles. Menschen leben in diesen Häusern? Ja, Menschen. So viele Menschen! So viele Bäume! »Gefällt dir das, mein Vögelchen?«, fragt er sie. Ja, das gefällt ihr. Aber wo ist das Stück?

»Wir kommen ihm näher«, sagt Felix.

Sie passieren die Tankstelle, dann das Einkaufszentrum in der Nähe der Justizvollzugsanstalt Fletcher: so bunt mit den Weihnachtsdekorationen, die immer noch da hängen! So viele andere fliegende Maschinen! Dann fahren sie den Hügel hinauf und passieren die Tore. Er erklärt ihr, dass Zäune dazu da sind, die Menschen im Innern festzuhalten, aber auch, um andere Menschen fern zu halten. Es gibt Wachen, erklärt er ihr. Sie fragt nicht, warum, möchte aber gern wissen, ob die Wachen ihr Eintreten verhindern werden. »Sie werden dich nicht sehen«, sagt er zu ihr, »unsichtbar wie du bist«, und sie hält das für einen großen Scherz.

Bei der Sicherheitskontrolle geht sie mit ihm durch den Scanner und verursacht nicht einmal ein Piepsen. *Mein fixer Geist,* strahlt er stumm. Sie lacht lautlos. Es ist so eine Freude für ihn, dass sie so glücklich ist!

»Wie geht's, Mr Duke?«, erkundigt sich Dylan.

»Wir bessern die letzten Schwachstellen aus«, antwortet Felix. »Ich komme übrigens morgen, obwohl kein Programmtag ist. Ich bringe ein paar Ausrüstungsgegenstände vorbei. Können Sie die in ein Schließfach stellen, bis wir sie brauchen?«

»Na klar, Mr Duke«, versichert Madison. Felix muss von allen Dingen, die er mitbringt, die Nutzung erklären, oder besser, wofür sie offiziell benutzt werden sollen: Andere, geheime Zwecke behält er für sich. So hatte es zum Beispiel Fragen gegeben wegen all der schwarzen Kleidungsstücke: den Sweatshirts, Hosen, Skibrillen und Handschuhen. Für ein Marionettentheater, hatte er geantwortet. Eine japanische Methode. Mit Schwarzlicht. Er hat ihnen dargelegt, wie es funktioniert. Wie Bunraku.

»Kein Witz«, meinte Madison staunend. Sie finden, dass Felix eine Menge toller Geschichten über das Theater kennt.

Jetzt fragt Dylan: »Was ist in dieser Tasche? Haben Sie sich als Fallensteller versucht, Mr Duke?«

»Das ist nur mein Kostüm«, erklärt Felix. »Mein Zaubermantel. Mein Zauberstab.«

»Wie in *Harry Potter*«, findet Dylan. »Cool.«

Er dachte, sie würden vielleicht Einwände gegen den Stab vorbringen, aber das tun sie nicht. Felix' Glück hält immer noch.

Im Hauptraum sind schon alle versammelt und warten auf Anweisungen. Anne-Marie hat in der großen lila Gobelintasche, in der sie ihr Strickzeug verwahrt, die drei Göttinnen in ihrem neuen wollenen Aufputz mitgebracht. »Sind die so in Ordnung?«, will sie von Felix wissen.

»Wie lautet das Urteil?«, fragt Felix die versammelte Truppe. Er hält Iris hoch, die ein regenbogenfarbenes Gewand aus langen, perlenbesetzten Wollzöpfen trägt. Ihr Gesicht ist orangefarben bemalt, und sie trägt einen Kopfputz aus Wattewolken.

»Pest, da haben wir die Regenbogen-Nation«, meint Leggs, und alle lachen.

»Ich schätze, das ist ein ›Gefällt mir‹«, sagt Felix. Als Nächstes kommt Ceres, in einem Kleid aus Weinblättern, mit einem knubbeligen Kopfputz aus etwas, das wohl – vermutet er – wollene Äpfel und Birnen darstellen soll. Ihr Gesicht ist grün, und sie hat einen Bienenaufkleber auf der Stirn.

»Ich hab mal so eine Stripperin gesehen.« Wieder Leggs. Mehr Gelächter, leises »Ausziehen!«

»Das hier ist Juno, die Göttin der Ehe«, stellt Felix vor. Juno trägt eine gestrickte Krankenschwesternuniform und hält ein Minifläschchen mit Blut in der Hand. Ihr wurde eine gerunzelte Stirn aufgemalt, und ihr Mund ist mit winzigen Fangzähnen versehen. Sie trägt eine Schädelkette.

Der Truppe gefällt Juno nicht besonders. »Beulenpest, die sieht aus wie meine Frau«, meint Shiv. Zustimmendes Gemurmel.

»Hurensohnmäßig hässlich«, befindet Leggs.

»Zurück ans Zeichenbrett«, ergänzt SnakeEye.

»Das kannst du dir an den Hut stecken, Blödmann«, sagt Anne-Marie, »oder du kannst dir deine Scheißgöttinnen selber machen, und keine Kekse mehr.«

Gekicher. »Fluchen! Fluchen! Punktabzug!«, ruft Leggs.

»Ich sammle keine Punkte, das kannst du dir auch an den Hut stecken«, antwortet Anne-Marie. Alle lachen.

»Was für eine Sorte Pestkekse?«, fragt PPod. »Ist es okay, sich *die* auch an den Hut zu stecken?«

»Gut jetzt, Ruhe!«, befiehlt Felix. »Marionettenspieler, ab in den Probenraum, um zu üben. Caliban und die Hexensaat, wir nehmen heute noch einmal Ihre Nummer auf, um zu sehen, ob wir einen besseren Winkel hinkriegen. Zuerst Akt I, Szene 2, meine Szene mit Ariel. Die nehmen wir jetzt sofort auf.«

8Handz trägt sein Ariel-Kostüm. Sein Gesicht ist bereits blau. Er zwängt sich in den Regenmantel, rückt seine schuppenverzierte Badekappe zurecht, setzt die Skibrille auf und schlüpft in die blauen Gummihandschuhe. Sie gehen die Szene einmal durch, angefangen bei »Zum Gruß, mein Meister«. 8Handz ist textsicher, aber nervös.

»Können wir das noch mal machen?«, fragt er. »Ich habe die ganze Zeit so ein komisches Feedback gehört. Als würde jemand mit mir den Text sprechen. Das kam mir irgendwie in die Quere. Vielleicht liegt es am Aufnahmemikro.«

Felix' Herz macht einen Sprung: seine Miranda, die souffliert. »Eine männliche oder eine weibliche Stimme?«

»Einfach eine Stimme. Wahrscheinlich nur meine eigene. Ich überprüfe das Mikro.«

»Das könnte sein. Manche Schauspieler hören ihre eigene Stimme«, meint Felix. »Wenn sie nervös sind. Entspannen Sie sich, tief atmen. Wir machen einen zweiten Take.«

Zu Miranda sagt er *sotto voce*: »Nicht so laut. Und nur, wenn er ins Stocken kommt.«

»Was?«, fragt 8Handz. »Sie wollen, dass ich leiser spreche?«

»Nein, nein. Tut mir leid«, sagt Felix. »Ich führe Selbstgespräche.«

31. Schicksals Güte, meine Fee

Donnerstag, der 7. März 2013

Die Uhr tickt unerbittlich. Die Planeten kommen sich näher.

Mit einer Kinderschere werden Palmen und Kakteen aus Papier ausgeschnitten. Das Plastik-Ruderboot und das Segelboot werden beschmiert, unter Wasser getaucht, auf einem Duschvorhang-Meer gesegelt. Songs werden vorgetragen, verworfen, umgeschrieben, erneut vorgetragen. Beleidigungen über die Singstimmen fliegen hin und her.

Sprechchöre werden intoniert, und es wird mit den Füßen gestampft. Die Tänzer erleiden kleinere Blessuren, die auf den Einsatz lange untätiger Muskeln zurückzuführen sind. Persönliche Krisen werden überwunden, es gibt Neid und Missgunst, und verletzte Gefühle werden beschwichtigt. Felix rügte sich selbst wegen des Wahnsinns, ein derart hoffnungsloses Unterfangen angepackt zu haben, dann gratulierte er sich wieder zu seinem Urteilsvermögen. Seine Stimmung ist mal zu Tode betrübt, dann wieder himmelhoch jauchzend, dann wieder zu Tode betrübt.

Das ganz normale Leben.

Beinahe das gesamte Stück ist jetzt auf Video gebannt. Es fehlen nur noch wenige Szenen und Effekte, dann geht es an den Endschliff: die letzten Nachaufnahmen und einige Tonaufnahmen, die überspielt werden müssen, da die Qualität nicht gut genug ist. Die drei Göttinnen wirken auf Video spektakulär, und die schwarz gekleideten Marionettenspieler fügen noch eine ganz eigene Dimension hinzu: Es ist klar, dass die Göttinnen nur Erscheinungen sind, die ein Skript umsetzen. PPod hat für sie eine Hintergrundmusik komponiert, unheimliche Pfeifgeräusche mit Glöckchen und Flöten. Für den Moment, in dem sie in einem heillosen Durcheinander verschwinden, hat 8Handz sich einen Vervielfachungseffekt ausgedacht: Das Bild wird gedoppelt und noch einmal gedoppelt und gleichzeitig verlangsamt, sodass es aussieht, als lösten sich die Göttinnen in Luft auf. Alles in allem ein schöner Effekt, und Felix gratuliert 8Handz.

Noch weniger als eine Woche bis zur Stunde null. Wäre dies eine normale Aufführung, würde er sich allmählich entspannen – sie haben noch genügend Zeit für die Feinarbeiten –, doch wie die Dinge stehen, gibt es noch mehr zu tun.

Felix ist noch einmal mit dem Zug nach Toronto gefahren. Er musste noch die Kostüme für Stephano, den betrunkenen Mundschenk, und für Trinculo, den Spaßmacher, besorgen: ein abgewetztes Smokingjackett für Ersteren und lange rote Unterhosen und eine Melone für den Zweiten, weiße Gesichtsschminke für beide. Die langen roten Unterhosen für Trinculo hat er in der Herrenunterwäscheabteilung von Winners gefunden, und das Smokingjackett für Stephano bei Oxfam. Außerdem musste er weiteren Godzilla-Kopfputz für die Hexenbälger erstehen.

Nach diesen Einkäufen traf er sich in einer verschwiegenen Ecke der Union Station mit einem sanften, bebrillten Vierzigjährigen von schätzungsweise koreanischer Herkunft. Das war riskant – was, wenn dieser Mann verfolgt wurde? –, doch im Heer der Pendler waren sie gewiss unverdächtig. Der Kontakt war dank 8Handz zustande gekommen: Jede Seite könne der anderen vertrauen wie einem Bruder, versicherte er dem Kontakt mittels einer aufgezeichneten Nachricht, die Felix auf einem Memorystick aus dem Gefängnis schmuggelte.

Geld wechselte den Besitzer, und Felix erhielt ein Päckchen mit Gelkapseln, ein Tütchen voll Puder, eine Injektionsnadel und sehr präzise Anweisungen.

»Übertreiben Sie es nicht«, sagte der Kontakt. »Sie wollen niemanden umbringen oder ihn für alle Zeiten in den Wahnsinn treiben. Diese Gelkapseln sind die Sandmännchen. Brechen Sie sie auf, und schütten Sie den Inhalt in einen Becher, in Ginger-Ale lösen sie sich sehr schnell auf. Sie wirken schnell, auch wenn nur die Hälfte getrunken wird. Die Wirkung hält nicht lange an, Sie haben ungefähr zehn Minuten. Reicht das?«

»Wir werden sehen«, antwortete Felix.

»Das andere ist magischer Feenstaub. Ein Viertel Teelöffel auf einen Teelöffel Wasser. Tragen Sie nicht zu dick auf.«

»Ich werde vorsichtig sein«, versprach Felix. »Was genau ist das Ergebnis?«

»Wie Sie sagen, Sie werden sehen. Aber es wird ein ganz hübscher Trip werden«, meinte der Kontakt.

»Aber unschädlich?«, fragte Felix. »Auf lange Sicht?« Er war nervös: Was würde passieren, wenn er mit diesem Zeug erwischt wurde, und um was genau handelte es sich überhaupt? War er verantwortungslos? Ja, aber die ganze Operation war verantwortungslos.

»Falls etwas passiert, dann hat diese Begegnung nie stattgefunden«, sagte der Kontakt mit sanfter, aber überzeugender Stimme.

Heute arbeitet Felix von zu Hause aus. Er isst sein gekochtes Ei zum Frühstück, dann schaltet er den Computer ein. Er verfolgt das majestätische Vorrücken Tonys und Sals, die bei Festessen in gleichförmigen Kleinstädten ein zähes Hühnchen nach dem anderen verspeisen, Versprechungen abgeben, Spenden einstecken und Unruhestifter und Abtrünnige für die spätere Verbannung vormerken. An seiner Wand hängt eine Karte mit roten Stecknadeln, die den Vormarsch der beiden markiert. Er beobachtet mit Freude, wie seine Feinde stetig näher rücken, als würden sie in einen von ihm verursachten Strudel gesogen.

Noch vor der täglichen Googlerecherche liest er jedoch seine E-Mails. Er führt immer noch die zwei E-Mail-Adressen, die eine unter Felix Phillips für die Steuer und dergleichen, die andere unter F. Duke. Die zweite ist auch die Adresse, die er für Notfälle im Büro der Justizvollzugsanstalt Fletcher hinterlassen hat – nicht dass es bisher welche gegeben hätte –, außerdem hat er sie Estelle gegeben, obwohl sie seinen richtigen Namen kennt.

Sie hält ihn auf dem Laufenden. Sie sei ein echter Star, sagt er ihr: seine Glücksdame. Sie liebt solche Komplimente: Sie liebt das Gefühl, dass sowohl er als auch das Programm sie wirklich brauchen. Es verschafft ihr einen mächtigen Kick, ein ungesehener, aber entscheidender Teil des Theaterprozesses zu sein.

Heute hat sie ihm eine Nachricht geschickt: *Muss Sie bei nächster Gelegenheit treffen. Es hat sich plötzlich etwas ergeben. Mittagessen?*

Es wäre mir ein Vergnügen, mailt er zurück.

Sie treffen sich an ihrem gewohnten Ort, dem Zenith in Wilmot. Estelle hat sich sogar noch mehr für ihn herausgeputzt als sonst; wieso geht er eigentlich davon aus, es sei seinetwegen? Vielleicht putzt sie sich jeden Tag so heraus. Ihr Haar ist frisch erblondet, auch ihre Nägel sind neu lackiert, und sie trägt kugelförmige Ohrringe, die aussehen wie Discokugeln en miniature, in Schockpink und mit Glitzersteinen besetzt. Auch ihr Kostüm ist pinkfarben, und sie trägt einen Hermès-Schal mit einem Muster aus Rennpferden und Spielkarten, der von einer goldenen Nadel mit einem Füllhorndesign gehalten wird. Vielleicht hat sie ein wenig zu viel Wimperntusche aufgetragen. Felix hält den Stuhl für sie, als sie sich setzt.

»Nun denn«, sagt er, »einen Martini?« Sie haben sich angewöhnt, ihre Treffen mit einem Martini zu eröffnen. Sie genießt den Glamour-Faktor.

»Ah, Sie sollten mich nicht in Versuchung führen«, sagt sie schalkhaft, »Sie Halunke!«

»Ich liebe es, Sie in Versuchung zu führen«, riskiert Felix. Da hat sie ihren Halunken, und er setzt auch gleich noch einen drauf. »Und Sie lieben es, in Versuchung geführt zu werden. Was gibt es für Neuigkeiten?«

Sie beugt sich verschwörerisch vor. Ihr Parfüm duftet schwer nach Blumen und Früchten. Sie legt ihm die rechte Hand aufs Handgelenk. »Ich möchte nicht, dass Sie sich aufregen«, sagt sie.

»Oh. Ist es schlimm?«

»Von meinen Quellen habe ich erfahren, dass der Minister für Kultur- und Denkmalpflege, Price, und Justizminister O'Nally bei dem Programm zur Lese- und Schreibförderung in der Haftanstalt Fletcher den Stecker ziehen wollen«, verkündet sie. »Es ist bereits beschlossene Sache. Bei der offiziellen Bekanntgabe werden sie das Programm als Luxus bezeichnen, als einen Angriff auf die Brieftasche des Steuerzahlers, ein Kuschen vor den liberalen Eliten. Sie werden behaupten, es belohne kriminelles Verhalten.«

»Ich verstehe«, bemerkt Felix. »Das ist grausam von ihnen. Kommen sie trotzdem noch ins Fletcher? Zur diesjährigen Aufführung? Wie bereits zugesagt?«

»Absolut«, sagt Estelle. »Sie werden sagen, sie hätten sich die Sache vor Ort angesehen, ihr jede Chance eingeräumt, aber unter dem Strich sei sie den Einsatz nicht wert – ihr Besuch wird zudem innerhalb des Justizsystems einen guten Eindruck machen. Er wird zeigen, dass sie auf die Strafvollzugsbeamten hören, und außerdem wollen sie die Gelegenheit für Pressefotos nutzen.«

»Ausgezeichnet«, findet Felix. »Solange sie nur kommen.«

»Sie sind nicht enttäuscht? Wegen der Streichung?«

Tatsächlich versetzt die Nachricht Felix in Hochstimmung. Das ist genau die Munition, die er braucht, um die Truppen wachzurütteln. Man warte nur, bis die Trolle erfahren, dass ihre

Theatertruppe demnächst abgeschafft werden soll! Das wird sehr motivierend sein.

»Ich persönlich bin wütend genug, um Gift und Galle zu spucken«, gesteht Estelle. »Nach all unserer Arbeit!«

»Vielleicht gibt es eine Möglichkeit, die Sache zu retten«, meint er vorsichtig. »Glaube ich. Aber dazu werde ich Ihre Hilfe brauchen.«

»Sie wissen ja, Sie können mit jeder Bitte an mich herantreten«, sagt sie. »Wenn ich helfen kann, tue ich es.«

»Wer genau wird ihrem Tross angehören?«, fragt er. »Abgesehen von den Ministern. Wissen Sie das?«

»Ich hatte gehofft, dass Sie das fragen würden.« Sie greift in ihre Handtasche, ein zierliches Modell aus Silberlamé. »Zufällig habe ich die Liste gerade hier. Eigentlich ist das geheim, aber ich habe ein paar Gefallen eingefordert. Schweigekegel!« Sie zwinkert so schelmisch sie in Anbetracht ihrer dicken Wimpern kann.

Felix wird sie nicht fragen, was für Gefallen das waren: Solange sie ihm weiterhin wohlgesonnen ist, ist alles gut. Begierig überfliegt er die Seite. Sal O'Nally, abgehakt. Tony Price, abgehakt. Und wer hätte es gedacht, da ist auch der alte Lonnie Gordon, immer noch Vorsitzender des Makeshiweg-Festivals, aber offenbar auch Inhaber einer Beratungsfirma und auf dem Weg nach oben in der örtlichen Parteispendenorganisation. »Wie ich sehe, hat sich Sebert Stanley dazugesellt«, stellt er fest. »Warum würde der sich diese Mühe machen?«

»Das Gerücht – tatsächlich mehr als ein Gerücht – besagt, dass er für den Parteivorsitz kandidieren will. Auf dem kommenden Parteitag im Juni. Er hat einen verlässlichen Stammbaum und eine Menge Geld.«

»Sal kandidiert ebenfalls«, bemerkt Felix. »Er war schon immer ehrgeizig. Ich kenne ihn noch von der Schule, er war auch damals schon ein Arschloch. Gibt es deswegen Rivalitäten zwischen den beiden?«

»So könnte man es nennen«, sagt Estelle. »Obwohl, unter

Insidern wird Sebert als ›lahme Ente‹ bezeichnet. Die Strippenzieher glauben nicht, dass er, verzeihen Sie, die Eier dazu hat.« Sie kichert über ihre eigene Unartigkeit. »Andererseits hat sich Sal O'Nally eine Menge Feinde gemacht. Er hat den Ruf, dass er die Leute vor den Bus stößt, wenn er sie nicht mehr braucht.«

»Das ist mir auch schon aufgefallen«, sagt Felix.

»Aber viele unter denen, die er vernichtet hat, haben Freunde in der Partei. Die nehmen diese Art von Benehmen übel. Also, Hindernisse auf beiden Seiten. Ich würde sagen, die beiden liefern sich ein Kopf-an-Kopf-Rennen.«

»Und der falsche Fuffziger Tony?«, erkundigt sich Felix. »Tony der Manipulator. Wen unterstützt er?« Denn natürlich wird Tony nach seiner großen Chance Ausschau halten. Er wird sein Gewicht dort in die Waagschale werfen, wo es den einen Bewerber versenkt und den anderen an die Macht trägt, dann wird er vom Sieger die Belohnung einfordern.

»Das ist noch nicht entschieden«, meint Estelle. »Er hat beiden gründlich die Stiefel geleckt. Sagen meine Quellen.«

»Er hat eine nasse Zunge«, bemerkt Felix. Er fährt mit dem Finger die Seite entlang. »Wer ist Frederick O'Nally? Ein Verwandter des Ministers?«

»Sals Sohn«, antwortet Estelle. »Das schwarze Schaf. Er hat an der National Theatre School seinen Abschluss gemacht und ist derzeit als Praktikant beim Makeshiweg. Sal hat Lonnie angewiesen, seine Beziehungen spielen zu lassen, um ihn dort unterzubringen, und Lonnie fällt es schwer, nein zu sagen. Der Junge möchte ein Leben am Theater, was viele meiner Quellen im Kultusministerium ziemlich lustig finden angesichts der Tatsache, dass sein Vater gegenüber der Kultur so negativ eingestellt ist. Das gefällt Sal ganz und gar nicht.«

»Glaubt er, er kann spielen?«, erkundigt sich Felix. »Dieser Junge?« Unerhört! Ein rotznäsiger, verwöhnter Bengel, der glaubt, er könne sich in Daddys Kielwasser einen Platz am Theater erschleichen. Sich etwas wünschen, dann würde die Gute

Fee einen echten Schauspieler aus ihm machen. Höchstwahrscheinlich hat er das Talent einer Runkelrübe.

»Regie führen«, sagt Estelle. »Das will er. Er hat sich mächtig ins Zeug gelegt, um bei diesem Besuch dabei zu sein. Übrigens hat er Ihre früheren Videos gesehen – ich weiß, dass sie eigentlich nicht allgemein zugänglich gemacht werden sollen, aber ich habe sie ihm klammheimlich gezeigt –, und er findet Sie, ich zitiere, absolut genial. Er meint, das Programm hier sei radikal und innovativ, Avantgarde, ein überragendes Beispiel von Theater fürs Volk.«

Der Junge steigt in Felix' Ansehen. »Er weiß aber nicht, dass ich ich bin?«, erkundigte er sich. »Er weiß nicht, dass ich, Sie wissen schon – Felix Phillips bin?« Er möchte sagen, *der* Felix Phillips, aber vielleicht wird er nicht mehr als ein *der* angesehen.

Estelle lächelt. »Meine Lippen waren versiegelt«, sagt sie. »All diese Jahre. Ich habe Ihr Geheimnis gewahrt und sogar noch ein wenig zusätzliche Camouflage hinzugefügt. Was diese Leute betrifft – unsere berühmten Gäste –, sind Sie lediglich der erfolglose, gebrochene alte Lehrer, Mr Duke. Ich habe diese Geschichte verbreitet, und sie haben sie geschluckt, denn wer sonst würde an einem so hoffnungslosen Ort wie dem Fletcher Theater machen, wenn nicht ein erfolgloser, gebrochener alter Lehrer? Trinken Sie noch einen Martini mit mir?«

»Absolut! Lassen Sie uns die frittierten Calamari bestellen«, meint Felix. »Zur Feier des Tages!« Wie viele Martinis sind das? Felix fühlt sich hervorragend: Die Anwesenheit von Sals Sohn wird die Sache auf sehr befriedigende Weise abrunden, das ist zumindest seine inbrünstige Hoffnung. »Du bist die Beste«, teilt er Estelle mit. Irgendwie ist es passiert, dass sie jetzt Händchen halten. Ist er betrunken? »Die beste Glücksdame, die ich mir wünschen könnte.«

»Ich halte zu dir«, erklärt sie. »Du bist der Mann, mit dem für mich alles angefangen hat, um es mal so auszudrücken. Das war eine so gute Inszenierung von *Schwere Jungs – Leichte Mäd-*

chen in Makeshiweg vor, oh, vor fünfzehn Jahren, erinnerst du dich?«

»Das war vor meiner Zeit«, sagt Felix, »aber ich habe mal darin mitgespielt, als ich noch jung war.«

»Du bist immer noch jung«, haucht sie. »Jung im Herzen.«

»Aber du bist jünger«, stellt er fest. »Jünger als der Frühling.« Ja, er ist betrunken. »Die Glücksdame kann nett sein«, singt er. Sie stoßen miteinander an. »Eine sehr nette Dame«, erklärt er, »solange du auf meiner Seite bist.«

Sie nimmt ein Schlückchen von ihrem Martini. Etwas mehr als ein Schlückchen. »Ich weiß nicht, was du im Schilde führst, aber du hast diesen diabolischen Blick. Wenn es darum geht, die Schauspieltruppe zu retten, dann unterstütze ich dich, komme, was wolle.«

32. Felix spricht zu den Trollen

Heute ist *der* Tag. Er steht vor dem Abgrund. Bald schon wird das Donnerwetter losbrechen; doch zuerst noch die Rede vor der Schlacht.

In der Garderobe rückt er seinen Zaubermantel aus ausgestopften Tieren zurecht. Die Wirkung ist nicht ganz so, wie er es sich einmal vorgestellt hat, aber ein Hauch Goldspray hat ihn zu neuem Leben erweckt. Er nimmt seinen Stock mit dem Fuchsknauf erst in die linke, dann in die rechte Hand. Er betrachtet sich im Spiegel: gar nicht so übel. Gebieterisch wäre ein Adjektiv, das einem in den Sinn kommt, einen wohlmeinenden Betrachter vorausgesetzt. Er streicht seinen Bart glatt, zerwühlt sich das Haar, zupft an seinem Gewand, prüft seine Zähne: Sie kleben sicher an Ort und Stelle. »Zwei zischende Schlangen«, sagt er zu seinem Spiegelbild.

Dann schreitet er durch den Flur und späht ins Künstlerzimmer, um sicherzustellen, dass die Trauben an ihrem Platz sind. Bevor er seine Hütte in Richtung Fletcher verlassen hat, hat er den frühen Vormittag damit verbracht, jeder einzelnen Traube eine Injektion zu verpassen. Die Früchte haben die Sicherheitsschleuse passiert, ohne hochgezogene Augenbrauen hervorzurufen: Schließlich enthalten sie kein Metall. Ebenso die Pillen mit dem geheimnisvollen Feenstaub, die in einem Schmerzmitteldöschen verwahrt sind. Er greift mit der Hand in die betreffende Tasche, einfach um sicherzugehen. Alles ist in Ordnung.

Die ganze Truppe ist im Hauptraum versammelt. Anne-Marie trägt ihr Miranda-Kostüm: das schlichte weiße, schulterfreie Kleid, bloße Füße, Papiergänseblümchen und Rosen im Haar. PPod, Shiv, TimEEz, Leggs und Red Coyote tragen Matrosen-kleidung, die schwarzen Skimasken haben sie wie eine Kappe auf den Kopf geschoben. Ansonsten sind sie ganz in Schwarz wie alle anderen im Raum.

8Handz ist hinter der faltbaren Leinwand, die den Bild-schirm, das Schaltpaneel, das zentrale Mikrofon und die beiden Kopfhörer – einen für ihn, einen für Felix – verbirgt.

Spannung liegt in der Luft, Felix von Dutzenden von Pre-mierennächten vertraut. Tänzer warten in den Seitenkulissen, einen Fuß bereits in der Luft. Kunstspringer auf ihren Sprung-brettern, mit gebeugten Knien und erhobenen Armen. Fußball-spieler vor dem Anpfiff. Rennpferde vor dem Startschuss. Er lächelt aufmunternd.

»Es ist so weit«, sagt er zu ihnen. »Besser vorbereitet werden wir niemals sein.« Leiser Applaus. »Zu Ihrer Erinnerung«, fährt er fort, »hier handelt es sich um Politiker, die unsere Fletcher-Schauspieltruppe zerstören wollen.« Leise Buhrufe.

»Eine Schande«, bemerkt Bent Pencil.

»Ja«, spricht Felix. »Sie sehen darin eine Zeitverschwendung. Sie sehen *Sie* als eine Zeitverschwendung. Sie haben kein Inte-resse an Ihrer Bildung, sie möchten, dass Sie ungebildet blei-ben. Sie interessieren sich nicht für eine lebendige Fantasie, und es ist ihnen versagt, die erlösende Kraft der Kunst zu erken-nen. Schlimmer noch: Sie halten *Shakespeare* für eine Zeitver-schwendung. Sie sind der festen Überzeugung, er habe einem nichts beizubringen.«

»Eine doppelte Schande«, meint Phil the Pill. Die geheimen Regieanweisungen, die Felix in der vergangenen Woche mit ihnen allen geprobt hat, haben Phil nervös gemacht. Er hat immer wieder Einwände vorgebracht – ist das nicht illegal, was Sie da vorhaben? –, doch die Mehrheit der Klasse befürwortet das Vorgehen, und so macht er inzwischen mit. Felix hat Phil jedoch nicht unter den wichtigsten Trollen platziert: Er könnte die Nerven verlieren und den Zauber zerstören.

»Aber gemeinsam können wir ihren Plan, das Programm zu streichen, durchkreuzen«, behauptet Felix. »Wir können die Dinge zurechtrücken! Was wir heute machen – wir liefern ihnen ausgezeichnete Gründe, warum sie es sich unbedingt noch einmal überlegen müssen. Wir werden ihnen beweisen, dass das Theater ein machtvolles Bildungsinstrument ist. Einverstanden?«

Zustimmendes Gemurmel, Nicken. »Also los, Dandys«, sagt Leggs. »Kauz und Kröte über sie! Blas ihnen Pusteln auf!«

PPod ruft: »Sie werden es sich pestig zweimal überlegen, wenn wir mit ihnen fertig sind.«

»Wir sind dabei«, bekräftigt Red Coyote. »Die Mondkälber werden nicht wissen, wie ihnen geschieht.«

»Danke«, erwidert Felix. »In Ordnung, legen wir los. Im ersten Teil werden die Besucher von den Matrosen hierhergeführt, sie kommen herein und setzen sich, Sie servieren die Erfrischungen. Blaue Becher, grüne Becher. Verwechseln Sie nicht die Farben! Grün für O'Nally Senior und auch für Lonnie Gordon. Blau für Tony Price und Sebert Stanley. Popcorn für alle. Denken Sie daran!«

»Der Wein mit der Pille ist im Kelch mit dem Elch«, zitiert Bent Pencil. Niemand kapiert es.

»Die durchsichtigen Becher sind für uns alle und für Freddie. Haben Sie Ihre schwarzen Handschuhe?«, fragt Felix. »Großartig. Ihre Ohrstöpsel? Halten Sie sie verborgen. Sobald die Leinwand dunkel wird, stecken Sie sich die Stöpsel in die Ohren, schieben die Skimasken vors Gesicht und ziehen Ihre Handschuhe an. Damit werden Sie buchstäblich unsichtbar sein. Beachten Sie die Markierungen auf dem Fußboden, Sie werden sie sehen, sobald 8Handz das Schwarzlicht einschaltet. TimEEz, wir zählen auf Sie, ihnen die Alarmgeräte abzunehmen.«

»Habt keine Angst, die Insel ist voller Finger«, antwortet TimEEz.

»Es wird genau so sein, wie wir es geprobt haben«, versichert Felix. »Ich werde mit 8Handz hinter der Leinwand sein. Achten Sie auf Ihre Stichworte. Wir können Sie hören, wenn Sie also in Schwierigkeiten geraten, schicken wir Ihnen Verstärkung. Das Losungswort für Schwierigkeiten ist ›oberlausiges Monster‹. Verstanden?«

Allgemeines Nicken. »Ich hoffe, dass niemand verletzt wird«, bemerkt Bent Pencil. Es hat deswegen einigen Wirbel gegeben: Schnappen und packen ist nicht sein Modus Operandi.

»Ihnen wird kein Härchen gekrümmt werden«, versichert Felix. »Außer sie versuchen, sich zur Wehr zu setzen. Was sie nicht tun werden. Aber PPod und Leggs und Red Coyote stehen bereit, um sie, wenn nötig, unter Kontrolle zu halten. Sie werden zu einer Rausschmeißer-Umarmung greifen, ihnen keine Prügel verpassen. Kein unnötiger Einsatz von Gewalt, egal, wie verführerisch es Ihnen erscheinen mag. Versprochen?«

»Einverstanden«, sagt PPod.

»Es gibt andere Wege«, meint Red Coyote.

»Und jetzt zu den Räumlichkeiten«, sagt Felix. »In einer halben Stunde wird die Garderobe nicht mehr die Garderobe sein, sondern Prosperos Höhle. Die Demonstrationszelle aus den Fünfzigern wird zum Ort von Ferdinands Fels-und-Holz-Qual, deshalb wird der junge O'Nally dort hingebracht. Das ist die mit der älteren Toilette. Anne-Marie wird für uns auf ihn aufpassen: Sie ist gut vorbereitet.«

»Bist du sicher, dass das moralisch vertretbar ist?«, erkundigt sich Anne-Marie. »Ich weiß, dass du ein paar alte Rechnungen zu begleichen hast, das verstehe ich, aber der Sohn O'Nally hat dir nie etwas getan.«

»Wir haben das besprochen«, beharrt Felix. »Er wird nicht verletzt werden. Denk daran, es war teilweise sein Vater, der vor zwölf Jahren deine Karriere versaut hat. Die Palmen sind bereits vor Ort, richtig?«

»Richtig«, bestätigt WonderBoy. »Einschließlich der Meerjungfrau.« Er guckt verdrießlich drein: Anne-Marie in einer geschlossenen Zelle mit einem anderen Mann, das gefällt ihm gar nicht.

»In der anderen Demonstrationszelle, der aus den Neunzigern, werden Alonso und Gonzalo – Verzeihung, O'Nally und Lonnie Gordon – ihr Nickerchen halten«, erklärt Felix. »Das ist die mit den Kakteen. Es ist wichtig, die richtigen Leute in die richtigen Räume zu bringen. Wenn sie alle im großen Vorführraum sind, wird Shiv, kurz bevor wir den Startknopf drücken, draußen auf dem Flur die Schilder an den Türen anbringen: Palme, Kaktus.«

»Verstanden«, sagt PPod.

»Ausgezeichnet. Timing ist alles. Trolle, wir verlassen uns auf Sie: Nichts in diesem Stück kann ohne die Trolle funktionieren.«

»Werden wir damit durchkommen?«, fragt TimEEz. »Und was ist mit den Wachen?«

»Kein Problem, die haben keine Ahnung«, beruhigt ihn Felix. »Der Schlüssel ist, dass man uns erlaubt hat, die Herrschaften ohne Begleitung in unseren Trakt zu bringen. Eine sehr einflussreiche Freundin von mir hat das für uns eingefädelt. Wir haben das Video so eingestellt, dass, während wir hier mit den Politikern unser interaktives Theater veranstalten, alle anderen Anwesenden unsere Aufführung sehen werden, so wie immer. Falls sie Schreie hören – was nicht der Fall sein wird –, werden sie glauben, das gehöre zum Stück.«

»Verdammt genial, Mann«, findet Leggs. Niemand beanstandet das Schimpfwort.

»Ohne Ariel hätte ich es nicht geschafft«, sagt Felix. »Ohne 8Handz. Er war – er war umwerfend. Wie Sie alle.« Er blickt prüfend auf seine Armbanduhr. »Also, los geht's. Der Vorhang hebt sich. Merde, alle miteinander.«

»Merde, merde, merde«, sagen sie zueinander. »Merde, Bro, merde Dude.« Faust auf Faust.

»*Der Sturm,* Akt I, Szene 1«, verkündet Felix. »Von Anfang an.«

33. Jetzt ist die Stunde da

Am gleichen Tag

Die Gruppe der Besucher hat vor dem Haupteingang Aufstellung genommen; der Name Fletcher ist deutlich zu erkennen. Die beiden potenziellen Führungskandidaten, mit gewölbter Brust und gebleckten Zähnen, rempeln und drängeln um die prominenteste Position in diesem Tableau. Die anderen bauen sich um sie herum auf.

Der ehrenwerte Sal O'Nally, Justizminister; der ehrenwerte Anthony Price, Minister für Kultur- und Denkmalpflege; der ehrenwerte Sebert Stanley, Minister für Veteranenangelegenheiten; und Mr Lonnie Gordon von Gordon Strategy, Vorsitzender des Präsidiums des Makeshiweg-Festivals. Begleitet werden sie von Minister O'Nallys Sohn, Frederick O'Nally.

Sal wird von Jahr zu Jahr schmerbäuchiger; Tony, adrett in einem überaus flotten Anzug, hat immer noch volles Haar. Sebert Stanley sah schon immer wie ein Seehund aus – kleiner Kopf, kaum nennenswerte Ohren, winzige Äuglein und ein birnenförmiger Körper – und tut es immer noch. Der Junge, Freddie O'Nally, sieht ganz gut aus – dunkles Haar, offenes Lächeln –, blickt aber zur Seite. Es ist, als gefiele ihm die Gesellschaft nicht, in der er sich gerade befindet, obwohl einer aus dieser Gesellschaft sein Vater ist.

Flankiert wird diese Gruppe von einem Haufen Regierungsgünstlinge und Laufburschen und einigen höheren Angestellten von Fletcher, die sich höchstwahrscheinlich in die Hose machen, denn sie hatten noch nicht häufig Ministerbesuch. Um genau zu sein, sogar noch nie.

Estelle hält sich halb verdeckt im Hintergrund; sie ist bei solchen Gelegenheiten ungern allzu sichtbar, hat sie Felix erzählt, hat aber versprochen, in seinem Sinne einzugreifen: um zu beruhigen oder abzulenken, falls die Gruppe um den Gefängnisdirektor nervös werden sollte. Sie würde ihre Uhr mit der von Felix synchronisieren und sicherstellen, dass die beiden Videos gleichzeitig abgespielt wurden. »Betrachte mich als Schmiermittel«, hatte sie gesagt. »Ich sorge dafür, dass alles glattläuft, garantiert.«

»Wie kann ich dir danken?«, hatte Felix gefragt.

»Darüber unterhalten wir uns später«, hatte sie lächelnd geantwortet.

Der Haupteingang öffnet sich. Die Gruppe tritt ein. Der Haupteingang schließt sich.

Im Vorführraum nimmt Felix hinter der faltbaren Leinwand Platz. »Stellen Sie uns auf PPods Mikro«, sagt er. Er setzt seinen Kopfhörer auf.

Stimmengemurmel wird hörbar. Die Ministertruppe wird durch die Sicherheitsschleuse eskortiert, einer nach dem anderen, genau wie jeder andere, ohne Ausnahme, wie Dylan und Madison höflich erklären. Sehr richtig, ertönt die Stimme von Sal O'Nally, gut zu wissen, dass ihr Jungs euren Job macht, ha, ha, ha.

Jovialität auf allen Seiten. Wie Felix von Estelle erfahren hat, kommen sie gerade von einer regionalen Wahlveranstaltung; offenbar war es ein freundlicher Empfang, und er vermutet, dass sie ein paar Gläser intus haben. Ein kurzer Stopp hier im Knast, um bei den gesellschaftlichen Außenseitern Basisarbeit zu leisten, dann sind sie wieder unterwegs, je schneller, desto besser, denn es soll anfangen zu schneien. Vielleicht wird es sogar einen Schneesturm geben. Schon jetzt blicken ein paar der Unterlinge, deren Aufgabe es ist, sich um solche Details zu kümmern, höchstwahrscheinlich nervös auf die Armbanduhr.

Sal ist milde gestimmt. Sie werden diese Scharade hinter sich bringen und sich dieses Stück oder was auch immer ansehen, in erster Linie weil Freddie darauf bestanden hat und er, Sal, seinem Goldjungen keinen Wunsch abschlagen kann, obwohl er will, dass er Jurist wird und nicht irgend so ein schmalziger Schauspieler. Aber er wird dem Jungen seinen Willen lassen, und später, wenn sie wieder in Ottawa sind, wird Sal die Streichung dieser Kinkerlitzchen, dieser sogenannten Lese- und Schreibförderung oder was auch immer, verkünden. Gefängnisse dienen der Verwahrung und Bestrafung, nicht irgendwelchen fehlgeleiteten Experimenten, diejenigen zu bilden, die schon von Natur aus nicht gebildet werden können. Wie lautete noch mal dieser Spruch? Natur versus Erziehung oder so ähnlich. Stammt das aus einem Stück? Sal macht sich im Geist eine Notiz: Tony fragen, der war früher am Theater.

Noch besser, er fragt Freddie. Der Junge wird enttäuscht sein, wenn Sal ihm klarmacht, dass er Jura studieren muss, weil sonst der monatliche Unterhalt gestrichen wird; er hat seine Zeit zum Spielen gehabt. Man mochte das streng finden, doch Sal will nur das Beste für ihn, und der Junge wäre an die Kunst verschwendet, das ist eine Sackgasse, und unter Tonys Führung wird es noch aussichtsloser werden, wie Sal zufällig weiß.

»Sie können Ihr Handy nicht mit hineinnehmen«, sagt Dylan zu Sal. »Sir. Tut mir leid. Wir bewahren es hier sicher für Sie auf.«

»Ach, sicherlich«, hebt Sal an, »ich bin der Minister ...«, aber dann merkt er, dass Freddie ihn ansieht. Der Junge mag es nicht, wenn Sal auf seinen Rang pocht; aber was nützt einem dieser Rang, wenn man nicht darauf pochen darf? Dennoch gibt er sein Telefon ab.

Tony hat andere Dinge im Kopf. Hier ist er nun mit zwei potenziellen Führungskandidaten, Sal und Sebert, und beide wollen seine Unterstützung. Sal findet, Tony schulde ihm etwas, da er Tony bei seiner Karriere behilflich war. Felix Phillips zu ersetzen, war nur der erste Schritt: Seither ist Tony aufgestiegen wie ein Gasballon. Von einem Leben am Theater ins Theater des Lebens, könnte man sagen, und Sal diente ihm als Leiter. Aber wenn man die Leiter einmal erklommen hat, welchen Nutzen hat sie dann noch? Man tritt sie beiseite, wenn man nicht vorhat, sie wieder hinunterzusteigen. Sicherlich wäre es für Tony besser, einen Kandidaten zu unterstützen, dem er nichts schuldet, der stattdessen in Tonys Schuld stünde. Aber wie Sal abschütteln und sein Gewicht für Sebert in die Waagschale werfen? Wie wird das Spiel am Ende ausgehen?

Nachdem er sein Telefon geopfert hat, stülpt Sal seine Taschen um, gibt sein Leatherman-Taschenmesser ab und auch seine Nagelfeile. »Sauber wie ein Baby«, erklärt er den zwei Sicherheitskontrolleuren. Noch mehr joviales Grinsen. Man steckt ihm einen Sicherheitspager an den Gürtel: Nicht dass er den brauchen wird, meint Dylan, aber es gibt keine Ausnahmen, jeder muss einen tragen, Sir.

Tony segelt mit erhobenen Händen durch das Röntgengerät, gibt den freundlichen Clown. Sebert geht mit ernstem Gesicht hindurch und glättet das Haar auf seinem Köpfchen, nachdem er den Scanner passiert hat. Lonnie absolviert das Ganze mit trauriger Miene, als täte es ihm leid, dass es in so etwas wie einem Gefängnis so etwas wie einen Kontrollpunkt geben muss. Freddie bewegt sich unbeholfen und hat die Augen weit aufgerissen: Das hier ist eine völlig andere Welt, eine, über die er bisher nicht viel nachgedacht hat.

Dann sind sie alle hindurch, und wie auf ein Stichwort biegt eine Gruppe verkleideter Männer um die Ecke. Was für Männer sind das? Piraten?

»Willkommen, Gentlemen, alle«, spricht der Anführer. »Willkommen auf dem guten Schiff *Tempest*, an dessen Bord Sie sich nun befinden. Ich bin der Bootsmann, und das sind meine Matrosen. Wir bringen Sie übers Meer zu einer einsamen Insel.

Erschrecken Sie nicht, wenn Sie seltsame Geräusche hören, sie sind Teil des Stücks. Hier handelt es sich um ein interaktives Theaterstück experimenteller Natur; wir weisen Sie im Vorhinein auf diese Tatsache hin.« Er grinst höhnisch, einschmeichelnd. »Hier entlang.«

»Gehen Sie voran«, sagt Sal. Besser, gute Miene zu machen. Ihm ist nicht entgangen, dass es sich bei diesen Männern um Insassen handelt, doch der Direktor und mehrere Wachen sind unmittelbar in der Nähe, stehen lächelnd dort im Hintergrund, und der Direktor sagt: »Wir sehen Sie nach dem Stück. Viel Vergnügen, wir sehen es uns oben ebenfalls an.« »Viel Spaß«, wünscht Estelle-wie-heißt-sie-noch-gleich: Ihr Großvater war Senator, er hat sie oft auf Partys gesehen, sie sitzt in irgendwelchen Kommitees oder so was. Sie lächelt jetzt und winkt ihnen nach, als würde sie sie auf eine Schiffsreise verabschieden. Demnach ist alles in Ordnung, und er folgt dem Bootsmann den Flur zu ihrer Linken entlang.

Tony und Sebert gehen unmittelbar hinter ihm, und Lonnie und Freddie gleich dahinter. Dicht hinter Lonnie und Freddie kommen drei Matrosen und werfen – was ist das? – mit vollen Händen blaues Glitzerkonfetti in die Luft. »Es stürmt, richtig?«

»Ja, richtig«, sagt Sal. Was hat so ein Mumpitz in einem Gefängnis zu suchen? Diese Männer haben bei Weitem zu viel Spaß.

Hinter der Gruppe gleitet eine Tür zu und verriegelt sich mit einem Klicken. Das war zu erwarten, denkt Sal. Natürlich. Das dient der Sicherheit. Er fühlt sich sicherer.

In der Ferne ist Donnergrollen zu hören.

»Gleich hier hinein«, sagt der Bootsmann. »Gentlemen.« Er führt sie in den großen Vorführraum.

»Gut gemacht, PPod«, flüstert Felix in sein Mikro. Er blickt wieder prüfend auf die Uhr.

Vorn im Raum befindet sich ein großer Flachbildschirm. Weitere schwarzgekleidete Matrosen führen die Besucher zu ihren Stühlen, weisen ihnen unter Verbeugungen und schwungvollen Gesten ihre Sitzplätze an. Vier der Matrosen reichen in grünen und blauen Plastikbechern Limonadengetränke und kleine Päckchen mit Popcorn, eine gemütliche Note. Die drei Minister und Lonnie sitzen in der ersten Reihe, in der Reihe dahinter nehmen Matrosen Platz.

Mit einem Blick auf den Bildschirm stellt Felix fest, dass TimEEz in der Mitte der zweiten Reihe sitzt, ein ausdrucksloses Lächeln auf dem runden Mondgesicht, die flinken Finger in den Ärmeln verborgen, bereit, den Gästen ihre Sicherheitspager abzunehmen, sobald das Licht ausgeht.

Wo sind die anderen?, fragt sich Sal. Ach ja, richtig. Oben, zusammen mit dem Gefängnisdirektor und wer weiß wem noch. Diese nett aussehende Frau, Estelle: ein wenig auffällig, aber offenbar gut vernetzt. Er sollte sie mal zum Mittagessen ausführen. Er lehnt sich auf seinem Stuhl zurück. Er spürt den Alkohol von dieser Wahlveranstaltung, die sie besucht haben.

»Lass uns diese Show hinter uns bringen«, bemerkt er zu Tony. Er schaut auf die Uhr. »Immerhin haben sie mir die Armbanduhr nicht abgenommen«, grinst er. Er wühlt in seiner Popcorntüte: eine Menge Salz, das mag er. Er nimmt noch einen kräftigen Schluck von seinem Ginger-Ale, aus einem grünen Plastikbecher. Er ist durstig. Eine nette Idee mit dem Ginger-Ale. Schade, dass es keinen Alkohol enthält.

Freddie sitzt neben Anne-Marie in der dritten Reihe. »Hallo«, stellt er sich vor. »Ich bin Fred O'Nally. Ich schätze, Sie sind die Miranda? In dem Stück?«

»Ja. Anne-Marie Greenland«, antwortet sie.

»Wirklich?«, fragt Freddie. »Sind Sie *die* Anne-Marie – sind Sie nicht – haben Sie nicht mit Kidd Pivot getanzt?«

»Sie haben recht«, sagt Anne-Marie.

»Das ist Wahnsinn! Ich muss mir Ihr Video so ungefähr hundert Mal angesehen haben! Als Regisseur möchte ich mehr Bewegung integrieren, und ein paar Crossover ...«

»Sie führen Regie?«, fragt Anne-Marie. »Cool!«

»Nun, nicht ganz«, antwortet Freddie. »Ich meine, ich habe noch keine eigenen Produktionen. Ich bin eher so was wie ein Lehrling. Aber ich bin auf dem Weg dorthin.«

»Auf dem Weg dorthin!«, sagt Anne-Marie und hebt ihren durchsichtigen Plastikbecher. Freddie hebt den seinen. Er blickt ihr tief in die großen blauen Augen.

»Fantastisches Kleid«, meint er. »Es hat die richtige ...« Jetzt betrachtet er ihre nackte Schulter.

»Danke«, antwortet sie und zieht den Ärmel ein wenig höher, aber nicht weit genug, um die Schulter zu bedecken. »Ich hab es selbst geschneidert.«

Ein dreimaliges hartes Klopfen hinter der faltbaren Leinwand: Felix, der seinen Fuchsknauf-Stab auf den Fußboden stößt. 8Handz' Zeigefinger schwebt über der »Play«-Taste. Im Licht des Computers wirkt sein schmales Gesicht wie das eines Kobolds.

Felix sieht sich ängstlich in dem dunklen Raum um: Wo ist seine eigene Miranda? Da ist sie, schimmernd hinter 8Handz' linker Schulter.

Jetzt ist die Stunde da, wispert sie ihm zu.

34. Sturm

Die Lichter werden gedimmt. Das Publikum kommt allmählich zur Ruhe.

AUF DEM GROSSEN FLACHBILDSCHIRM: *Unregelmäßige gelbe Schrift auf schwarzem Grund*

DER STURM
von William Shakespeare
mit der
Theatertruppe der Fletcher-Justizvollzugsanstalt

AUF DEM BILDSCHIRM: *Ein handgeschriebenes Schild, das von einem Ansager in einem kurzen purpurfarbenen Samtumhang in die Kamera gehalten wird. In der anderen Hand schwenkt er einen Federkiel.*

SCHILD: *EIN PLÖTZLICHER STURM*

ANSAGER: Gleich werdet ihr's sehn,
    Einen Sturm auf See,
    Die Winde pfeifen, die Matrosen keifen,
    Den Passagieren geht's schlimm und es wird
    Noch schlimmer:
    Geschrei ist zu hören, Albträume stören,
    Aber nicht alles ist, wie es scheint,
    Ich sag's bloß.

Grinst.

Jetzt legen wir los.

*Er fuchtelt mit dem Federkiel. Schnitt: Auf dem Bildschirm ist
jetzt eine Windhose zu sehen, ein Mitschnitt aus den Wetternachrichten. Dazu Donner und Blitze. Archivaufnahme von
Meereswellen. Archivaufnahme von Regen. Sturmgeheul.
Die Kamera zoomt auf ein Spielzeugsegelboot, das auf einem
blauen, mit Fischen bedruckten Plastikduschvorhang auf und ab
geworfen wird; die Wellen werden von unten mit der Hand gemacht.
Nahaufnahme des Bootsmanns in einer schwarzen Strickmütze.
Von der Seite kommt ein Schwall Wasser. Er ist klatschnass.*

BOOTSMANN: Ranhalten, sputen, oder wir rammen
   Grund!
   Bewegung! Bewegung!
   Hussa! Hussa! Heisassa! Heisassa!
   Legen wir los,
   Am besten gleich,
   Trimmt die Segel,
   Trotzt den Stürmen,
   Oder wollt ihr zu den Fischen?
STIMMEN AUS DEM OFF: Wir ersaufen alle!
BOOTSMANN: Aus dem Weg da! S'ist keine Zeit für
   Spielerei!
Ein Eimer Wasser wird ihm ins Gesicht geschüttet.

STIMMEN AUS DEM OFF: Hört uns aus! Hört uns aus!
   Wisst ihr nicht, wir sind aus königlichem Haus?
BOOTSMANN: Hussa! Hussa! Die Brecher schert's nicht!
   Es bläst, es gießt,
   Und ihr, ihr steht und starrt!
STIMMEN AUS DEM OFF: Du bist besoffen!
BOOTSMANN: Du bist ein Idiot!
STIMMEN AUS DEM OFF: Wir sind verloren! Wir saufen ab!

*Nahaufnahme von Ariel mit blauer Badekappe und verspiegelter
Skibrille, die untere Hälfte seines Gesichts ist blau geschminkt.
Er trägt einen mit Marienkäfern, Bienen und Schmetterlingen
bedruckten transparenten Plastikregenmantel. Hinter seiner linken Schulter ein merkwürdiger Schatten. Er lacht lautlos, deutet
mit der rechten Hand, die in einem blauen Gummihandschuh
steckt, nach oben. Zuckende Blitze, Donnergrollen.*

STIMMEN AUS DEM OFF: Wir wollen beten!
BOOTSMANN: Was sagst du da?
STIMMEN AUS DEM OFF: Wir sinken! Wir saufen ab!
    Wir seh'n den König nimmer wieder!
    Ab ins Wasser, auf ans Ufer!

*Ariel wirft den Kopf in den Nacken und lacht. In jeder seiner
blauen Gummihände hält er eine grell blinkende Taschenlampe.
Der Bildschirm wird schwarz.*

STIMME AUS DEM PUBLIKUM: Was ist los?
EINE ANDERE STIMME: Stromausfall.
WEITERE STIMME: Das muss der Schneesturm sein.
    Irgendwo ist ein Strommast umgefallen.

*Absolute Finsternis. Lärmendes Durcheinander außerhalb des
Raums. Geschrei. Schüsse fallen.*

STIMME AUS DEM PUBLIKUM: Was ist los?
STIMME VON DRAUSSEN: Abriegelung! Abriegelung!
STIMME AUS DEM PUBLIKUM: Wer hat hier das Sagen?

Drei weitere Schüsse.

EINE STIMME IM RAUM: Keine Bewegung! Ruhe! Nehmt
    die Köpfe runter! Bleibt, wo ihr seid!

35. Seltsames und Hehres

Eine schwarze Wollhand legt sich über Freddies Augen, dann wird ihm eine Kapuze über den Kopf gestülpt, und er wird vom Stuhl gehoben. »Was zum Teufel?«, schreit er. »Loslassen!«

»Du übertreibst«, sagt eine Stimme. »Die Hölle ist leer, alle Teufel sind hier!«

»Ein Gefängnisaufstand.« Tonys Stimme. »Bewahren Sie Ruhe. Provozieren Sie niemanden. Betätigen Sie Ihren Pager. Moment ...«

»Was für einen Pager?« Seberts Stimme. »Er ist verschwunden!«

»Warten Sie! Warten Sie!«, ruft Freddie. »Lassen Sie mich los. Warum tun Sie mir weh? Au!« Seine Stimme entschwindet zur Rückseite des Raums.

»Freddie!«, schreit Sal. »Was macht ihr da? Er ist mein Sohn! Ich bringe euch um! Bringt ihn zurück!«

»Halt die Klappe.« Eine Stimme aus der Dunkelheit. »Scheiß der Himmel auf die Jaulerei! Köpfe auf den Tisch, Hände in den Nacken! Los jetzt!«

Eine Tür geht auf und wieder zu.

»Sie nehmen ihn als Geisel«, brüllt Sal. »Freddie!«

Ein Schuss. »Sie haben ihn umgebracht«, jammert Sal.

»Du kommst mit uns«, sagt eine Stimme. »Los, auf die Beine! Du auch.«

Geräusche einer Rauferei. »Ich kann nichts sehen!« Sal, in Panik.

»Dafür werdet ihr bezahlen!« Tonys kalte, ruhige Stimme.

Tosende Wind- und Wellengeräusche, die sich zum Crescendo steigern. Die Stimmen werden übertönt. Ein gewaltiger Donnerschlag. Verworrenes Geschrei:

»Wir kentern!« »Gott sei uns gnädig!« »Wir kentern, kentern, kentern!«

Freddie stolpert durch das Dunkel, seine Arme werden gewaltsam hinter dem Rücken festgehalten; auf beiden Seiten geht jemand neben ihm, und man schiebt ihn vorwärts. »Sie machen einen Fehler«, sagt er. »Können wir nicht darüber reden? Mein Vater ist Minister für …« Eine Hand legt sich auf seinen Mund, außerhalb der Haube.

»Ja, wir wissen, wer dein Dad ist. Justizminister. Die Pocken über ihn! Möge die Pest ihn dahinraffen! Der hat mittlerweile nichts mehr auszurichten!«

»Tot wie Scheiße.«

»Richtig. Tot und erledigt.«

Freddie versucht etwas zu sagen, aber sein Mund ist voller Stoff.

Das Geräusch einer sich öffnenden Tür. Freddie wird in einen Raum gestoßen. Eine Hand auf jeder Schulter zwingt ihn in eine sitzende Position.

Geräusch der sich schließenden Tür. Kann er die Kapuze abnehmen? Er kann, seine Hände sind frei. Weg mit dem Kopfputz.

Er befindet sich in einer Gefängniszelle, die von einer einzelnen Glühbirne erleuchtet wird. Er sitzt auf einem Etagenbett auf einer kratzigen grauen Wolldecke. Die Wände sind mit amateurhaften Papierpalmen, Muscheln und einem Tintenfisch geschmückt. In der Ecke steht eine Kiste mit Legosteinen. Die Kulisse bildet eine fürchterliche Zeichnung von einem Strand und einer Art grauenhafter Meerjungfrau in Pin-up-Pose, mit Riesenbusen und grünem Seetang-Haar. MEERESNYMPHE steht in Druckbuchstaben darunter.

Was ist da los? Handelt es sich um einen Aufstand, und

sie haben seinen Dad umgebracht und ihn selbst als Geisel genommen? In einem Raum voller Palmen und Legosteine? Was?

Wichtiger noch, hat er sich eingenässt? So gut wie nicht, dafür ist er dankbar. Gut, dass es eine Toilette gibt. Er hat gerade seine Blase entleert, als aus einem winzigen Lautsprecher ein Musikpotpourri erklingt: es kommt von oben, nahe dem Sprinkler. Zwei Sänger oder sind es drei?

> Fünf Faden tief dein Vater liegt,
> Sein Skelett wird zu Koralle,
> Seine Augen Meerkristalle,
> Nichts Lebendiges versiegt,
> Geht Verwandlungen des Meeres
> Ein in Seltsames und Hehres.
> Lügen, Lügen, Lügen, Lügen,
> Leid, Leid, Leid, Leid,
> Reich, reich, reich, reich,
> Hehr, hehr, hehr, hehr …

Getrommel, Flötenklänge. Mensch, denkt Freddie. Der Gesang aus dem *Sturm*. Soll das ein makabrer Scherz sein? Werden sie dieses Ding in Endlosschleife abspielen, um ihn in den Wahnsinn zu treiben? Er hat davon gehört, so etwas zerstört das Gehirn. Versuchen sie, seinen Willen zu brechen? Aber warum?

Die Musik verklingt, die Tür öffnet sich, und Anne-Marie Greenland schlüpft herein, immer noch in ihrem frivolen, die Schulter entblößenden Miranda-Kleid. Sie gibt ihm ein Zeichen, in eine Ecke zu kommen, und bedeutet ihm, sich zu ihr zu beugen, damit sie ihm etwas ins Ohr flüstern kann.

»Tut mir leid«, wispert sie. »Geht es dir gut?«

»Ja, aber …«

»Psst! Der Raum ist verwanzt«, flüstert sie. »Das Mikro ist oben neben der Glühbirne. Tu, was ich dir sage, dann passiert dir nichts.«

»Was ist hier eigentlich los?«, fragt Freddie. »Ist das ein Aufstand? Wo ist mein Vater? Haben sie ihn umgebracht?«

»Ich weiß es nicht«, erwidert sie. »Es gibt hier einen Verrückten. Er ist verrückt wie ein Hund bei Vollmond. Er hält sich für Prospero. Nein, ich meine wirklich. Er inszeniert den *Sturm* neu, und du bist Ferdinand.«

»Kein Witz«, sagt Freddie. »Das ist verdammt …«

»Pssst! Du musst dich unbedingt an das Skript halten. Ich habe dir den Text gebracht, deine Stellen sind hervorgehoben. Hier, sprich einfach deinen Text, dort drüben unter der Glühbirne, damit er dich hören kann. Sonst dreht er womöglich durch. Er ist ziemlich jähzornig.«

»Steckst du mit ihm unter einer Decke? Warum solltest du …«

»Ich versuche nur, dir zu helfen«, sagt Anne-Marie.

»Wer ist dieser Typ überhaupt?«, will Freddie wissen. »Ah, und danke übrigens. Ich hoffe, du kriegst keine Schwierigkeiten.«

»Nicht mehr als üblich«, sagt Anne-Marie. »Er ist ein Irrer, das ist im Moment am wichtigsten. Du musst ihm seinen Willen lassen. Fang hier an.«

Freddie liest:

»Die Lebensgeister, wie im Traum, sind mir gebannt,
Des Vaters Tod, die Schwäche, die mich lähmt,
Das Ende aller Freunde, noch die Drohung
Des Mannes da, der mich beherrscht, das zählt mir
nichts,
Dürft ich nur aus dem Kerker einmal täglich
Dies Mädchen sehn. Soll Freiheit auf der Welt
Allüberall ruhig herrschen; Raum genug
Hab ich in solchem Kerker.«

»Nicht schlecht«, meint Anne-Marie. »Vielleicht mit etwas mehr Gefühl. Tu so, als würdest du dich in mich verlieben.«

»Aber«, wendet Freddie ein, »vielleicht verliebe ich mich *tatsächlich* in dich. Du Wunder, du!«

»Gut gemacht«, sagt Anne-Marie. »Weiter so.«

»Nein, im Ernst«, sagt Freddie. »Hast du, ähm, einen Freund?«

Anne-Marie kichert ein wenig. »Ist das deine Vorstellung davon, mich zu fragen, ob ich Jungfrau bin? Das tut er doch im Stück, nicht wahr?«

»Das hier ist nicht das Stück. Also, Freund oder nicht?«

»Nein«, antwortet sie. »Wirklich nicht.«

»Würde es dir dann etwas ausmachen, wenn ich mich in dich verlieben würde?«

»Ich glaube nicht«, sagt Anne-Marie.

»Denn ich glaube, das tue ich wirklich!« Er ergreift ihre Arme.

»Vorsicht!«, flüstert sie. Sie löst seine Hände. »Jetzt müssen wir wieder mit unserem Text weitermachen.« Sie zieht ihn unter die Glühbirne, schlingt die Hände ineinander, sieht ihn voll tiefer Bewunderung an und spricht mit ihrer Theaterstimme: »Nichts Natürliches von solchem Adel kenn ich!«

»Verrücktes Ding!«, donnert eine Stimme aus dem Lautsprecher. »Gegen die meisten ist der da ein Caliban.«

»Was hab ich dir gesagt?«, wispert Anne-Marie. »Verrückt wie ein Irrer! Übrigens, kannst du Schach spielen?«

36. Labyrinthisch

Die Minister O'Nally, Price und Stanley sowie Lonnie Gordon von Gordon Strategy stellen fest, dass sie im Gänsemarsch auf unwürdige Weise einen Flur entlanggeführt werden. Sie können nicht sehen, wohin sie unterwegs sind: Es ist stockdunkel, mit Ausnahme einiger schimmernder weißer Fußbodenmarkierungen.

Wer hält sie gefangen? Sie können es nicht sagen: Die Gestalten sind alle in Schwarz. Um sie herum pfeift der Wind, brausen Wellen und kracht der Donner, sodass sie ihr eigenes Wort nicht verstehen können. Was würden sie sagen, wenn sie Gehör finden würden? Würden sie fluchen, betteln, ihr Schicksal beweinen? Alles miteinander, denkt Felix, der über seinen Kopfhörer diesem Getöse lauscht.

Die Prozession biegt um eine Ecke. Dann um eine weitere Ecke. Dann um eine dritte. Gehen sie denselben Weg zurück, den sie gekommen sind?

Die Sturmgeräusche werden lauter. Dann, plötzlich, Stille.

Das Geräusch einer sich öffnenden Tür; sie werden hindurchgeschoben. Auch hier drin ist es dunkel, wo auch immer hier ist. Dann geht ein Deckenlicht an: Sie befinden sich in einer Gefängniszelle mit vier Kojen, zwei unten, zwei oben. Die Wände sind mit den Umrissen von Kakteen dekoriert, die aus braunem Packpapier ausgeschnitten wurden.

Sie sehen einander an, erschüttert und mit grauen Gesichtern. »Wenigstens sind wir am Leben«, sagt Lonnie. »Dafür sollten wir dankbar sein!«

»Klar doch!«, sagt Tony und rollt die Augen. Sebert Stanley drückt gegen die Tür: Sie ist verschlossen. Er streicht sich über seinen kleinen Kopf, dann schaut er durch das vergitterte Fenster, das auf den Flur hinausgeht.

»Dort draußen ist es dunkel«, sagt er.

»Ich habe sie schießen hören. Sie haben Freddie erschossen«, sagt Sal verzweifelt. Er lässt sich auf eine der unteren Kojen fallen. »Ich habe es gehört. Ich habe den Schuss gehört. Das ist das Ende meines Lebens!« Er schlingt die Arme um den Körper und schaukelt von rechts nach links.

»Oh, ich bin mir sicher, dass sie das nicht getan haben«, sagt Lonnie. »Warum sollten sie so etwas tun?«

»Weil sie Tiere sind!« Sal schreit beinahe. »Sie sollten alle in Käfigen sitzen! Sie sollten alle verdammt noch mal tot sein!«

»Anstatt mit Lese- und Schreibförderungsprogrammen verwöhnt zu werden«, bemerkt Tony kühl. »Zum Beispiel.«

»Sie hätten auch jemand anders erschießen können«, meint Lonnie. »Vielleicht war es auch einfach nur ein Schuss. Ich finde, wir sollten vom besten Fall ausgehen. Bis wir Gewissheit haben.«

»Warum?«, fragt Sal. »Es gibt keinen besten Fall! Ich habe Freddie verloren! Ich habe meinen Jungen verloren!« Er vergräbt seinen Kopf in den Händen. Man hört gedämpfte Geräusche, möglicherweise Schluchzen.

»Und was jetzt?«, fragt Sebert Tony mit leiser Stimme.

»Wir warten ab«, sagt Tony. »Nicht dass wir eine andere Wahl hätten.«

»Er sollte sich besser zusammenreißen. Das ist peinlich«, sagt Sebert. »Wollen wir hoffen, dass die Verantwortlichen bald kommen.« Er lehnt sich an die Wand und betrachtet prüfend seine Finger.

»Wer auch immer sie sind«, sagt Tony. Er geht im Raum auf und ab, zehn Schritte in die eine, zehn in die andere Richtung. »Wenn sie wirklich seinen Jungen erschossen haben, werden Köpfe rollen.«

»Kopf hoch, Minister O'Nally«, wendet Lonnie sich an Sal. »Es könnte schlimmer sein! Wir sind unverletzt, wir sind in einem netten, warmen Raum, wir ...«

»So wird er jetzt stundenlang weiterreden«, sagt Tony *sotto voce* zu Sebert. »Und uns wie immer zu Tode langweilen.«

»Wenn ich das Gefängnissystem umgestalten müsste«, fährt Lonnie fort, »würde ich versuchen, den Insassen mehr Freiheiten zu gewähren, nicht weniger. Sie könnten in bestimmten Fällen abstimmen, sie könnten eigene Entscheidungen treffen. Zum Beispiel ihre eigenen Mahlzeiten zubereiten, das wäre vielleicht eine nützliche Fähigkeit.«

»Träumen Sie weiter«, sagt Tony. »Sie würden bei der erstbesten Gelegenheit die Suppe vergiften.«

»Bitte«, sagt Sal. »In einem Moment wie diesen! Kein unnötiges Gequatsche mehr!«

»Ich habe nur versucht, Sie abzulenken«, sagt Lonnie gekränkt.

»Ich bin müde«, sagt Sal. Seine Stimme klingt belegt, benommen. Er streckt sich auf der Koje aus.

»Komisch«, meint Lonnie. »Mir fallen auch die Augen zu. Ich kann mich ebenso gut ausruhen, solange Zeit dafür ist.« Er legt sich auf die zweite untere Koje. Kurz darauf schlafen beide tief und fest.

»Irgendetwas stimmt hier nicht«, sagt Sebert. »Ich bin überhaupt nicht müde.«

»Ich auch nicht«, erklärt Tony. Er mustert die beiden Schläfer. »Völlig weg. Und da dem so ist« – er senkt die Stimme –, »wie sehen Sie Ihre Führungschancen? Zum heutigen Zeitpunkt?«

»Sal liegt in den Umfragen vorne«, antwortet Sebert. »Ich bin mir nicht sicher, wie ich das ausgleichen kann.«

»Sie wissen, dass ich Sie unterstütze«, sagt Tony.

»Ja. Danke«, sagt Sebert. »Ich weiß das zu schätzen.«

»Wenn Sal nicht im Rennen wäre, wären Sie an der Reihe, richtig?«

»Richtig. Was wollen Sie damit sagen?«

»Wenn mir jemand im Weg steht«, erklärt Tony, »räume ich

ihn eben beiseite. So bin ich nach oben gekommen. Ich habe damals Felix Phillips aus dem Weg geräumt, als ich noch beim Makeshiweg-Festival war. Das war die erste solide Sprosse auf meiner Leiter.«

»Ja, gut, verstehe«, sagt Sebert. »Aber ich kann Sal nicht einfach aus dem Weg räumen. Er hat eine schneeweiße Weste, es gibt keine geheimen Skandale, nicht die geringste Angriffsfläche. Glauben Sie mir, ich habe jeden Stein umgedreht, ich habe überall nachgesehen. Jedenfalls ist da nichts, was man beweisen könnte. Und wenn bei diesem Aufstand jetzt auch noch sein Sohn getötet wurde – denken Sie an die Sympathiepunkte!«

»Das ist das Schlüsselwort«, erklärt Tony. »Aufstand.«

»Worauf wollen Sie hinaus?«

»Was geschieht bei einem Aufstand? Menschen sterben, und wer weiß schon, wie?«

»Ich verstehe nicht … Wollen Sie damit sagen …« Sebert zupft an seinem winzigen Ohrläppchen, zwirbelt es in die eine, dann in die andere Richtung.

»Lassen Sie es mich genauer ausdrücken«, sagt Tony. »Hätten wir zweihundert Jahre früher, würden wir dieses Chaos nutzen, Sal loswerden und den Aufständischen die Schuld in die Schuhe schieben. Oh, und wir würden uns auch Lonnie vom Hals schaffen müssen: keine Zeugen. Heute lässt sich die Wirkung durch Rufmord sogar noch verdoppeln.«

»Inwiefern?«

»Was verlangt man von einem Führer?«, fragt Tony. »Führung. Wir könnten schildern – widerstrebend natürlich –, dass Sal in dieser Krise völlig zusammengebrochen ist. Vor seinem Tod. Sie haben ihn in der Toilette ertränkt. Einen Justizminister, der mit harter Hand gegen Kriminalität vorging und ihnen ausgeliefert war. Genau so etwas würden sie tun.«

»Aber es ist nicht so«, wendet Sebert ein. »Er ist nicht völlig zusammengebrochen. Zumindest nicht ganz. Und sie haben ihn nicht in der Toilette ertränkt.«

»Angenommen, wir wären die einzigen Überlebenden«, sagt Tony. »Wer würde es schon erfahren?«

»Sie schlagen das doch nicht ernsthaft vor?«, fragt Sebert alarmiert.

»Betrachten Sie es als eine Theorie«, meint Tony und sieht Sebert direkt ins Gesicht. »Als ein Gedankenexperiment.«

»Gut, ich verstehe, ein Gedankenexperiment«, sagt Sebert. »Und was wäre in dem Gedankenexperiment mit Lonnie?« Er schwankt. »Wir können nicht einfach …«

»In dem Gedankenexperiment würde Lonnie einen Herzinfarkt erleiden«, sagt Tony. »Das ist in seinem Fall längst überfällig. Wir könnten zum Beispiel dieses Gedankenexperiment-Kissen benutzen. Und falls eine eventuelle Obduktion Tod durch Ersticken nachweisen würde, würden wir behaupten, die Aufständischen hätten es getan. Eine Schande, aber was kann man schon erwarten, wenn man bedenkt, wer sie sind? Sie sind impulsiv, sie haben keine ausgeprägten Aggressionskontrollmechanismen. Es liegt in ihrer Natur, so zu handeln.«

»Das ist mir aber ein Gedankenexperiment«, meint Sebert.

»Haben wir das alles aufgenommen?«, fragt Felix hinter der Leinwand im Hauptraum. »Es ist noch viel besser, als ich gehofft hatte!« Tony offenbart sein wahres Gesicht. Er muss schon eine Weile über einen solchen Verrat nachgegrübelt haben, und jetzt hat der Zufall ihm eine Möglichkeit in die Hände gespielt, die sich als tödlich erweisen könnte.

»Gestochen scharf«, sagt 8Handz. »Auf Video und auch auf Audio.«

»Ausgezeichnet«, freut sich Felix. »Es wird Zeit weiterzumachen, bevor sie den alten Lonnie mit einem Kissen ersticken. Drücken Sie auf den Knopf, spielen Sie den Weckruf ab. Wofür haben Sie sich entschieden?« Die Wahl der magischen Inselmusik hat er 8Handz überlassen, so wie Prospero es offenbar bei Ariel getan hat, auch wenn Felix die erwünschte Auswahl an MP3s besorgt hat.

»Metallica. ›Ride the Lightning‹. Es ist wirklich laut.«

»Das ist mein trickreicher Luftgeist!«, sagt Felix.

»Mein Gott!«, ruft Sal hellwach und richtet sich kerzengerade auf. »Was ist das für ein infernalischer Krach?«

»Was ist los?«, erkundigt sich Lonnie und reibt sich die Augen.

»Ich habe Getöse gehört«, sagt Tony. »Die Aufständischen – offenbar wüten sie wieder! Machen Sie sich bereit! Nehmen Sie ein Kissen, und halten Sie es sich vor den Körper, wenn geschossen wird!«

»Mein Kopf fühlt sich komisch an«, meint Sal. »Wie bei einem Kater. Ich habe gar nichts gehört.«

»Ich nur eine Art Summen«, sagt Lonnie.

37. Mein Zauber hält

Die Tür schwingt auf. Draußen auf dem Flur gehen die Lichter an.

»Und jetzt?«, fragt Tony.

»Das ist eine Falle«, meint Sal.

Lonnie geht vorsichtig zur Tür und späht hinaus. »Niemand da«, sagt er.

»Und jetzt die feierliche Musik«, sagt Felix zu 8Handz. »Aus dem Künstlerzimmer. Ist die Schale mit den Trauben noch da?«

»Sie sollte da sein. Ich sehe mal nach«, sagt 8Handz und schaut auf den Bildschirm. »Ja, ich seh sie.«

»Gut gemacht, Trolle«, sagt Felix. »Ich hoffe, die Versenkung darunter funktioniert.«

»Wir haben sie zweimal überprüft. So, und dafür habe ich einen Leonard-Cohen-Song ausgewählt«, erklärt 8Handz. »›Bird on a Wire.‹ Mit halber Geschwindigkeit. Ich habe ihn auf dem Keyboard selbst aufgenommen.«

»Äußerst passend«, bemerkt Felix.

»Ich hab das Cello benutzt, mit einer Art Theremin-Back-up«, erläutert 8Handz. »Dieser Wuu-Wuu-Klang.«

»Wuu Wuu ist gut«, findet Felix. »Ich bin gespannt. Drücken Sie auf den Knopf.«

»Es kommt von weiter unten im Flur«, sagt Sebert.

»Ist das ›Bird on a Wire‹?«, fragt Tony.

»Sie führen uns an der Nase herum«, sagt Sal.

»Ich habe auf meine Weise versucht, frei zu sein«, bemerkt Lonnie. »Vielleicht ist es eine Nachricht von jemandem, der uns helfen will. Wir können ebenso gut hingehen und nachsehen. Sonst sitzen wir nur hier herum.«

»Warum nicht?«, meint Sebert und knabbert an seinem Zeigefinger.

»Lassen Sie die beiden vorausgehen«, flüstert Tony ihm zu. »Falls geschossen wird.«

»Sie sind aus der Tür gekommen«, sagt 8Handz. »Alle vier. Das Video aus dem Flur ist nicht besonders gut, aber sehen Sie, da sind sie. Gehen über den Flur ins Künstlerzimmer.«

»Ich habe Schuldgefühle, weil ich Lonnie das alles zumute«, gesteht Felix, »aber es gibt keinen anderen Weg. Außerdem hat er sich in schlechte Gesellschaft begeben. Wurde ihm der kleine Lautsprecher anmontiert?«

»Ja«, sagt 8Handz. »Er steckt an seinem Kragen, er funktioniert. Wenn Sie ihn brauchen, scrollen Sie zu dieser Stelle und drücken Sie auf ›Zurück‹.«

Sie beobachten auf dem Bildschirm, wie die vier Männer sich langsam und vorsichtig der Tür des Künstlerzimmers nähern. Rechts und links neben der Tür kleben Scherenschnitte – ein T-Rex, ein Wesen aus dem All –, die sie zum Eintreten auffordern.

»Großartige Zeichensprache«, murmelt Felix vor sich hin.

»Was ist das hier, ein Kindergarten?«, fragt Sebert. »Erst Palmen und nun das!«

»Wer leitet diesen Laden?«, will Sal wissen. »Da muss es einige Veränderungen geben!« Er betastet seine Stirn. »Ist das ein Dinosaurier? Mir ist komisch. Ich glaube, ich habe Fieber.« Doch sie treten alle durch die Tür in das Zimmer.

»Was ist das?«, will Tony wissen. »Es sieht aus wie ein Künstlerzimmer am Theater! Da steht sogar so eine irre Obstschale! Wenn auch nur mit Trauben. Dazu sollte es auch noch eine Käseplatte mit Crackern geben.«

»Was für eine hübsche Musik!«, meint Lonnie. »Ist das aus *Die Zauberflöte*?«

»Was auch immer. Ich habe Hunger«, sagt Sal. Er schwankt auf seinen Füßen.

»Wir können ebenso gut essen wie nicht essen«, findet Sebert. »Nehmen Sie sich eine Traube.«

»Rühren Sie die Trauben nicht an«, sagt eine leise Stimme dicht an Lonnies Ohr. Die Stimme eines Mannes, eine Stimme, die er beinahe wiedererkennt.

»Was?«, fragt Lonnie. »Wer ist das?« Er fasst an seinen Kragen, ertastet den kleinen Lautsprecher. Dann hält er sich im Hintergrund, während die anderen drei geräuschvoll kauen.

»Die schmecken seltsam«, erklärt Sal. »Wir sollten sie nicht essen.«

»Wir haben sie bereits gegessen«, meint Sebert.

»Mir ist komisch«, sagt Tony. »Ich muss mich setzen.«

»Das reicht jetzt mit den Trauben«, sagt Felix. »Es scheint zu funktionieren. Wissen Sie, was in dem Zeug enthalten ist? Das ich injiziert habe?«

»Ein bisschen hiervon und ein bisschen davon«, antwortet 8Handz. »Aug vom Frosch. Ketamin. Salbei. Pilze. Wahnsinnszeug, wenn Sie es richtig zusammenmischen. Sie werden im Handumdrehen zugedröhnt sein. Es wirkt schnell, hält aber nicht lange an. Ich hätte nichts dagegen, gleich selbst auf einen Trip zu gehen.«

»Geben Sie den Einsatz für den Donner«, befiehlt Felix.

Ein Krachen, totale Schwärze. Dann gehen die Lichter an: Die Obstschale ist verschwunden. An der Wand ein furchteinflößender Schatten: ein Riesenvogel, der die Schwingen öffnet und schließt.

»Das sieht gut aus«, lobt Felix.

»Ja, Sie haben diese fantastischen Flügel ausgesucht.«

Eine Stimme beginnt ein wenig misstönend zu singen:

Ihr Sünder, alle drei Mann
Wie fang ich nur an?
Ihr wart so fies
Da wird mir mies
Und deshalb werdet ihr alle närrisch!
Felix wurde von euch ruiniert,
Hinaus ins Blaue expediert;
Sals Sohn ist weg,
Das ist kein Gag,
Und eure Qual nimmt gerade erst ihren Lauf!
Bereut und auf Verzeihung sinnt
Damit die Sache ein gutes Ende nimmt:
Das … meint … euch!

»Wo ist es hingegangen?«, fragt Tony. »Dieses Ding mit den Flügeln! Dieser Dämon! Dort drüben ist er!«

»Was hab ich getan?«, sagt Sal. Er beginnt zu weinen. »Ich kann genauso gut sterben! Ihr habt es gehört! Sie haben Freddie umgebracht, und das ist alles mein Fehler! Wegen allem, was wir Felix angetan haben!«

»Das ist furchtbar«, sagt Sebert. »Wir wurden vergiftet! Wo ist mein Körper? Ich verdampfe!«

»Was ist nur in Sie gefahren?«, fragt Lonnie.

»Ein ziemlich mieses Gedicht, aber es hat funktioniert«, meint Felix. »Das und die Trauben.«

»Wow, Wahnsinn«, erklärt 8Handz. »Die sind total neben sich! Ich muss herausfinden, was sonst noch alles in dieser Mischung war!«

»Wir überlassen sie ihrem bösen Trip und sehen mal nach Ferdinand und Miranda«, sagt Felix. »Holen Sie ihr Video auf den Schirm. Was haben sie ausgeheckt?«

»Lassen Sie mich zurückspulen«, meint 8Handz. »Gut, sie haben aus den Legosteinen einen Scheiterhaufen gebaut, wie Sie gesagt haben. Dann haben sie beide ihre gefühlsduseligen

Texte gesprochen. Und jetzt spielen sie Schach. Sie sagt gerade …«

»Gut«, befindet Felix. »Sie folgen genau dem Skript. Sie sehen sehr hübsch aus zusammen.«

»Beinahe so, als meinten sie es wirklich«, meint 8Handz. »Mit der wahren Liebe und allem. Irgendwie elegant. Auch wenn das Bild ein wenig unscharf ist«, fügt er hinzu.

»Scharf genug«, sagt Felix. »Kehren wir zurück ins Künstlerzimmer.«

38. Nicht mehr zum Stirnerunzeln

Im Künstlerzimmer geht es nicht friedlich zu.

Sal hat sich in einer Ecke zusammengekauert und hält seine Knie umfasst. Tränen laufen ihm über die Wangen, er ist ein Bild des Jammers. Er scheint eine interaktive Erfahrung mit dem Fußboden zu machen. »Es ist dunkel, stockdunkel dort unten«, sagt er gerade. »Warum ist es so dunkel? Ich muss dorthin, wo es stockdunkel ist, ich muss ihn finden!«

Tony schlägt in die Luft. »Zurück! Zurück!«, ruft er. »Halt dich von mir fern!«

Sebert scheint zu glauben, er sei mit Insekten oder einer anderen Form vielbeinigen Lebens übersät. »Nehmt sie weg!«, plappert er. »Spinnen!«

Der vernünftige Lonnie hat sich hinter einem Tisch verbarrikadiert.

»Sind Sie sicher, dass Sie es nicht vielleicht übertrieben haben?«, fragt 8Handz. »Mit den Trauben? Das geht jetzt doch zu weit.«

»Ich bin den Anweisungen gefolgt«, sagt Felix. Er hat sich Qualen gewünscht, und die hat er bekommen. Doch zählen drogeninduzierte Qualen überhaupt? Und was sind die Nebenwirkungen, und wie lange halten sie an? »Wie viele Minuten haben wir noch, bis wir auf unser offizielles Video umschalten müssen?«, erkundigt er sich. »Das in den Zellen und dem Gefängnisdirektor und seiner Gruppe vorgespielt wird?«

8Handz schaut prüfend auf die Uhr. »Wir sollten ungefähr zu zwei Dritteln durch sein.«

»Wir müssen die Sache beschleunigen«, sagt Felix. »Geben Sie den Einsatz für Stephano und Trinculo.«

»Sie warten bereits.«

Die Tür des Künstlerzimmers öffnet sich, und Red Coyote und TimEEz tänzeln in voller Kostümierung herein. Ihre Gesichter sind weiß geschminkt, mit einem Clownmund. Coyote trägt sein schlampiges Smokingjackett, TimEEz steckt in langen roten Flanellunterhosen und hat die Melone nachlässig schief auf dem Kopf.

»Nichts, was ich in so einem Zustand gerne sehen möchte«, sagt 8Handz. »Ich persönlich.«

»Die Minister mögen es auch nicht«, meint Felix. Tatsächlich weichen Sal, Tony und Sebert mit entsetzten Mienen an die Wand zurück.

»Oh, schau mal«, sagt TimEEz, auf sie deutend. »Monströs! Monströs! Iiieh, und was für ein Fischgestank!«

»Fischige Monster«, sagt Red Coyote. »Ich rieche, rieche … Korruption!«

»Wir sollten sie in einer Show auftreten lassen«, sagt TimEEz. »Plappernde Irre. Penner. Drogensüchtige. Der Abschaum der Gesellschaft. Immer für einen Lacher gut.«

»Die Leute würden Geld dafür bezahlen, das zu sehen«, spricht Red Coyote. »›Der Justizminister im Drogenrausch.‹ Eine großartige Schlagzeile!«

»Geben Sie den Einsatz für die Hexensaat-Tänzer«, weist Felix an.

»Und los geht's«, sagt 8Handz.

Nach einer kurzen Pause betritt Caliban mit seinen beiden Helfern den Raum, alle mit dem identischen wilden Godzilla-Kopfputz. Sie haben speziell für diese Gelegenheit eine neue Nummer einstudiert. 8Handz drückt auf den Knopf für die Begleitmusik, und die Melodie flutet durch den Raum. Caliban beginnt mit seinem Sprechgesang:

Ihr nennt mich Monster
Aber wer ist das größere Monster hier?
Ihr schmiert, stehlt, lügt und betrügt
Euch ist's egal, wem ihr Schaden zufügt
Ihr nennt mich Abschaum, nennt mich Dreck
Für euch hab ich nur diesen Zweck
Aber ihr, ihr feinen Pinkel, ihr frisiert die Bilanzen
Klaut Steuergelder, füllt euch den Ranzen
Also wer ist das Monster hier?
Wer ist das Monster?
Wer ist hier das Monstermonster?

Monstermonster, ich zerr euch ans Licht
Monstermonster, bis ihr bricht
Monstermonster, bis alle sehn
Was für ein Monster ihr seid!

Wir wissen, was ihr geklaut habt, ihr feinen Pinkel
Wir wissen es, wir wissen es!

»Dämonen!«, kreischt Tony.

»Ich bin ein Monster«, jammert Sal. Er verbirgt sein Gesicht in den Händen.

»Was wissen Sie schon?«, fragt Sebert und sieht sich mit wildem Blick um. »Wer hat Ihnen das erzählt? Das war eine legitime Spesenaufwendung!«

»Meine Herren, meine Herren!«, bittet Lonnie von seinem Versteck hinter dem Tisch. »Reißen Sie sich zusammen!«

»Ich weiß, dass sie Arschlöcher sind und versuchen, unsere Truppe wegzupusten, aber das ist sogar mir zu krank«, meint 8Handz. »Das geht über einen schlechten Trip hinaus, sie verlieren vor Angst fast den Verstand.«

»Das ist Teil des Plans. Wie dem auch sei, sie haben es verdient«, erklärt Felix.

»Haben Sie denn gar kein Mitleid mit ihnen?«, möchte 8Handz wissen.

Schon die ganze Zeit treibt sich Miranda hinter ihm herum – ein Schatten, ein schwankendes Licht –, auch wenn sie kein Wort gesagt hat: Bisher gab es noch keine Textstelle, bei der sie hätte eingreifen müssen. Doch jetzt wispert sie: Ich hätte es, an Ihrer Stelle, mein Herr, wenn ich Mensch wäre. Sie ist so ein zartfühlendes Mädchen.

Hat 8Handz sie gehört? Nein, aber Felix. »Hast du«, spricht er, »der du nur Luft bist, Sinn, Gespür für ihre Leiden, und soll da ich selbst, ein Mensch wie sie, nicht menschlicher als du empfinden?«

»Sind wir wieder im Stück?«, fragt 8Handz. »Soll ich sagen: ›Meins würd es, wär ich Mensch.‹«

»Nein, schon gut«, antwortet Felix. »Ich habe das nur so vor mich hin gemurmelt. Aber Sie haben recht, genug der Rache. Meine Antriebskraft reicht nicht mehr zum Stirnerunzeln. Zeit, sie wieder einzufangen. Geben Sie den Einsatz für die Trolle.«

Ich geh sie holen, wispert Miranda. Liebt Ihr mich, Herr?

39. Fröhlich, ja fröhlich

Inmitten einer Phalanx schwarzgekleideter Trolle werden die Gefangenen über den Flur in den Hauptraum geleitet, der in schwaches blaugetöntes Licht getaucht ist. Sie haben sich einigermaßen beruhigt: Man hört kein Weinen, kein Jammern, Geschrei oder Stöhnen mehr. Was auch immer in den Trauben gewesen sein mag, es verliert offenbar allmählich seine Wirkung.

Die übrige Truppe ist bereits versammelt, mit Ausnahme von Anne-Marie, die immer noch mit Freddie in ihrer Zelle abgesondert ist, und 8Handz, der hinter der Leinwand am Computer sitzt. Auch Felix ist dort und wartet auf seinen Auftritt.

Sobald die vier Minister, von Trollen umrahmt, falls sie die Beherrschung verlieren und versuchen sollten wegzulaufen, nach höflicher Aufforderung in der ersten Reihe Platz genommen haben, spielt 8Handz einen Trommelwirbel und einen Trompetentusch, löscht das Licht, schaltet einen goldenen Scheinwerfer ein, und dann, ta-da!

Felix tritt mit Aplomb in seinem wehenden Zaubermantel aus ausgestopften Tieren hinter der Leinwand hervor. Er hebt seinen Fuchsknaufstock in die Luft und gibt den Einsatz für getragenere Musik. Für diesen Moment hat 8Handz »Somewhere Over the Rainbow« gewählt, langsame, gedämpfte Akkorde von zwei Basssaxofonen und einem Cello.

»Ein ernster Klang, die beste Arznei zerrütteter Gedanken, heil dein Hirn, das jetzt unbrauchbar kocht im Schädel«, intoniert Felix unheilvoll. Die Lichter erstrahlen hell. »Ich danke dir, Lonnie, für deine freundliche Unterstützung – zumindest du hast mich in der Vergangenheit mit einem gewissen Anstand behandelt, im Unterschied zu Sal und ganz besonders zu Tony.«

Alle vier starren ihn an, als wäre entweder er verrückt oder sie. »Felix Phillips?«, fragt Sal. »Träume ich? Wo kommst du denn her?«

»Ebendieser«, sagt Felix. »Auch wenn mein Name hier Mr Duke lautet.«

»Du bist so vollständig von der Bildfläche verschwunden, dass ich dachte, du seist wahrscheinlich gestorben«, sagt Lonnie.

»Was geht hier vor?«, fragt Sal. »Was habt ihr mit Freddie angestellt? Bist du echt?«

»Eine gute Frage«, meint Felix. »Vielleicht bin ich eine Vision, die auf dieser magischen Insel entstanden ist. Du wirst es beizeiten herausfinden. Willkommen, alle meine Freunde.«

Tony ist nicht erfreut. »Das hast du ausgeheckt«, stellt er fest. Seine Stimme klingt noch immer belegt von den nachlassenden Drogen. »Wieder einer deiner Tricks, effekthascherisch wie immer. Ich fand dich schon immer paranoid! Von deinem kostbaren Bildung-durch-Literatur-Programm kannst du dich verabschieden.« Er hält inne und bemüht sich, zu seiner üblichen Manier zurückzufinden. »Du hast diese Trauben mit Drogen versetzt, nehme ich an. Das ist strafbar.«

»Wenn Freddie auch nur ein Haar gekrümmt wurde«, droht Sal, »wirst du mächtig dafür bezahlen. Ich werde dich anzeigen wegen ...«

»Das glaube ich nicht«, meint Felix. »Sal, du bist der Justizminister, deshalb fordere ich Gerechtigkeit. Erstens, ich fordere meine alte Stelle beim Makeshiweg-Festival zurück. Ich wurde unrechtmäßig entlassen, damit Tony meinen Platz einnehmen konnte. Das war ein Komplott, das ihr beide miteinander ausgeklügelt habt, wie ihr sehr wohl wisst.«

»Du bist wahnsinnig«, sagt Tony.

»Das tut nichts zur Sache«, bemerkt Felix. »Wie dem auch sei, die Erfahrung, die ihr gerade gemacht habt, nennt man

›Immersion‹. Was du aller Welt verkünden wirst, Sal, ist, dass die Schauspieltruppe der Justizvollzugsanstalt Fletcher ein sehr kreatives, interaktives Theaterstück aufgeführt hat, und dass du, nachdem du in den Genuss dieser Aufführung – nicht zu erwähnen der Trauben – gekommen bist, das bildungsrelevante Potenzial des Programms vollumfassend erkennst und es in Zukunft von ganzem Herzen unterstützen wirst. Tony als Minister für Kultur und Denkmalpflege wird eine fünfjährige Garantie für die zukünftige Förderung – eine erhöhte Förderung, wie ich betonen muss – verkünden. Danach wird Tony zurücktreten. Er kann sagen, er will mehr Zeit mit seiner Familie verbringen. Und was Sebert angeht, so wird er sich aus dem Rennen um die Parteiführung zurückziehen.«

»Das ist irrsinnig! Was bringt dich auf die Idee«, ruft Tony.

»Ich habe alles auf Video«, verkündet Felix. »Alles. Sal, der heult und in der Ecke herumschluchzt, ganz offensichtlich kopflos zugedröhnt; Seberts Rede über seinen sich auflösenden Körper; dich, Tony, wie du unsichtbare Dämonen anbrüllst, bis zum Hals mit Drogen abgefüllt. Keiner von euch möchte, dass irgendetwas davon sich im Internet verbreitet, was der Fall sein wird, wenn ihr nicht in vollem Umfang Wiedergutmachung leistet und wie gefordert handelt.«

»Das ist nicht fair«, sagt Tony.

»Nennen wir es ausgleichende Gerechtigkeit«, sagt Felix. Er senkt die Stimme und wendet sich direkt an Tony. »Übrigens habe ich auch deine faszinierende Unterhaltung mit Sebert aufgenommen, während Sal und Lonnie schliefen. Sie sagt uns vieles über Loyalität.«

»Ich werde diese Anstalt durchsuchen lassen, sie werden das Material finden, sie werden es vernichten«, legt Tony los.

»Spar dir deine Energie«, sagt Felix. »Das Video ist bereits in der Cloud gespeichert.« Das ist ein Bluff – es ist auf einem Memorystick in seiner Tasche, bis er Gelegenheit hat, es hochzuladen –, aber sein Ton ist überzeugend, und Tony sackt in sich zusammen. »Dann haben wir also keine Wahl«, meint er.

»So würde ich es sehen«, sagt Felix. »Sebert?«

»Du hast uns genau deshalb hierhergelockt«, sagt Sebert. »Du hast uns eine Falle gestellt.«

»Ich habe euch Zeit und einen Raum gegeben, und ihr habt selbst euren Nutzen daraus gezogen«, erklärt Felix. Er wendet sich wieder an Sal. »Zusätzlich verlange ich die vorzeitige Haftentlassung meines Technikers, der die Spezialeffekte verantwortet hat. Anschließend werde ich euch allen verzeihen, und wir lassen die Vergangenheit ruhen.«

Es entsteht eine Pause. »In Ordnung«, stimmt Sal zu, der größte Nutznießer dieses Arrangements. Tony und Sebert sagen nichts, doch wenn Blicke töten könnten, denkt Felix, wäre er zehnmal tot.

»Gut«, sagt er. »Ich bin froh, dass ihr alle zustimmt; zufällig habe ich auch dieses Abkommen, das wir soeben geschlossen haben, auf Video, als zusätzliche Vorsichtsmaßnahme.«

»Dann ist der Aufstand, die Abriegelung«, meint Lonnie, »war das ... Die waren doch nicht ... War das Theater?«

»Und wo ist Freddie?«, fragt Sal. »Ist er wirklich tot? Ich habe ihn schreien gehört. Ich habe den Schuss gehört!«

»Ich fühle mit dir«, meint Felix. »Ich habe in diesem jüngsten Sturm selbst eine Tochter verloren. Das ist nicht wiedergutzumachen.«

»Aber«, wendet Lonnie ein, »das ist mindestens zwölf Jahre her ...«

»Komm mit«, sagt Felix zu Sal. Sal steht auf, und Felix hakt ihn unter. »Ich möchte dir etwas zeigen.«

»Da kommen sie«, flüstert Anne-Marie. »Das sind Felix und dein Dad. Tu so, als wärst du überrascht.« Sie und Freddie sitzen im Schneidersitz in der Zelle auf dem Fußboden, das Schachbrett zwischen sich. »Gleich spähen sie durchs Fenster. Hast du deinen Text parat?«

»Ich bin bereit«, flüstert Freddie zurück.

»Lieber, du spielst mir falsches Spiel«, spricht Anne-Marie auf ihre gewinnendste Art.

»Nein, Liebste, ich tät's nicht um die Welt«, antwortet Freddie.

Die Zellentür wird aufgerissen. »Freddie!«, schreit Sal. »Du lebst noch!«

»Dad«, ruft Freddie. »Du lebst auch noch!«

»Gott sei Dank!« Sie fallen sich in die Arme.

Der Barde hat an dieser Stelle mehr Eloquenz geboten, denkt Felix, aber die wichtigsten Punkte haben sie abgedeckt.

Als die Freudenrufe, die Umarmungen und das Schulterklopfen ein Ende haben, verkündet Freddie: »Dad, ich möchte dir meine neue Partnerin vorstellen, Anne-Marie Greenland. Sie hat mit Kidd Pivot getanzt, und gerade hat sie die Miranda gespielt.«

Anne-Marie hat sich aufgerappelt; ihr Kleid ist ziemlich weit über die Schulter gerutscht, die Papierblumen stecken schief im Haar. Sie grinst wie ein Kobold und streckt zur Begrüßung die Hand aus. Sal erwidert diese Geste nicht. Er mustert sie mit zusammengekniffenen Augen. »Geschäftlich oder romantisch?«, fragt er.

»Beides«, antwortet Freddie. »Zumindest, ich meine ...«

»Einen Moment«, wirft Anne-Marie dazwischen. »Darüber haben wir noch nicht wirklich gesprochen! Ich muss nachdenken!«

»Heute Abend beim Abendessen?«, schlägt Freddie vor.

»Ich schätze, ja«, sagt Anne-Marie. Sie zieht ihren Ärmel hoch. Sie errötet sogar.

Felix wendet sich an Sal. »Eine echte Romanze«, sagt er. »Dagegen bist du machtlos. Wie auch immer, das ist das Beste, was dabei herauskommen konnte.«

Nachdem sie sich von der Truppe verabschiedet haben, werden die Minister den Flur entlang durch die Sicherheitstüren wieder in den Empfangsraum eskortiert. Wundersamerweise stecken die Sicherheitspager wieder an ihren Gürteln.

Sie werden auf ein Glas beim Direktor erwartet, zu einem besonderen Empfang mit weiteren Vertretern höherer Hierarchieebenen; dort bietet sich auch eine Gelegenheit für weitere Fotos. Es wird Würstchen auf Zahnstochern geben, weniger toxisch als die Trauben, außerdem Cracker mit Streichkäse und das eine oder andere alkoholische Getränk. Estelle wird dabei sein und alles genau mit anhören. Später wird sie Felix berichten, wie es gelaufen ist.

Werden sie darüber sprechen, wie gründlich sie alle an der Nase herumgeführt wurden? Nein, glaubt Felix. Nichts über den sogenannten Aufstand oder die sogenannte Abriegelung. Nichts über die seltsamen Halluzinationen. Nichts über Mr Dukes Hintergrundgeschichte. Mit anderen Worten, nichts Ehrenrühriges über die Besucher.

Stattdessen wird der Direktor Komplimente zu hören bekommen über den hohen, den exzellenten Standard der Schauspieltruppe der Fletcher-Justizvollzugsanstalt. Man wird ihm versichern, dass demnächst die Verlängerung des Programms und eine Erhöhung der Fördergelder verkündet werden. Alle werden sich gegenseitig gratulieren.

Sal wird das Lügen keine Probleme bereiten: Er ist ein erfahrener Politiker. Was Tony und Sebert angeht, deren Lippen werden versiegelt bleiben; so können sie zumindest ihren guten Ruf wahren und sich nach ihrem Ausscheiden aus der Politik Hoffnungen auf den einen oder anderen Aufsichtsratsposten machen. Vielleicht wird man sie eines Tages sogar noch in den Senat hieven. Zum Dank für geleistete Dienste.

Freddie und Anne-Marie nehmen ebenfalls am Empfang des Direktors teil, aber erst, nachdem Anne-Marie Felix einen Kuss auf die bärtige Wange gedrückt hat. »Du bist der Beste«, sagt sie. »Ich wünschte, du wärst wirklich mein Vater.«

»Du warst hervorragend«, lobt er sie.

»Danke«, sagt sie, »aber Freddie hat mir geholfen. Er hat

beinahe sofort alles verstanden, er ist richtig eingestiegen.« Sie leuchtet.

Junge Liebe, denkt Felix versonnen. So gut für den Teint.

Felix bleibt zurück, um 8Handz zu helfen, die Ausrüstung aufzuräumen. Die winzigen Mikrofone müssen eingesammelt, die Lautsprecher abgenommen, die Spezialbeleuchtung muss abmontiert werden. Alles wird eingepackt und zum Verleih zurückgebracht.

Felix ist mit Sortieren beschäftigt, während 8Handz die Qualität der letzten Audio-Video-Aufnahme überprüft, die er gefilmt hat – die Szene im Hauptraum, in der Sal die Bedingungen akzeptiert. Sie könnte sich eines Tages als essenziell erweisen; man kann schließlich nie wissen.

»Ich glaube, ich höre gerade bei einer Radiosendung mit oder so was«, sagt 8Handz. »Über meinen Kopfhörer. Da ist so ein Singsang.«

»Was für ein Singsang?«, will Felix wissen.

»Es ist schwach, aber … warten Sie. Gut. Es ist ›Merrily, merrily‹«.

»›Fröhlich, ja fröhlich, so leb ich nun bald, Unter den Blumen im blühenden Wald‹?«, fragt Felix. Das muss Miranda sein, die wieder souffliert.

Kluges Kind, sie hat sich in Ariels Kopfhörer eingeschaltet! Aber sie scheint ein wenig verwirrt, was den Text angeht. »Wir haben diesen Teil bereits aufgenommen, er ist auf dem Video«, sagt er, an sie gewandt. Sie haben letztlich doch Ariels ursprünglichen Gesang verwendet, allerdings mit einer kleinen Änderung, um das »saugen« loszuwerden. *Wo die Biene summt, da summ auch ich.*

»Nein«, meint 8Handz. »Nicht das. Es ist ›Fröhlich, fröhlich, fröhlich, Das Leben ist nur ein Traum‹«.

Felix durchfährt es kalt. Seine Nackenhaare sträuben sich. »Das habe ich ihr immer vorgesungen«, sagt er kaum hörbar zu sich selbst. »Als sie drei war.« Erinnert sie sich doch noch daran?

Erinnert sie sich an diese Zeit, erinnert sie sich, dass sie niemals vier wurde? Wenn ja, dann ...

»Was für ein Zufall«, sagt Felix. »Ich dachte daran, es in die Hintergrundgeschichte aufzunehmen, habe es dann aber sein lassen.« Er improvisiert. »Als ein Lied, das Prospero der kleinen Miranda in dem leckgeschlagenen Boot vorsingt. Das macht man bei Kindern, man singt ihnen etwas vor, wenn sie sich ängstigen.«

Das macht man, wenn man ihre fiebrigen Hände hält und ihnen in einem Krankenhauszimmer über die Stirn streicht; dennoch entgleiten sie einem, ganz sachte, ins dunkle Damals und ins Loch der Zeit.

»Ich kenne das Lied. Es wäre nett gewesen«, sagt 8Handz. »Und im Ernst, vielen Dank, dass Sie mir zur vorzeitigen Entlassung verholfen haben. Das war genial.«

»Ich helfe gern«, sagt Felix. »Ich hätte das ohne Sie nicht geschafft. Ist diese Musik immer noch da?«

8Handz lauscht. »Nein, sie ist weg.«

»Kann ich Ihre Kopfhörer ausprobieren?«

8Handz tauscht die Kopfhörer mit ihm. Felix horcht und horcht. Doch da ist nichts, kein Singen. Nur Stille. Wo ist seine Miranda? Was will sie ihm mitteilen?

Draußen dämmert es. Felix stapft zu seinem Auto. Der erwartete Schneesturm ist schon durchgezogen, aber offenbar war er nicht besonders heftig: Dünne, geriffelte weiße Schneeverwehungen bedecken den Asphalt.

Er fährt schweigend den Hügel hinunter. Wenn dies ein richtiger Premierenabend wäre, würden die Schauspieler und das Team gemeinsam ausgehen, irgendwo etwas essen und einander gegenseitig Mut zusprechen, während sie auf die Kritiken warten. Wie die Dinge liegen, wird Felix zum Abendessen ein Ei zu sich nehmen; allein, es sei denn, Miranda beschließt, ihm Gesellschaft zu leisten. Sie muss irgendwo im Auto sein, obwohl keine Spur von ihr zu sehen ist.

»Wie auch immer, es ist mir gelungen«, sagt er sich. »Zumindest ist es mir nicht misslungen.« Warum fühlt es sich wie eine Enttäuschung an?

Das Köstlichere liegt im Sittlichsein / Als im Vergeltungssuchen, ertönt es in seinem Kopf.

Es ist Miranda. Sie souffliert ihm.

V
Dies Ding der Finsternis

40. Letzte Aufgabe

Freitag, der 15. März 2013

Am Vorabend des letzten Unterrichtstags kauft Felix zwanzig Tüten Kartoffelchips mit Meersalz. Mit einer Rasierklinge schneidet er auf der Rückseite einen schmalen Schlitz in jede Tüte, dicht unter dem gerippten Verschluss. Durch jeden dieser Schlitze schiebt er fünfzehn einzelne Zigaretten. Wie immer ist Marlboro die Marke der Wahl: Sie scheint überaus populär zu sein. Er kann diese Arbeit nicht lange im Voraus erledigen, sonst schmecken die Zigaretten nach Kartoffelchips und umgekehrt.

Dann versiegelt er den Schlitz wieder mit einer kleinen Wärmepresse. Nach jedem Stück, das er in Fletcher produziert hat, hat er für die Truppe Chipstüten präpariert.

Er packt die Chipstüten in zwei Tragetaschen von Mark's Work Wearhouse und hofft auf das Beste.

Am nächsten Tag trifft er sich mit Anne-Marie auf dem Parkplatz. Auf besondere Bitte hin ist sie bei dieser letzten Sitzung dabei. In gewisser Weise ist es eine Schauspielerparty und, wie Leggs erklärte, sie ist Teil der Truppe, weshalb sollte sie also übergangen werden?

»Danke, dass du das tust«, sagt Felix zu ihr.

»Ich hätte es keinesfalls verpassen wollen«, erwidert Anne-Marie. »Freddie wollte auch mitkommen, aber ich habe ihm gesagt, dieses Mal nicht. Das ist für die Jungs.« Felix schließt daraus, dass sie Freddie noch an der Angel hat. Oder dass sie einander an der Angel haben. Er lächelt.

»Freddie ist nicht eifersüchtig auf WonderBoy?«, fragt er schalkhaft. »Diese Szenen waren ganz schön intensiv.«

»Du meinst heiß? Ja, waren sie. Aber Freddie hat sie nicht gesehen, er hat mit mir Schach gespielt«, sagt Anne-Marie. »Wie auch immer, WonderBoy hat inzwischen den Rückzug angetreten. Es geht ihm gut damit.«

»Gut womit?«, fragt Felix.

»Gut damit, dass es nur ein Theaterstück ist«, erklärt Anne-Marie.

Die Chipstüten passieren die Sicherheitsschleuse: Wer käme schon auf die Idee, dass sie Schmuggelware enthalten könnten? Dylan und Madison noch am ehesten, doch falls dem so ist, drücken sie ein Auge zu. Vielleicht sind sie der Meinung, die Schauspieler verdienten eine Belohnung nach der ganzen Mühe, die sie in diese Sache investiert haben.

»Das war ein Spitzenvideo, Mr Duke! Dieses *Sturm*-Ding«, sagt Dylan, als er Felix seinen Sicherheitspager aushändigt. »Ich dachte nicht, dass es mir gefallen würde, so ohne Schlachtszenen und alles, aber es hat mich richtig gepackt.«

»Ja, es hat jeden gepackt«, sagt Madison. »Es war so seltsam!«

»Sie hatten recht, Mr Duke, es gab keine Schwuchteln«, sagt Dylan. »Dieses blaue Alien-Ding oder was auch immer, und diese Rap-Nummer von Hexensaat – die waren böse! Sie waren fantastisch, Miss Greenland, Ma'am. Diese Miranda war ein eiskaltes Luder!«

»Danke«, sagt Anne-Marie ein wenig kühl.

»Was ist in Ihrer Tasche?«, fragt Dylan.

»Nichts Scharfes. Schokoladenkekse, die ich für die Jungs gebacken habe, und ein paar Puppen. Die haben Sie schon gesehen.«

»Nichts Komisches in den Keksen?«, fragt Dylan grinsend.

»Hier, Sie können sie testen«, sagt Anne-Marie. Sie gibt jedem einen Keks.

»Was machen die Puppen hier?«, möchte Madison wissen.

»Es ist eine Party für die Schauspieler«, sagt Anne-Marie. »Sie gehören zur Truppe. Sie haben sie gesehen.«

»O ja. Wie auch immer«, sagt Madison. Er wirft Dylan einen Blick zu: komische Vögel, diese Künstler. »Achten Sie nur darauf, dass sie wieder mit Ihnen herauskommen. Nicht, dass sie noch belästigt werden.«

»Sie können auf sich aufpassen«, meint Anne-Marie, ohne eine Miene zu verziehen. Was führt sie im Schilde?, fragt sich Felix. Mit den Puppen?

»Welches Stück führen Sie im nächsten Jahr auf, Mr Duke?«, erkundigt sich Dylan bei Felix.

»Ich habe mich noch nicht entschieden«, antwortet Felix.

»Nun, merde, was auch immer es wird«, meint Madison.

»Eine hervorragende Aufführung«, wendet Felix sich an die versammelte Truppe. »Makellos! Es hätte nicht besser sein können! Ein perfektes Beispiel für die Stärken des interaktiven Theaters, für den praktischen Nutzen der Schauspielkunst und« – er erlaubt sich ein tief empfundenes Lächeln – »am allerbesten, dank Ihnen ist die Weiterführung des Programms Bildung durch Literatur für weitere fünf Jahre gewährleistet. Die Zukunft der Schauspieltruppe der Fletcher-Justizvollzugsanstalt ist gesichert.« Spontaner Applaus, aufeinandertreffende Fäuste.

»Hurensohnmäßig super!«, meint Leggs.

»Geben Sie sich selbst fünf Sterne«, sagt Felix. »Nun kann eine weitere Generation aufstrebender Schauspieler diese Privilegien genießen und sich in der Praxis all die Fertigkeiten aneignen, die mit einer Theaterproduktion einhergehen, so wie Sie es getan haben. Lassen Sie mich hinzufügen, dass dies die beste Produktion von *Der Sturm* war, die ich je auf die Bühne gebracht habe.« Sie brauchen nicht zu wissen, dass es die einzige ist. »Sie kann nicht mehr verbessert werden, deshalb werde ich dieses besondere Stück nie wieder in Angriff nehmen. Ich habe den wichtigsten Mitgliedern der Truppe bereits einzeln gratuliert, aber ich muss sagen, dass dies alles in allem die mustergültigsten Trolle waren, die man sich nur wünschen kann. Und nun Applaus für uns alle!«

Ein etwas anderer Jubel, noch mehr aufeinandertreffende Fäuste.

»Und einen besonderen Applaus für unsere mutige Miranda, Miss Anne-Marie Greenland, die die Rolle der Miranda unter Bedingungen übernommen hat, die die meisten Schauspielerinnen wohl zu einer Absage genötigt hätten. Sie ist wirklich ein tapferes Mädchen!« Dieses Mal lauterer Jubel, Applaus und ein Chor von »Ja!«- und »Fantastisch!«-Rufen.

Leggs hebt die Hand, und Felix nickt ihm zu. »Das möchte ich im Namen von uns allen sagen, danke, Mr Duke. Sie sind der Größte. Es war …« Leggs errötet tatsächlich unter seinen Sommersprossen.

»Scheißfantastisch!«, sagt 8Handz. Noch mehr Applaus.

Felix verbeugt sich leicht. »Es war mir ein Vergnügen«, sagt er. »Und jetzt zu unserer letzten Aufgabe, die fünfzehn Prozent der Note ausmacht. Wir hören Ihre Darstellung über das weitere Leben Ihrer Figur nach dem Stück. Dann runden wir die Sache mit einer Party ab, einschließlich Erfrischungen wie zum Beispiel Kartoffelchips. Alles in Ordnung.« Er sagt das zur Bestätigung, dass die Zigaretten sicher ins Haus gelangt sind. »Zuerst das Team Ariel.« Er bedeutet 8Handz, vorne Aufstellung zu nehmen, dann nimmt er neben Anne-Marie Platz.

41. Team Ariel

8Handz fühlt sich nicht wohl in seiner Haut. Er tritt von einem Fuß auf den anderen, räuspert sich. Und sieht jünger aus denn je.

»Das ist der Bericht von Team Ariel«, beginnt er, »das bin ich, WonderBoy, Shiv, PPod und HotWire. Wir haben das zusammen gemacht. Wir haben alle ein paar Ideen eingebracht. Ihr Jungs seid cool«, sagt er zu seinen Teamkollegen.

»Wir sollten uns überlegen, was dem wichtigsten Typen unseres Teams nach dem Stück widerfährt. Und dieser Typ ist in unserem Fall Ariel. Ich weiß, dass wir alle anfangs gesagt haben, er sei ein Alien aus dem Weltraum, aber wir haben unsere Meinung geändert. Wie Mr Duke gesagt hat, geht es in diesem Stück darum, dass Auffassungen sich ändern können, und es ist Ariel, der Prosperos Haltung verändert, von Rache zu Vergebung, denn trotz alldem Scheiß, den sie angerichtet haben, hat er, nachdem sie genug gelitten haben, Mitleid mit den bösen Typen und dem, was sie durchmachen mussten; deshalb sind wir davon ausgegangen, dass es in Ordnung ist – wenn wir unsere Auffassung ändern.«

Er sieht sich im Raum um. Nicken, ein paar hochgereckte Daumen.

»Super. Wir haben also entschieden, dass Ariel kein Alien aus dem Weltraum ist. Wenn er einer wäre, müsste er von einem Raumschiff abgeholt werden, oder man könnte ihn ins All beamen, so wie in *Star Trek*. Wir hatten eine andere Idee.«

»Wir stellen uns vor, er ist so etwas wie eine holografische

Projektion. Deshalb kann er sich so schnell bewegen, sich unsichtbar machen und sich in dieser Weise aufteilen. Es passt alles zusammen, ja?« Er lächelt. »Ihr wisst nicht, was eine holografische Projektion ist? Soll ich das erklären?«, wendet er sich an Felix.

»Kurz«, antwortet er.

»Okay, das ist wie 3-D, außer dass man keine Brille braucht. Wenn er aber eine Projektion ist, wer projiziert ihn dann? Ist es Prospero? Entstammt Ariel seinem Kopf? Das kann nicht sein, haben wir uns gedacht, denn als Prospero sagt: ›Dann sei den Elementen ganz frei‹, und Ariel ziehen lässt, würde er in diesem Fall ganz einfach verschwinden. Er würde sterben. Das wäre absolut nicht fair, nach all dem eindrucksvollen Zeug, das er für Prospero getan hat.

Deshalb haben wir in den Unterlagen nachgelesen, danke für die Anmerkungen, Mr Duke, und uns gedacht, er ist eine holografische Projektion, wie zum Beispiel eine Wetterlage. Er ist ein Luftgeist, außerdem kann er mit Feuer und auch mit Wasser umgehen, er hat so was also im Griff. Wie im Wetterbericht kann man die Staubteufel und die Wasserhosen sehen und die Art und Weise, wie Wolken Elektrizität erzeugen – von daher stammt die Energie, die Ariel für alles, was er für Prospero tut, benutzt. Denn diese Jobs verschlingen eine Menge Energie, besonders die Blitze.

Und so wird Ariel am Ende des Stücks auch nicht von einem Raumschiff abgeholt, und er hängt auch nicht in einer weit, weit entfernten Galaxie herum. Vielleicht macht er einen Kurzurlaub bei den Schlüsselblumen oder was auch immer – den hat er sich verdient, oder nicht? Aber danach bleibt er auf der Erde und fliegt los, um gegen den Klimawandel zu kämpfen. Ungefähr wie Storm bei den X-Men, nur ohne die weißen Augäpfel, und außerdem ist er kein Mädchen. Er freut sich wirklich sehr über diese Arbeit, denn er will helfen, er war schon immer hilfsbereit, es gefiel ihm nur nicht, wenn man ihm ständig sagte, was er tun sollte, er wollte ein eigenes Projekt; er hat mehr Seele und Gefühl, als Prospero immer glaubte: Das steht so im Stück. Wir finden, unsere Idee ist gut, und alles passt.

Unterzeichnet von: 8Handz, WonderBoy, PPod, Shiv und HotWire.«

8Handz hält inne, er wirkt nervös. Überall im Raum Nicken und Gemurmel.

»Originell!«, lobt Felix. »Sehr ungewöhnlich! Ich wünschte, ich wäre selbst darauf gekommen.« Das ist nicht gelogen: Er wünscht es sich tatsächlich, mehr oder weniger. Es macht nichts, dass man in Shakespeares Zeit noch nichts vom Klimawandel gehört hatte: Felix' Anweisung war, dass sie sich ihre eigenen Gedanken dazu machen sollen, und das haben sie getan. »Irgendwelche Einwände?« Es gibt keine: Es ist der letzte Tag, und alle sind gut gelaunt. »Die volle Punktzahl«, sagt Felix.

Glückliches Grinsen beim Team Ariel. 8Handz kehrt an seinen Tisch zurück, und seine Teamkameraden klopfen ihm auf die Schulter. »Als Nächstes ist das Team Böser Bruder Antonio an der Reihe«, kündigt Felix an. »Wir wollen sehen, wie Antonios Geschichte endet.«

42. Team Böser Bruder Antonio

SnakeEye stapft großspurig nach vorne, fast so, als trüge er einen Mantel mit hochgestelltem Kragen und einen tief in die Stirn gezogenen Fedorahut. Irgendwo in diesem Bild versteckt er unter seinem Arm auch eine unsichtbare Pistole. Er hat das Kinn vorgeschoben, die Augenbrauen gesenkt und einen Mundwinkel hochgezogen. Ist er immer noch in der Rolle? Felix ist sich nicht sicher. SnakeEye war in allen Rollen, die er im Lauf der Jahre gespielt hat, böse, beinahe zu böse. Er bewegt sich knapp an der Grenze zum Komödienhaften, hat diese Grenze aber noch nie überschritten. Er ist das finstere Double eines jeden im Raum, und als solches furchterregend. Es wird mucksmäuschenstill.

»Also, das Team Antonio, das bin natürlich ich«, hebt er an, »plus König Alonso – ich meine, Krampus – und Phil the Pill, also Sebastian, plus VaMoose, der meine Zweitbesetzung ist und die Rolle besser gelernt hat als ich. Alle diese Kerle haben Antonio aus der Nähe kennengelernt, deshalb haben sie eine genaue Vorstellung von dem, was er vermutlich tun wird, wenn das Schiff tatsächlich mit jedermann an Bord Richtung Neapel in See sticht. Wir haben das gemeinsam geschrieben, ich bin nur zufällig der, der es vorliest. Danke, Phil, für deine Hilfe bei der Rechtschreibung, wenn ich auch sagen muss, dass du eine beschissene Handschrift hast, wie ein Arzt, und ich deine Notizen kaum lesen konnte.« Das bricht die Spannung: Gelächter im Raum.

»Und so lautet er. Der Bericht des Teams Böser Bruder Antonio.

Erstens: Antonio ist der hartgesottenste Bösewicht in diesem Stück. Man findet nicht eine nicht-böse Sache, die auf sein Konto geht. Er denkt immer nur an eines, und das ist er selbst. Sogar sein Plan, den König und Gonzalo zu ermorden, damit Sebastian König werden kann, wird nicht Sebastian zuliebe ausgeheckt, sondern für Antonio, denn ihre Abmachung lautet, dass Mailand, also Antonio, keine Abgaben, das sind so was wie Steuern, zahlen muss. Das ist also eine Art Steuerhinterziehung, allerdings in Verbindung mit Mord.

Zugutehalten muss man Antonio, dass das Ganze teilweise auch Prosperos Fehler ist, weil er sich nur für seine Zauberei interessiert. Das ist ungefähr so, als ließe man sein Auto unverschlossen irgendwo stehen: Er hat Antonio seine Vergehen leichtgemacht. Was kann man dann schon erwarten, Prospero war dumm, er hat es herausgefordert, auch wenn Antonio von Anfang an böse gewesen sein muss, sonst hätte er die Situation nicht ausgenutzt.

Doch je schlimmer seine Taten wurden, desto böser wurde er; es war wie bei Macbeth, für die unter euch, die da mitgespielt haben. Es war wie die Blutrede, ja? ›Ich stieg ins Blut / So tief, daß mir, wollt ich nicht mehr drin baden, / Rückkehrn so schwer wär wie hindurchzuwaten‹, und manche von uns kennen das aus erster Hand, ja, denn wenn man einmal in einer Sache drinsteckt, denkt man, es ist feige, einen Rückzieher zu machen, und man muss die Sache zu Ende bringen. Das Ganze erledigen. Was auch immer es ist.«

Verständnisvolles Nicken der Truppe, zumindest einiger.

»Jedenfalls bestand für Antonio am Anfang kein Risiko, denn Prospero, ihm fällt nichts auf, er hat den Kopf so tief in den Arsch gesteckt – entschuldige den Ausdruck, Anne-Marie –, er hat den Kopf so tief im Zaubersand vergraben, wie ein Vogel Strauß oder so was, und sieht überhaupt nichts. Er ist so sehr damit beschäftigt, die Trolle und wen auch immer herumzukommandieren und Tote aus ihren Gräbern auferstehen zu lassen – warum machte er das überhaupt? –, dass er nicht merkt, was um ihn herum abgeht. Er gibt das am Anfang selbst zu. Dass es für ihn besser gewesen wäre, es zu halten wie Antonio: Niemals jemandem zu trauen. Niemandem.

So ein Typ ist Antonio, man kann ihn lieben oder hassen, und ich schätze, die meisten hassen ihn. Aber er geht die Dinge auf seine Art an, wie jeder. Deshalb besteigt er also das Schiff nach Neapel, und was tut er dann?

Denkt daran, Prospero verzeiht ihm in gewisser Hinsicht, und wir haben ›in gewisser Hinsicht‹ geschrieben, weil Prospero es so ausdrückt, dass er *für jetzt jedoch* nichts von dem geplanten Königsmord erzählen wird. ›*Für jetzt jedoch halt ich den Mund*‹, sagt er, was heißt, dass er später höchstwahrscheinlich doch reden wird, und dann ist Antonio erledigt.

König Alonso sagt zu Prospero, dass es ihm leidtut, aber Antonio sagt das nicht. Ihm tut es nicht leid. Er ist höchstwahrscheinlich wütend wie … wirklich wütend, weil er erwischt wurde und deshalb nicht mehr Herzog sein wird, aber er könnte lebenslänglich ins Gefängnis wandern oder enthauptet werden, was immer man damals mit Verrätern seines Kalibers gemacht hat.

Deshalb passt er auf der Schiffsreise den richtigen Augenblick ab, und als sie Neapel schon beinahe erreicht haben, heckt er mit Sebastian ein neues Komplott aus, und die beiden schleichen sich in König Alonsos Kabine und ersticken ihn. Danach kommt es zu einem Schwertkampf mit Ferdinand, der sie bei dieser Tat ertappt, doch sie gewinnen den Kampf und töten ihn, schließlich sind sie zu zweit gegen einen und kämpfen außerdem nicht fair.

Dann erdolchen sie Prospero, weil der dumme Klotz Ariel zu diesem Zeitpunkt schon die Freiheit geschenkt hat, dieser Idiot, und Prospero nicht mehr zaubern kann. Dann wollen sie sich Gonzalo vornehmen, der vor Angst ohnehin schon halb tot ist, aber er erleidet einen Schlaganfall, bevor sie ihn umbringen können, und fällt einfach um. Dann vergewaltigen sie Miranda – tut mir leid, Anne-Marie, aber so wäre es – und holen Caliban zu der Vergewaltigung dazu, als Extrastrafe für sie – von einem Monster vergewaltigt –, damit Caliban endlich kriegt, was er will.

Aber dann wollen sie das Mädchen über Bord werfen, damit Mailand keinen Erben bekommt; Caliban hat jedoch was dagegen, er will Miranda in seiner Nähe behalten, sie weiter vergewaltigen und versucht deshalb, sie zurückzuhalten, deshalb töten sie auch Caliban. Stephano und Trinculo halten sich von allem fern, denn sie sind feige und wollen ihre Jobs bei Hof oder was auch immer behalten. Man kann ihnen daraus keinen Vorwurf machen, sie sind wie jeder andere.

So. Das ist unser Bericht. Antonio verhält sich so, wie es von ihm zu erwarten ist, und Prospero sieht nichts von all dem kommen, weil er von Anfang an nicht hingeschaut hat. Wir wissen, dass das für viele Figuren in diesem Stück kein schönes Ende ist, aber wir wollten auf einigermaßen realistische Weise die Wahrheit erzählen, und so sieht sie aus, das ist, was passiert. Antonio ist böse, wie soll es also anders ausgehen? Danke, Jungs«, wendet er sich an das übrige Team Antonio, »dass ihr nichts schöngeredet habt, denn so ist das Leben nun mal.« Mit denselben herausfordernden Schritten kehrt er an seinen Platz zurück. Der Rest des Kurses schweigt.

»Ausgezeichnet«, sagt Felix. »Sie haben gründliche Arbeit geleistet, und ich kann nicht sagen, dass ich Ihre Schlussfolgerungen anzweifle, so unangenehm sie auch sein mögen.« Gibt es denn für Antonio keine Gnade?, fragt er sich. Offenbar nicht. Auch Shakespeare war nicht gnädig: Nachdem Prospero ihm vergeben hat, hat Antonio in dem Stück kein Wort mehr zu sagen.

»Das ist hart«, meint Anne-Marie.

»Ja. Das Leben ist hart«, erwidert SnakeEye.

»Ich finde, das Team Antonio hat die volle Punktzahl verdient«, sagt Felix, an alle gewandt. »Sie nicht auch?«

Nicken und Gemurmel. Den anderen gefällt diese Geschichte nicht: Sie hat kein Happy End, und es gibt keine Erlösung. Doch alles in allem müssen sie zustimmen.

»Wie könnten Prospero und Miranda gerettet werden?«, fragt Felix. »Und Caliban?«, fügt er hinzu.

PPod hebt die Hand. »Durch die Matrosen«, sagt er. »Vielleicht durch sie. Oder den Bootsmann. Er könnte es schaffen.«

»Vielleicht«, meint Felix. »Das ist nicht ausgeschlossen.«

Die Klasse entspannt sich: Ein Hoffnungsschimmer hat sich aufgetan. Sie lieben Hoffnungsschimmer. Aber wer tut das nicht?

43. Team Miranda

Felix schaut auf seine Liste. »Als Nächstes ist Team Gonzalo an der Reihe«, kündigt er an. »Bent Pencil?«

Doch während Bent Pencil seine Unterlagen zusammensucht, geht Anne-Marie mit gemessenen Schritten nach vorne. »Wenn es euch nichts ausmacht«, sagt sie, »habe ich noch etwas hinzuzufügen. Ich weiß, dass ich keine Noten oder Zigaretten oder sonst was bekomme, aber ich war Teil dieser Aufführung – übrigens war es ein Vergnügen, mit euch allen zu arbeiten –, und ich kann diese Sache nicht auf sich beruhen lassen. Felix? Mr Duke?«

Sie bittet um seine Erlaubnis, aber das ist eine Formsache: Es ist klar, dass sie, was auch immer, auf jeden Fall loswerden wird. »Leg los«, antwortet Felix mit nachsichtigem Lächeln.

»Ihr redet, als wäre Miranda nur eine Stoffpuppe. Als würde sie nur mit gespreizten Beinen daliegen und sich wie weichgekochte Spaghetti über das Mobiliar drapieren, mit einem Schild auf der Brust, auf dem *Vergewaltige Mich* steht. Aber dem wäre nicht so.

Erstens, sie ist ein starkes Mädchen. Sie war nicht wie bei Hof in Korsette eingeschnürt und in Glasschuhe gezwängt und so was. Sie ist ein Wildfang: Sie ist überall auf der Insel herumgeklettert, seit sie drei war. Zweitens, seit Caliban damals, als sie ungefähr zwölf war, bei ihr diese Vergewaltigungsnummer probierte, muss Prospero ihr Selbstverteidigung beigebracht haben, falls es wieder so weit käme, wenn er nicht dabei wäre. An Bord dieses Schiffes nach Neapel wäre sie den aufgedunsenen Herren einfach mit flinken Bewegungen entkommen und hätte sie mit ihrer Wehrhaftigkeit überrascht. Sie hat auch ein paar Muskeln – schaut euch an, wie sie dieses Holz herumhievt, damit Ferdinand es nicht tun muss.

Aber da ist noch mehr. Prospero hat schon gesagt, dass er Miranda eine viel bessere Erziehung angedeihen ließ, als Mädchen sie üblicherweise erhielten. Wir erfahren aber nicht, was er ihr beigebracht hat, außer Schach zu spielen und ihr zu erklären, was ein Schoß ist. Ich wette, es war ein wenig Zauberei. Sie hat auf jeden Fall von den Trollen gehört, vielleicht auch einige gesehen, denn sie hält Ferdinand für einen Troll; sie wusste, dass Prospero seine Zauberkunst einsetzt, um Caliban in der Spur zu halten. Was glaubt ihr, hat das Mädchen getrieben, wenn Prospero sein Mittagsschläfchen hielt? Sie hat sich auf die Bücher gestürzt – Prosperos Bücher! Wie der Vater, so die Tochter – sie hatte die Gabe, sie eignete sich die Fertigkeiten an.

Aber da ist noch mehr. Sie hatte nebenbei ein Abkommen mit Ariel, das hat sie so eingefädelt. Erinnert ihr euch an dieses Lied, das ihr alle so blöd fandet? ›Wo die Biene trinkt, trink ich, Weich in Primeln bett ich mich ...‹ Genau. Es klingt blöd. Aber die Primeln und die Sache mit den Bienen waren das, womit Ariel sich später einmal beschäftigen wollte, sollte er je die Wahl haben. Miranda hat das gehört und vorgesorgt und jede einzelne Primel auf der Insel ausgegraben und mit an Bord genommen. Ihre ganze Kabine war voller Primeln! Und da Ariel eine Vorliebe für Bienen hatte, benutzte sie die verzauberte Biene auf ihrem Arm« – Anne-Marie schiebt ihren Ärmel hoch und zeigt den anderen ihr Bienen-Tattoo – »und setzt die Magie ein, die sie aus Prosperos Büchern gelernt hat, um die Illusion eines ganzen Bienenstocks zu erzeugen. Auf Ariel wirkt das wie ein Zauber, wie eine Sucht, wie eine Droge! Er muss ihr folgen, ihr helfen! Dann bekommt er seinen Schuss: Primeln und Bienen.«

Ein einfallsreiches Mädchen, denkt Felix. Sie wird es noch

weit bringen, aber worin? »Es handelt sich nur scheinbar um Bienen«, wirft er ein. »Um eine Illusion von Bienen.«

»Na und? Ariel ist das egal«, sagt Anne-Marie. »Für ihn ist es ein und dasselbe: Die Illusion ist real.«

»Ergibt das für Sie einen Sinn, Ariel?«, erkundigt sich Felix bei 8Handz. »Haben Sie von diesem, ähm, diesem Nachtrag gewusst?«

»Ich hab mir das nicht ausgedacht«, antwortet 8Handz. »Aber es hört sich gut an. Warum nicht? Es ist cool.«

»Und so geht es Antonio wirklich«, sagt Anne-Marie. »Als er sein Komplott ausführen will.« Sie zieht ihr Hemd aus, streift die Stiefel ab, steigt aus ihren Jeans: Sie trägt ihr enganliegendes Tanzoberteil und die grünen Satinshorts. Sie reckt sich auf die Zehenspitzen, ihre Hände gehen nach unten auf den Fußboden. Sie richtet sich auf, steht auf einem Bein, ergreift hinter ihrem Körper den anderen Fuß und streckt den Arm aus: die Bogenschützen-Position. Sie zieht jeden Mann im Raum in ihren Bann.

Und jetzt, mit beiden Füßen wieder auf dem Boden, beugt sie sich vor, hält sich die Hand ans Ohr und lauscht. »Die zwei mordlustigen Bösewichte nähern sich Alonsos Kabine. Doch Ariel sieht sie und warnt Miranda, und sie weist ihn an, die Kabine mit Blitzen zu bewachen, bis sie da sein kann. Als die beiden eintreffen, versucht Ferdinand, sie abzuwehren, doch er unterliegt. Und so legt Miranda los und bricht Sebastian mit einem hohen Tritt das Handgelenk.« Anne-Marie macht es vor. Sie dreht drei Pirouetten, tanzt eine flinke Arabeske, springt hoch und stößt mit der Ferse voran den rechten Fuß nach vorn.

Unterdrückter Jubel unter den Zuschauern: Sie sitzen vorgebeugt da, kein Wunder, denkt Felix. Wenn er in ihrem Alter wäre, würde er sich auch vorbeugen. Tatsächlich hat er sich vorgebeugt.

»Es ist Sebastians Schwerthand«, erklärt Anne-Marie, »aber in der anderen Hand hält er einen Dolch, und Antonio hat ein

Schwert *und* einen Dolch. Und jetzt ist auch Caliban da und fährt seine Krallen aus, damit sind sie zu dritt gegen einen, Ferdinand blutet. Miranda ruft die schwere Artillerie zu Hilfe. Göttinnen-Power!«

Sie wirbelt Pirouetten drehend durch den Raum zu ihrer großen Tasche und reißt sie auf. Iris, Ceres und Juno in ihren Stricksachen kommen zum Vorschein, aber heute sind ihre Augäpfel mit weißer Deckfarbe ausgemalt. Anne-Marie hat ihnen Laufgeschirre übergestreift und lange Lederstreifen daran befestigt. »Zuerst Iris! Zum Angriff!« Sie wirbelt Iris um ihren Kopf wie ein Lasso. »Wumms! Das ist für dich, Antonio! Sie fliegt mit seinem Schwert davon! Jetzt Ceres! Und jetzt Juno!« Sie wirbelt sie in Achten herum. »Holt sie euch, Göttinnen! Alle beide, holt sie euch! Göttinnen-Power, direkt in die Eier! Und Bam! Verschrumpelt wie Rosinen! So viel zu eurem kleinen Vergewaltigungsplan, Genossen!«

»Verpiss dich, Toni-o!«, ruft PPod, und die anderen jubeln.

»Aber sie muss immer noch mit Caliban fertigwerden. Er setzt zum Sprung an, lüstern und geifernd. Pass auf, du Arsch!« Anne-Marie wirft die Göttinnen zurück in die Strickzeugtasche, springt auf Felix' Tisch und steht sicher an der Kante. Dann beugt sie die Knie, hebt die Hände hoch über den Kopf und landet mit einem gedrehten Salto rückwärts auf dem Fußboden. Jetzt ist sie in der Horizontalen, macht mit den Beinen eine Schere, kreuzt sie, rollt herum, setzt sich auf, und das alles so geschmeidig wie flüssiges Eisen. Es ist eine Sequenz aus ihrem Kidd-Pivot-Auftritt.

»Damit sind Calibans schuppenbesetzte Arme ausgerenkt«, verkündet sie. »Das tut weh.«

Sie springt auf die Füße, reckt beide Fäuste und wirft zwei Hände voll Glitzerkonfetti in die Luft. »Maestro«, wendet sie sich an Felix. Dann verbeugt sie sich vor den Zuschauern. Der Applaus ist so laut, wie es einer so kleinen Anzahl von Männern möglich ist.

»Danke vom Team Miranda und den Göttinnen«, sagt Anne-

Marie. Sie macht einen Bühnenknicks. Sie atmet nicht einmal besonders schwer, auch wenn ihre Stirn ein wenig feucht ist. Sie setzt sich wieder an ihren Tisch und beginnt, ihr Hemd anzuziehen.

»Nun«, sagt Felix. »Das war eine erfrischende Interpretation. Ich glaube, wir machen eine Kaffeepause.«

44. Team Gonzalo

Sie stehen herum mit ihren Pappbechern mit Felix' Premium-kaffee, und Anne-Marie lässt die Schokoladenkekse herumge-hen. Glücklicherweise gibt es genug für alle.

»Die sind supergut«, sagt Leggs.

»Du bist eine hurensohnmäßige Keksbäckerin«, lobt SnakeEye.

»Schade, dass kein Hasch drin ist«, meint 8Handz. Sie kichern.

»Eine virtuose Vorführung«, wendet Felix sich an Anne-Marie. »Aber hätten die Göttinnen wirklich so viel Macht? Sie sind doch nur eine Show, die von Ariel aufgeführt wird. Keine echten Göttinnen.«

»Sie sind es jetzt«, sagt Anne-Marie.

Felix blickt prüfend auf die Uhr. »In Ordnung, wir müssen weitermachen«, verkündet er. »Noch zwei Berichte.« Die Papp-becher werden eingesammelt und in den Müll geworfen, die Kekse sind aufgegessen. »Als Nächstes ist Bent Pencil dran.«

»Ich fürchte, das wird eine Art Anti-Klimax«, erklärt Bent Pencil. »Nach Anne-Marie. Ich bin kein großer Tänzer.« Nie-mand widerspricht ihm. Niemand lacht. Ergeben trottet er nach vorn.

»Vielen Dank für diese Möglichkeit«, beginnt er. »Die Rolle des ehrenwerten Gonzalo zu spielen, war lehrreich für mich – undankbare, aber ehrenwerte Figuren sind das oft –, ebenso wie die Mitwirkung bei dieser, äh, innovativen Form eines inter-aktiven Theaterstücks, das Sie, Mr Duke, uns diese Woche so erfolgreich dargeboten haben. Ich glaube, auch den VIPs, die sich sozusagen spontan als Teilnehmer darin wiederfanden, hat es die Augen geöffnet.« Nun da alles vorbei ist, erlaubt er sich ein kleines Kichern.

»Hundertprozentig«, sagt Leggs. »Wir haben ihnen eine Menge beigebracht!«

Bent Pencil wirft ihm ein rasches Lächeln zu. »Dieser Bericht stammt vom Team Gonzalo«, fährt er fort. »Gonzalo hat im Stück selbst weder Verbündete noch Komplizen, mit Ausnahme von Ariel, der seine Ermordung verhindert, und Prospero, der hinter den Kulissen agiert. Dennoch haben mir Colonel Deth, TimEEz und Riceball die Ehre erwiesen, mich bei der Zusammenstellung dieses Berichts zu unterstützen.« Er schickt ein onkelhaftes Strahlen in ihre Richtung.

»Der Bericht: Das Leben des Gonzalo nach Beendigung des Stücks. Vom Team Gonzalo.

Wir können das Personal in *Der Sturm* in optimistische und pessimistische Figuren aufteilen. Die Optimisten repräsentieren die positiveren Seiten der menschlichen Natur, die Pessimisten die eher negativen Seiten. So sind Ariel, Miranda und Ferdinand Optimisten; Alonso, Antonio und Sebastian sind Pessimisten. Stephano, Trinculo und Caliban schwanken hin und her; sie hoffen auf ihr persönliches Glück, sind jedoch auch willens, Gewalt, Tod und /oder Sklaverei über andere zu bringen.

Gonzalo steht so weit am äußersten positiven Rand dieses Spektrums, dass wir uns fragen, wie er als Ratsherr an König Alonsos Hof überlebt hat, der ja von Zynikern, Opportunisten und Platzhaltern bevölkert ist. Dass er *tatsächlich* überlebt hat, verleiht der Behauptung eine gewisse Glaubwürdigkeit, dass Alonso echte Reue zeigt, dass er meint, was er sagt, und dass Ferdinand und Miranda deshalb auf eine sichere und erfolgreiche Machtübergabe hoffen dürfen, die von Alonso nach besten Kräften unterstützt wird. Hätte Alonso nicht von vorneherein auch gute Seiten gehabt – obwohl er die unfaire Behandlung Prosperos unterstützt hat –, hätte er Gonzalo nicht als seinen Ratsherrn eingestellt.

Doch Gonzalo ist nicht sehr mächtig. Mit Ausnahme Prosperos ist keine der positiven Figuren – Miranda, Ferdinand, Ariel, Gonzalo – in einer Machtposition, und selbst die Macht Prosperos ist kaum von der üblichen Art. Wie Caliban sagt, ohne seine Bücher ist er nichts.

Ist extreme Güte immer schwach? Kann ein Mensch nur in Abwesenheit von Macht gut sein? *Der Sturm* stellt uns diese Fragen. Natürlich gibt es auch noch eine andere Kraft, die Kraft des Guten, sich dem Bösen zu widersetzen; eine Kraft, die das Publikum bei Shakespeare ebenfalls verstanden hätte. Doch diese Art Kraft wird in dem Stück kaum gezeigt. Gonzalo wird einfach nie in Versuchung geführt. Er muss nie ein sündig-süßes Dessert ablehnen, denn ihm wird nie eines angeboten.

Unser Vorschlag als Team Gonzalo für die Zukunft Gonzalos lautet wie folgt:

Nehmen wir einmal an, unsere pessimistischen Freunde vom Team Antonio befinden sich im Irrtum – dass Antonio nicht zum Zug kommt, dass Prospero nicht über Bord geworfen wird –, und alles verläuft tatsächlich so, wie es offenbar am Schluss des Stücks vorgesehen ist. Wir wollen auch die positive Fantasievorstellung von Miranda und ihren Freundinnen, den Göttinnen, beiseitelassen, die Anne-Marie in ihrer Vorführung gerade mit so viel Elan für uns geschaffen hat. Ich füge das eigenständig hinzu, da das Team Gonzalo nicht im Voraus über diese Intervention Bescheid wusste.« Er lächelt Anne-Marie zu, allerdings nicht allzu freundlich. »Zurück zu unserem Bericht. Das Stück *Der Sturm* spricht sich für zweite Chancen aus, und wir sollten das auch tun.

Deshalb segeln alle zurück nach Neapel, kommen in den Genuss des günstigen Windes, den Ariel via Prospero bereitstellt, und man feiert Ferdinands und Mirandas Hochzeit. Prospero verabschiedet sich von ihnen und kehrt nach Mailand zurück, wo er sein Herzogtum wieder in Besitz nimmt und Antonio zweifellos in den Kerker wirft oder ihn auf andere Weise unschädlich macht. Prospero sagt uns, dass jeder dritte seiner Gedanken sich mit dem Tod beschäftigt, das lässt jedoch zwei von drei Gedanken übrig für das Regieren Mailands. Wollen wir hoffen, dass er seine Sache dieses Mal besser macht.

Am Hof in Neapel wird Sebastian durch Prosperos Mitwisserschaft über seine verräterischen Absichten gegen seinen Bruder, den König, in Schach gehalten; Prospero hat den Plan aufgeschrieben und Miranda übergeben, damit er, wenn nötig, gegen Sebastian verwendet werden kann. Was Gonzalo betrifft, so sind Ferdinand, Miranda und auch König Alonso ihm so dankbar für die guten Taten, die er im Lauf der Jahre vollbracht hat, dass sie ihm jeden Wunsch erfüllen wollen.

Wir, das Team Gonzalo, haben beschlossen, Gonzalos Güte zu testen. Er entscheidet sich, mit einer Gruppe von Menschen, die ebenso gütig sind wie er, auf die Insel zurückzukehren, und errichtet dort ein republikanisches Königreich, das von ihm persönlich regiert wird; in diesem Reich gibt es keine Rangunterschiede und keine schwere Arbeit, keine unmoralische Sexualität, keine Kriege, keine Verbrechen und keine Gefängnisse.

Das ist unser Bericht.

Unterzeichner: Bent Pencil, Riceball, TimEEz und Colonel Deth.« Er strahlt noch einmal in die Runde.

»Vielen Dank«, sagt Felix. »Und wie funktioniert das?«

»Wie funktioniert was?«, fragt Bent Pencil unschuldig.

»Gonzalos ideale Republik.«

»Das Team Gonzalo überlässt das Ihrer persönlichen Vorstellungskraft«, erwidert Bent Pencil. »Sagen wir einmal, Gonzalo ist kein Zauberer. Er kann keine Trolle befehligen, auch nicht Tote wieder zum Leben erwecken. Er verfügt auch nicht über eine Armee. Er ist vom guten Charakter der anderen abhängig. Aber vielleicht wird des Schicksals Güte, auch als Glücksstern bekannt, ihm zulächeln. Des Schicksals Güte ist ebenfalls eine Figur des Stücks. Ohne sie hätte Prospero niemals eine Chance gehabt. Sie ist sehr wichtig.«

»Ganz recht«, meint Felix. »Das stimmt. Gut gemacht! Volle

Punktzahl für das Team Gonzalo. Wie mein Onkel zu sagen pflegte, besser glücklich als reich.«

»Ich bin beides nicht«, sagt Bent Pencil milde. Er wird mit einem Lachen belohnt und freut sich.

»Sie mögen jetzt noch nicht glücklich sein«, sagt Felix, »aber bei Glückssternen weiß man nie. Wer ist als Nächstes und Letztes dran? Ah. Das Team Hexensaat.«

45. Team Hexensaat

Leggs macht sich auf den Weg nach vorne, mit rotem Gesicht und sommersprossiger denn je. Er tut sein Bestes und geht mit entschlossenen Schritten, ein Bein mit gestrecktem Fuß voran, dann ein Schub aus dem Becken, und das andere Bein schwingt aus, als wäre es vom Knie an abwärts angeschweißt. Er lässt den Blick über die versammelten Schauspieler und Hintergrund-teams schweifen und verzieht das Gesicht zu seiner finsteren Caliban-Grimasse. Dann rollt er langsam die Ärmel auf.

Gutes Theater, denkt Felix. Er lässt sie warten.

»Hier berichtet das Team Hexensaat, Sir«, wendet er sich an Felix. Sein Ton ist quasi-militärisch, gleichzeitig aber auch ein wenig spöttisch.

»Das hier ist die echte, reine Wahrheit«, beginnt er. »Hexen-saat, ich meine Caliban – in seinem Team gibt es niemanden. Selbst seine sogenannten Freunde und Verbündeten, diese bei-den betrunkenen Arschlöcher, sind nicht loyal ihm gegenüber, sie machen sich über ihn lustig und beschimpfen ihn, sie haben es darauf abgesehen, an ihm zu verdienen. Er hat also im Stück kein Team. Das einzige Teammitglied, das er je hatte, ist tot; es war seine Mutter, die von anderen als Hexe bezeichnet wurde. Sie muss ihn wenigstens so sehr geliebt haben, dass sie ihn nicht gleich wie ein Kätzchen ertränkte. Sie hat das bloße Minimum für ihn getan, sie hat ihn am Leben gelassen. Das muss man ihr zugutehalten. Sie war mutterseelenallein auf der Insel, hat das Baby geboren und so weiter. Sie mag ihre Schwächen gehabt haben, doch sie tat für ihn, was sie konnte. Sie war zäh.«

Nicken im Publikum: Man erinnert sich an zähe, wenn auch fehlbare Mütter.

»Dann starb sie, und Caliban wuchs auf sich allein gestellt auf. Er hieß Prospero zunächst willkommen, aber dann faulenzt Prospero den lieben langen Tag, und Ariel springt Caliban auch nicht bei, obwohl sie gewissermaßen beide Sklaven sind. Beide werden sie mit der Androhung von Folter bei der Stange gehalten; der einzige Unterschied ist der, dass Ariel zu Kreuze kriecht und Caliban Widerstand leistet; und so bekommt nur Caliban die Zangen und Schraubzwingen zu spüren.

Bei diesem Bericht steht mir ein Team zur Seite, und zwar das Hexensaat-Unterstützer-Team und die, die die Kostüme für unsere Nummern entworfen haben, vor allem PPod, TimEEz, VaMoose und Red Coyote. Ihr wart großartig, ohne euch hätte ich es nicht geschafft, wir hatten wirklich Erfolg, und das wird für mich ein Leben lang eine großartige Erinnerung bleiben.« Er hält inne. Eine einstudierte Pause, oder kämpft er mit den Tränen? Ich habe ihn zu gut geschult, denkt Felix, wenn nicht einmal ich mehr den Unterschied erkennen kann.

»Das ist also unser Bericht«, sagt Leggs. »Der Bericht des Teams Hexensaat. Was geschieht mit Caliban, nachdem alles vorbei ist? Am Ende des Stücks hängt er in der Luft, wir wissen es also nicht wirklich. Wird er ein guter Diener Prosperos oder was?

Gut, wir haben uns verschiedene Möglichkeiten ausgedacht, wie es weitergegangen sein könnte. In der ersten wird Caliban auf der Insel zurückgelassen, und alle anderen segeln davon. Er bekommt die Insel und wird König, wie er es sich gewünscht hat, aber außer ihm ist niemand mehr da, und was nützt es dann, König zu sein? Ohne Untertanen kann man nicht König sein, stimmt's?«

Nicken der Truppe. Sie hören aufmerksam zu: Es ist ihnen wirklich wichtig, was aus Caliban wird.

»Gut, diese Möglichkeit haben wir verworfen. Als Nächstes – Nummer zwei – segelt er mit den anderen in Richtung Neapel.

Prospero kommt ums Leben, und Miranda wird vergewaltigt, ähnlich wie das Team Antonio es dargestellt hat – tut mir leid, Anne-Marie, aber im wirklichen Leben gäbe es keine Göttinnen, deshalb würde das passieren –, allerdings wird sie nicht von Hexensaat vergewaltigt. Sondern nur von Antonio, weil der durch und durch böse ist. Danach bringt er sie um, denn er will Herzog werden und kann keine Rivalen tolerieren, deshalb muss sie verschwinden, das macht Sinn. Caliban ist stinksauer deswegen, kann aber nichts unternehmen, weil Stephano und Trinculo ihn im Bauch des Schiffes angekettet haben.

Als sie Neapel erreichen, stellen sie ihn gegen Geld zur Schau, so wie sie es angekündigt hatten. Sie erzählen den Leuten, er sei ein Wilder aus dem Urwald, ein Ungeheuer, halb Fisch, das auch Menschen frisst. Jeder wirft ihm etwas zu wie einem Gorilla im Käfig und beschimpft ihn, genau wie zuvor Prospero, Miranda, Stephano und Trinculo; sie stoßen mit Stangen nach ihm, bringen ihn zum Knurren und Fluchen und lachen ihn aus. Außerdem füttern sie ihn mit schlechtem Essen. Nach einer Weile bekommt er alle möglichen Krankheiten – er wurde nie geimpft, richtig? –, und eines Tages bekommt er einen Ausschlag und Fieber, fällt um und stirbt.«

Schweigen im Raum. Das ist alles allzu plausibel.

»Aber das war uns zu düster«, fährt Leggs fort. »Warum sollen die anderen Figuren im Stück eine zweite Chance bekommen, er aber nicht? Warum soll er so viel Leid ertragen, weil er ist, was er ist? Das ist so, als wäre er, na ja, schwarz oder ein Ureinwohner oder so was. Vom ersten Tag an hinkt er hinterher. Er hat nie darum gebeten, auf die Welt zu kommen.«

Zustimmendes Nicken. Leggs hat das Publikum im Griff. Wohin führt er sie?, fragt sich Felix. An einen seltsamen Ort, das sieht er in seinen Augen. Er ist im Begriff, sie alle zu überraschen. »Also haben wir uns Folgendes gedacht«, sagt Leggs. »Wir nehmen uns diese Textstelle Prosperos vor: ›Dieses Ding der Finsternis erkenn ich an als meines.‹ Was meinte er damit? Dass Caliban einfach für ihn arbeitet, oder dass er sein Sklave ist? Da muss mehr dran sein.« Er beugt sich vor, sucht Blick-kontakt. »Und so denken wir uns das. So muss es sein: *Prospero ist Calibans Dad*.«

Gemurmel, verhaltenes Kopfschütteln. Sie sind nicht über-zeugt. »Hört mir zu«, fordert Leggs. »Wir gehen das durch. Seine Mutter ist eine Hexe, richtig? Sycorax. Sie ist boshaft! Prospero ist ein Hexer. Sie machen ganz ähnliche Sachen – zau-bern, hexen, das Wetter ändern –, auch Ariel losschicken, aber Prospero kann das alles ein bisschen besser, und wir sollen glau-ben, es sei gut, wenn er es tut, aber böse, wenn sie es tut. Neh-men wir einmal an, sie sind sich schon früher begegnet, zum Beispiel bei einem Hexentreffen, und hatten was miteinander. Einen One-Night-Stand. Er schwängert sie und haut ab nach Mailand; bei ihr ist etwas unterwegs, sie wird ertappt, sie setzen sie auf der Insel aus.

Prospero wird ans Ufer gespült. Sycorax ist inzwischen tot, aber er erkennt mit einem Blick, wessen Kind Caliban sein muss. Er schimpft über die Mutter, das ist normal; er gibt sich dem Kind nicht zu erkennen, glaubt aber, er könne trotzdem etwas aus ihm machen – das Kind muss ein paar gute Eigenschaften haben, nicht wahr, denn es ist schließlich zur Hälfte seins. An-fangs ist er stolz auf ihn, denn Caliban ist selbständig, kennt sich auf der Insel aus, schafft Essen heran, Trüffel und Fisch und was auch immer – und er will gefallen. Deshalb lässt Prospero dem Kind seinen Willen, unterrichtet es. Sprachen und so was.

Doch dann verguckt sich dieses Kind in Miranda. Auch das ist normal, wenn auch vielleicht nicht schön, vielleicht war man sich einig, wer weiß, doch wessen Fehler war es überhaupt, Miranda so vor seinen Augen herumhüpfen zu lassen? Prospero hätte es kommen sehen müssen. Hätte sie einsperren müssen, wenn ihre Unschuld ihm so wichtig war. Prospero sollte in die-sem Fall ebenfalls einen Teil der Schuld tragen.

Aber so ist es nicht. Stattdessen regt er sich auf, beleidigt Caliban, fängt an zu foltern, ignoriert seine guten Seiten, wie zum Beispiel sein musikalisches Talent. Doch am Ende muss

Prospero lernen, dass vielleicht nicht alles der Fehler der anderen ist. Und er erkennt, dass das Böse in Caliban ziemlich genau dem Bösen in ihm selbst, Prospero, entspricht. Beide sind zornig, beschimpfen die anderen, und beide sind auf Rache aus: Sie sind wie an der Hüfte zusammengewachsen. Caliban ist wie sein zweites, schlechtes Ich. Wie der Vater, so der Sohn. Deshalb offenbart er sich auch: ›Dieses Ding der Finsternis erkenn ich an als meines.‹ Genau das sagt er, und er meint es auch.

Prospero versucht also nach dem Stück, seine bösen Taten wiedergutzumachen. Er nimmt Caliban mit aufs Schiff, stellt ihn unter die Dusche, schrubbt diesen Fischgeruch von ihm ab, kauft ihm schicke neue Kleider und macht aus ihm eine Art Page oder so was, damit er lernt, von einem Teller zu essen. Er sagt, es tut ihm leid und dass sie einen Neuanfang machen müssen. Appelliert an Calibans künstlerische Seite, die mit den schönen Träumen und so. Als Caliban sauber und nett gekleidet ist, finden die Menschen ihn auch nicht mehr hässlich. Sie finden ihn, na ja, rau.

In Mailand macht Prospero aus ihm einen Musiker. Wenn man ihm eine Chance gibt, macht sich der Kerl richtig gut. Er entlockt den Menschen ihre dunklen Gefühle, aber mit musikalischen Mitteln. Vom Alkohol muss er sich allerdings fernhalten, der ist Gift für ihn, macht ihn verrückt. Er strengt sich an und bleibt sauber.

Kurze Zeit später ist er ein Star. Prospero ist wirklich stolz auf ihn. Der Junge ist erste Liga bei allen herzoglichen Konzerten. Inzwischen hat er einen Künstlernamen und eine Band: HEXENSAAT UND DIE DINGE DER FINSTERNIS. Er ist weltberühmt.

Das ist unser Bericht. Wir hoffen, er gefällt euch.«

Dieses Mal ist der Kurs voll und ganz einverstanden. Ein Chor von »Ja«- und »Weiter so«-Rufen ertönt, dazu eine Runde Applaus, die zu rhythmischem Klatschen anschwillt, dann zu Getrampel. »Hexensaat! Hexensaat! Wir wollen Hexensaat!«

Felix erhebt sich. Die Sache sollte nicht allzu sehr außer Kontrolle geraten. »Das war ausgezeichnet, Team Hexensaat. Volle Punktzahl! Eine sehr kreative Interpretation! Und ein angemessenes Ende für den formellen Teil des Unterrichts. Und jetzt auf zur Schauspielerparty! Sind wir bereit?«

46. Die Zauber ...

Chipstüten und Ginger-Ale-Dosen werden ausgegeben. Geplauder, Zuprosten mit den Dosen, eine gedämpft feierliche Stimmung. In ein paar Minuten werden sie, einer nach dem anderen, zu Felix geschlichen kommen und ein paar verschämte Dankesworte loswerden. Das ist so auf diesen Partys, jedes Mal. Das, plus das Aufreißen der Chipstüten und das rasche Einstecken der Zigaretten.

Die Anzahl der Zigaretten ist in allen Chipstüten gleich, warum auch nicht? Sie alle haben ihre Sache sehr gut gemacht. Sobald Felix außer Sichtweite ist, werden Geschacher und Tauschhändel losgehen: Zigaretten sind eine inoffizielle Währung, begehrt für Bestechungen und um sich Waren und Vorteile zu verschaffen.

»Nicht meine übliche Marke«, bemerkt Bent Pencil. Kichern: Jeder weiß, dass er nicht raucht.

»Wenn das Ding am einen Ende ein Loch hat und am anderen brennt, rauche ich es«, erklärt Red Coyote.

Shiv: »Du redest von meiner Frau.« Gelächter.

»Ja, aber welches Ende ist welches?« Mehr Gelächter. »Entschuldige, Anne-Marie.«

»Pass auf«, sagt Anne-Marie. »Vergiss nicht, ich habe diese Göttinnen-Power.«

»Gut gemacht übrigens, Anne-Marie«, lobt Felix. »Das habe ich nicht kommen sehen.«

»Du sagst immer, Zauberei sollte nicht vorhersehbar sein«, antwortet Anne-Marie. »Ich wollte dich überraschen.«

»Das ist dir gelungen«, meint Felix.

»Wir sind dir wirklich dankbar. Ich und Freddie. Es ist …«

»Das ist nicht nötig«, sagt Felix. »Ich bin froh, dass ich helfen konnte.«

»Wir haben auch eine Überraschung für Sie«, verkündet Leggs, der sich zu ihnen gesellt hat.

»Oh?«, sagt Felix. »Was für eine Überraschung?«

»Eine Extranummer, die wir geschrieben haben«, erklärt Leggs. »Ich und die Dinge der Finsternis. Wir haben das alle zusammen geschrieben. Wir arbeiten an, na ja, einem Musical.«

»Ein Musical?«, meint Anne-Marie. »Über Caliban?«

»Ja, darüber, was passiert, nachdem das Stück zu Ende ist. Beim Schreiben des Berichts ist uns die Idee gekommen: Warum sollte Caliban nicht ein eigenes Stück haben?«

»Fahren Sie fort«, fordert Felix ihn auf.

»Also, es fängt dort an, wo Stephano und Trinculo ihn in einen Käfig sperren und ihn gegen Geld zur Schau stellen. Aber in unserem Musical kommt er aus dem Käfig frei. Das ist die Nummer, die wir geschrieben haben – wo er ausbricht und sagt, dass er keine Sklavenarbeit mehr verrichten und nicht mehr in einem Käfig leben will.«

Boom boom boom, Team Hexensaat legt los mit dem Beat. Leggs singt:

> Freiheit, Freiheit! Endlich Freiheit!
> Was für ein Ju-bel-tag!
> Bin raus aus der Kiste, zittre vor Wut
> Hol kein Feuerholz mehr für eure Brut
> Bau keinen Damm mehr für euren Fisch
> Bedien euch nicht mehr an eurem Tisch
> Küss euch nicht mehr eure Füße
> Setz mich nicht mehr hinten in den Bus
> Das ist vorbei, denn ich bin frei!

Ban-ban, Caliban,
Ab heut mein eigner Herr, kein Knecht!
Gebt endlich her, was mir gehört
Ihr seht, ich zittre vor Wut
Amok liegt mir im Blut
Schuft nicht mehr für 'nen Hungerlohn
Lass mich nicht beschimpfen als Hurensohn.

Ihr habt mich getreten, habt mich geschlagen
War doch egal, ob ich verreck
Oder ob ich mich noch mal hier streck.
Ban-ban, Caliban,
Für euch bin ich ein Tier, mehr nicht!

Für euch hat Hexensaat viele Farben
Mal schwarz, mal braun, mal rot, mal gelb
Und auch mal weiß, dann bitterarm
Hexensaat hat viele Namen, streift durch die Nacht
Ihr habt ihn schlecht behandelt, nun nehmt euch in Acht.
Hexensaat!

Ban-ban, Caliban,
ab heut sein eigner Herr, nicht euer Knecht!
Los, Mann, auf geht's, immer weiter
Nicht euer Knecht, nicht euer Knecht, nicht euer
    Knecht.

»Das hat Wucht«, sagt Felix. »Große Wucht.«

»Mehr als das!«, sagt Anne-Marie. »Es hat … Es könnte wirklich … Aber was passiert, nachdem er aus dem Käfig geflohen ist?«

»Wir glauben, dass er möglicherweise all diejenigen aufsucht, die ihm so übel mitgespielt haben«, erklärt Leggs. »Er zieht auf einen Rachefeldzug, ein bisschen wie Rambo. Nimmt sich einen nach dem anderen vor, zuerst Stephano und Trinculo.«

»Und was ist mit Prospero?«, will Felix wissen.

»Und Miranda?«, fragt Anne-Marie.

»Vielleicht tauchen sie in dem Musical gar nicht auf«, meint Leggs. »Vielleicht aber doch. Vielleicht verzeiht ihnen Caliban. Vielleicht auch nicht. Vielleicht lauert er ihnen auf, überfällt sie, bearbeitet sie mit seinen Klauen. Wir arbeiten noch daran.«

Felix ist fasziniert: Caliban ist dem Stück entkommen. Er ist Prospero entkommen, wie ein Schatten, der sich von seinem Körper löst und sich allein davonmacht. Jetzt ist niemand mehr da, der ihn zurückhält. Wird Prospero verschont, oder wird die Vergeltung in einer dunklen Nacht durchs Fenster klettern und ihm die Gurgel aufschlitzen?, fragt sich Felix. Rasch fasst er sich an den Hals.

»Meinen Sie, Sie könnten Regie führen?«, fragt Leggs. »Wenn wir fertig sind? Sie wären, hm, unsere erste Wahl.« Er lächelt schüchtern.

»Wenn ich noch lebe«, antwortet Felix. Er freut sich irrsinnig über dieses Angebot, auch wenn das Projekt natürlich nie in die Tat umgesetzt werden wird. Oder vielleicht doch? »Gut möglich. Man weiß ja nie.«

47. … sind vorbei

Als Felix sein Ginger-Ale leert, treten 8Handz, Leggs und SnakeEye neben ihn.

»Da wäre noch etwas«, sagt SnakeEye. »Wegen der Kursarbeiten und so.«

»Und das wäre?«, fragt Felix. Was hat er vergessen?

»Das neunte Gefängnis«, sagt 8Handz. »Wir haben nur acht gezählt. Erinnern Sie sich?«

»Sie meinten, Sie würden es uns sagen, falls wir es nicht erraten«, ergänzt Leggs.

»Oh. Ja«, antwortet Felix und versucht, sich zu konzentrieren. »Am Ende geht die Sache für Prospero nicht besonders gut aus, nicht wahr? Er bekommt zwar sein Herzogtum zurück, interessiert sich aber nicht mehr besonders dafür. Er gewinnt und verliert also gleichzeitig. Und, am wichtigsten, er verliert die beiden Wesen, die er liebt: Miranda, die jetzt mit Ferdinand zusammen ist und weit entfernt in Neapel leben wird; und Ariel, der Prosperos Dienste verlässt, ohne auch nur ein einziges Mal zurückzublicken. Prospero wird ihn vermissen, doch Ariel zeigt keinerlei Anzeichen, dass er Prospero vermisst: Er freut sich über seine Freiheit. Der Einzige, der vielleicht bei Prospero bleiben wird, ist Caliban, wohl kaum eine große Freude. Und wozu könnte Prospero ihn gebrauchen, da er die Insel jetzt verlässt? In Mailand wird er andere Diener haben. Vielleicht wird er dieses Ding der Finsternis aus Verantwortungsgefühl mitnehmen: Es ist seins, nicht das eines anderen. Doch im Moment empfindet Prospero wegen etwas anderem Schuldgefühle.«

»Woher haben Sie das alles?«, fragt Leggs. »Dass er sich schuldig fühlt?«

»Hier steht es«, sagt Felix und sucht in seinem Text. »Er sagt: ›Lasst mich nicht fortgebannt / Durch euren Spruch vom öden Land.‹ Prospero hat sich seiner Zauber entledigt und ist im Begriff, seinen Stab zu zerbrechen und sein Buch ins Wasser zu werfen, damit er nicht mehr zaubern kann. Der Zauber ist jetzt in der Hand des Publikums, er sagt: Wenn ihr dem Stück nicht durch Klatschen und Jubeln Beifall spendet, wird Prospero als Gefangener auf der Insel bleiben.

Und dann sagt er, dass er auch möchte, dass sie für ihn beten. Er sagt: ›Und Verzweiflung ist mein End, / Sei's denn, daß ich Erlösung fänd / Durch Beten, das mir Gnade weckt / Und jeden Fehltritt überdeckt.‹ Mit anderen Worten, er wünscht sich göttliche Vergebung. Die letzten Zeilen des Stücks lauten: ›Wie ihr wollt, daß man euch verzeih, / Setz eure Nachsicht mich nun frei.‹ Das ist doppeldeutig.«

»Ja, das steht in den Anmerkungen«, sagt Bent Pencil.

»Diese Stelle vergesse ich immer«, sagt SnakeEye.

»Ein Ablass war eine Freikarte aus der Hölle«, sagt Felix. »Den konnte man sich mal kaufen.«

»Das kann man immer noch«, meint SnakeEye. »Man nennt es Bußgeld.«

»Man nennt es Kaution«, sagt Leggs. »Nur ist die nicht umsonst, stimmt's?«

»Man nennt es vorzeitige Entlassung auf Bewährung«, sagt 8Handz. »Nur dass man dafür nichts bezahlt. Die muss man sich irgendwie verdienen.«

»Wie war das mit dieser Schuld?«, fragt Anne-Marie. »Was hat Prospero denn so Schlimmes angestellt?«

»Ja, was denn?«, fragt Felix rhetorisch. Weitere Mitglieder der Truppe haben sich um sie versammelt. »Er erzählt es uns nicht. Das ist ein weiteres Rätsel in diesem Stück. Doch *Der Sturm* ist ein Stück über einen Mann, der ein Stück auf die Bühne bringt – eins, das in seinem Kopf entstanden ist, seine

›Launen‹ –; vielleicht ist der Fehler, für den er sich Vergebung erhofft, das Stück selbst.«

»Elegant«, meint Anne-Marie.

»Das kapier ich nicht«, sagt SnakeEye. »Ein Stück ist kein Verbrechen.«

»Eine Sünde«, erklärt Felix. »Kein Fehltritt vor dem Gesetz. Ein moralischer Fehltritt.«

»Ich kapiere es immer noch nicht«, sagt SnakeEye.

»All diese Rachegefühle? All diese Wut?«, führt Felix aus. »Andere Menschen leiden zu lassen?«

»Na ja, vielleicht«, meint SnakeEye.

»Nun gut, aber was ist mit dem neunten Gefängnis?«, will 8Handz wissen.

»Es steht im Epilog«, sagt Felix. »Prospero sagt zum Publikum so etwas wie, *Wenn ihr mir nicht helft davonzusegeln, werde ich auf der Insel bleiben müssen* – das heißt, er unterliegt einem Zauber. Und wird gezwungen, seine Rachegefühle wieder und wieder zu durchleben. Das wäre die Hölle.«

»Ich hab mal so einen Horrorfilm gesehen«, sagt 8Handz.

»Fast die letzten Worte in dem Stück lauten ›setz mich frei‹«, erklärt Felix. »Man spricht nicht von ›setz mich frei‹, wenn man frei ist. Prospero ist ein Gefangener des Stücks, das er selbst geschrieben hat. Hier haben Sie es: Das neunte Gefängnis ist das Stück selbst.«

»Okay, cool«, sagt 8Handz. »Sauber.«

»Einfallsreich«, sagt Anne-Marie.

»Ich bin mir nicht sicher, ob mich das vollkommen überzeugt«, meint Bent Pencil.

»Welches Stück führen wir nächstes Jahr auf?«, erkundigt sich Shiv. »Sie kommen wieder, oder? Wir haben das Programm gerettet?«

»Ich verspreche Ihnen, dass es im nächsten Jahr ein Stück geben wird«, sagt Felix. »Dafür haben wir alle gearbeitet.«

»Mir ist ganz weinerlich zumute«, gesteht Anne-Marie, als sie zusammen den Flur entlanggehen. »Weil es vorbei ist. Die Zauber sind vorbei. Und es war ein verdammt guter Zauber!« Sie nimmt Felix' Arm. Hinter ihnen fällt die Sicherheitstür mit einem dumpfen Knall ins Schloss.

»Zauber enden«, sagt Felix. »Aber nur diese Zauber. Du wirst andere haben. Wie geht es mit Freddie?«

»Bisher nicht so schlecht«, sagt Anne-Marie mit dem üblichen Understatement. Er betrachtet ihr Profil: Da ist definitiv ein Grinsen.

Sie passieren die Sicherheitsschleuse, wo Felix sich von Dylan und Madison verabschiedet. »Es war Wahnsinn«, sagt Dylan. »Tolle Kekse«, wendet er sich an Anne-Marie.

»Bis bald, Mr Duke«, sagt Madison. »Nächstes Jahr zur gleichen Zeit?«

»Dreimal merde, hm?«, meint Dylan.

»Ich freue mich schon«, erwidert Felix.

Auf dem Parkplatz bedankt er sich noch einmal bei Anne-Marie, dann fährt er mit seinem asthmatischen Auto durch die Tore und kurvt den Hügel hinunter. Schmutzige Schneehaufen säumen die Straße, unter denen Schmelzwasser hervorrinnt. Plötzlich ist Frühjahrsanfang. Wie lange war er in der Justizvollzugsanstalt Fletcher? Scheinbar Jahre.

Hat seine Miranda die Schauspielerparty ebenfalls verlassen, hat sie die Sicherheitsschleuse passiert, sitzt sie mit ihm im Wagen? Ja, da ist sie, auf dem Rücksitz, dort drüben in der Ecke: ein Schatten in einem Schatten. Sie ist traurig, dass sie all diese wundersamen Menschen in ihrer schönen neuen Welt nun nicht mehr sehen wird.

»'s ist neu für dich«, sagt er zu ihr.

EPILOG
Setz Mich Frei

Sonntag, der 31. März 2013

Felix ist in seiner Hütte und packt: nicht, dass es viel zu packen gäbe. Allerlei Krimskrams. Ein paar ältere Kleidungsstücke; er faltet sie ordentlich zusammen und legt sie in seinen schwarzen Rollkoffer. Jetzt ist offiziell Frühling: Draußen schmilzt das Eis, die Vögel machen sich lautstark bemerkbar. Sonnenlicht strömt durch die geöffnete Tür, und das ist gut so, denn Felix wurde der Strom abgestellt.

Als er durch den nassen Schnee zum Farmhaus gestapft war, um sich danach zu erkundigen, hatte er es verlassen vorgefunden: Die Maude-Familie hatte ihre Zelte abgebrochen und – höchstwahrscheinlich – einen Stapel unbezahlter Rechnungen zurückgelassen. Sie hatten gründlich aufgeräumt: So, als wären sie nie da gewesen; als wären sie nur in Erscheinung getreten, solange Felix sie brauchte, und hätten sich dann in Nebel aufgelöst und wären mit dem Wald und den Feldern verschmolzen. Ihr Elfen dort von Bach, See, Hain und Hügel, murmelt er vor sich hin. Aber höchstwahrscheinlich sitzen sie in Berts Lastwagen, auf dem Weg nach Westen, zu neuen Ufern.

Er hat seine Rache gehabt, insofern es tatsächlich Rache war. Seine Feinde haben gelitten, das war ein Vergnügen. Dann hatte Felix überall Verzeihung gewährt und dabei auf Tonys Zähneknirschen gehorcht, ein sogar noch größeres Vergnügen. Solange er die Videoaufnahme in der Cloud belässt, wo er sie gespeichert hat, wird Tony ihm in nächster Zeit nicht in die Quere kommen können, so gern dieses intrigante Arschloch das auch täte. Doch er ist von seinem Posten zurückgetreten und hat damit seine Glaubwürdigkeit eingebüßt. Er hat keinen Einfluss, keine Plattform der Macht; er gehört nicht mehr zu den wichtigen Spielern. Tony ist draußen, und Felix ist wieder drin, und genau so sollte es sein.

Genauer gesagt, hat Felix seine alte Position wieder: Künstlerischer Direktor des Makeshiweg-Theaterfestivals. Er kann seinen lange vergessenen *Sturm* von vor zwölf Jahren auf die Bühne bringen, wenn ihm danach ist.

Seltsamerweise will er das gar nicht mehr. Die Version der Fletcher-Schauspieltruppe ist sein wahrer *Sturm*: Die würde er niemals übertreffen können. Nachdem er das Stück so erfolgreich inszeniert hat, warum sich dann mit einer belangloseren Version abgeben?

Was den künstlerischen Direktor angeht, so hat er diese Position nur dem Namen nach akzeptiert. Er wird als graue Eminenz hinter den Kulissen agieren. Er wird seinen Stab zerbrechen, wird sein Buch ins Wasser werfen, denn es ist an der Zeit, dass jüngere Leute das Ruder übernehmen.

Er hat Freddie als Assistenten des Direktors eingestellt: Soll er das Handwerk doch lernen, indem er es ausübt. Felix wird ihm noch eine Weile zur Seite stehen, doch grundsätzlich wird er die Schlüssel übergeben, ein Prozess, den er bereits begonnen hat. Der Junge lernt schnell. Freddie kann ihm gar nicht genug danken, und auch das ist ein angenehmes Gefühl: niemals genügend Dank zu bekommen.

Anne-Marie wurde als Chefchoreografin für die Musicals eingestellt, die Freddie dem Repertoire von Makeshiweg hinzufügen will. *Crazy for You* kommt als Erstes dran: Darin gibt es genügend Tanznummern, die Anne-Maries Talenten ausreichend Raum bieten. Damit kann sie sich dann draußen in der Welt sehen lassen, das Publikum zum Toben bringen, und er zweifelt nicht daran, dass sie das auch tun wird.

Sie arbeiten wunderbar zusammen, die beiden. Es ist, als wären sie füreinander geschaffen, wie ein Eiskunstlaufpaar. Wenn er ihnen zusieht, wie sie über Kostümentwürfen brüten, hitzig über ihre ästhetischen Vorstellungen diskutieren oder auf dem Bildschirm mit digitalen Bühnendesigns herumhantieren, verspürt Felix wie bei einer Hochzeit einen Kloß in der Kehle: diese eigenartige Mischung aus Sehnsucht nach dem Vergangenen und Freude auf die Zukunft; die Freude anderer. Er selbst ist jetzt nur noch Zuschauer, jemand, der gute Wünsche ausspricht und virtuellen Reis wirft. Ihr Weg wird nicht einfach sein, das Theater war nie einfach, aber wenigstens hat er ihnen einen guten Start verschafft. Sein Leben hat dieses eine gute Ergebnis hervorgebracht, so vergänglich es sich vielleicht eines Tages auch erweisen mag.

Doch alles ist vergänglich, erinnert er sich. Sämtliche großartigen Paläste und wolkenverhangenen Türme. Wer sollte das besser wissen als er?

Er hatte damit gerechnet, Sal O'Nally würde wegen Freddie einen Aufstand anzetteln: sein Erstgeborener, der ihm von Felix unter der Nase weggeschnappt wurde, der Welt von Recht und Politik entrissen, in die Sal ihn hatte einsperren wollen, und mit einem Wildfang wie Anne-Marie liiert. Doch wenn überhaupt, schien Sal erleichtert: Die Zukunft des Jungen hatte eine Richtung, er war glücklich, und das Allerbeste: Er war nicht tot! Alles Pluspunkte für einen so ergebenen Vater. Doch selbst ergebene Väter müssen ihre Kinder früher oder später ziehen lassen. Von jetzt an wird der Junge sein Schicksal selbst in die Hand nehmen, so recht und schlecht man so etwas eben vermag.

Felix hält beim Packen inne zu einer Bestandsaufnahme. *Schäbig* ist kaum das richtige Wort für seine Garderobe und, wenn er es sich recht überlegt, für ihn selbst. Er wird sich die Haare schneiden und bei Gelegenheit bessere Zähne machen lassen; demnächst wird er auch einkaufen gehen. Er braucht neue Kleider, denn er will auf Kreuzfahrt gehen.

Estelle hat das für ihn eingefädelt. Unter ihren zahlreichen

Bekannten sind auch solche, die Kreuzfahrtgesellschaften leiten. Pflücke den Tag!, hatte sie gesagt. Pack das Glück beim Schopf, denn nach der anstrengenden Zeit, die er hinter sich hatte, wäre es da nicht eine gute Idee, eine Ruhepause einzulegen? Sich in der Sonne im Liegestuhl zurückzulehnen? Sich an der Seeluft zu erholen?

Kosten würden ihm keine entstehen: Alles, was er zu tun hätte, wäre, ein paar Vorträge über seine wunderbaren Theaterexperimente in der Justizvollzugsanstalt Fletcher zu halten. Er könnte sogar die Videos zeigen, wenn es ihm passend erschiene; die Menschen wären fasziniert, sein Ansatz war so ungewöhnlich! Und falls er sie aus Gründen des Persönlichkeitsschutzes der Schauspieler nicht zeigen konnte, dann könnte er zumindest über seine Methoden sprechen. Und in der Karibik sei es zu dieser Jahreszeit wunderschön, sagte sie. Sie selbst würde ebenfalls an dieser Kreuzfahrt teilnehmen. Sie könnten gemeinsam Line Dancing und anderes machen. Was für ein Spaß!

Zunächst hatte Felix Bedenken gehabt. Ein Kreuzfahrtschiff voller alter Leute, die sogar noch älter waren als er, auf ihren Liegestühlen einnickten und Line Dancing machten – das war seine Vorstellung von der Hölle, oder zumindest der Vorhölle. Ein Schwebezustand irgendwo auf dem Weg zum Tod. Doch wenn er genauer darüber nachdachte, was hatte er schon zu verlieren? Der Weg zum Tod ist immerhin der Weg, auf dem er sich befindet, warum also auf der Reise nicht gut essen?

Also hatte er zugestimmt, aber unter einer Bedingung. 8Handz war die vorzeitige Entlassung auf Bewährung gewährt worden, und Felix konnte es nicht mit seinem Gewissen vereinbaren – erklärte er Estelle –, den jungen Kerl in der Luft hängen zu lassen. Wie ihm zu Ohren gekommen war, sei der erste Tag nach der Haftentlassung sogar noch furchteinflößender als der, an dem man eingesperrt wurde. 8Handz musste also ebenfalls an dieser Kreuzfahrt teilnehmen. Er könnte bei Felix' Vorträgen ein paar von Ariels Textstellen rezitieren; er hat seinen Text parat, er ist ein geborener Schauspieler. Und auf einer solchen Kreuzfahrt könnte der Junge gut einen einflussreichen Geschäftsmann kennenlernen – jemanden aus der Digitaltechnik –, der seine vielfältigen Talente erkennt und ihm den kreativen Gestaltungsspielraum bietet, den er braucht. Nach all der harten Arbeit, die er für Felix geleistet hat, hatte der Junge einen Neuanfang verdient.

Estelles Armreife klimperten, als sie seinen Arm drückte: Sie standen mittlerweile eindeutig so miteinander, dass Arme gedrückt wurden. Überhaupt kein Problem, sagte sie und strahlte ihn an. Sie würde die notwendigen Strippen ziehen. Für sie klinge das so, als hätte der junge 8Handz ein glückliches Schicksal verdient, und die Seeluft würde sich so befreiend auf ihn auswirken.

Felix faltet seinen Mantel aus ausgestopften Tieren zusammen: mitnehmen oder wegwerfen? Aus einer Laune heraus packt er ihn in den Koffer. Er wird ihn auf die Kreuzfahrt mitnehmen, wo er den Vorträgen eine authentische Note verleihen wird. Die Aura, die den Mantel früher umgab, verblasst allmählich, so wie Weihnachtslichter zur Mittagszeit. Bald wird er nur noch ein Andenken sein. Und da ist auch sein Stab mit dem Fuchsknauf. Inzwischen ist er kein Zauberstab mehr, sondern nur noch ein hölzerner Stock. Zerbrochen. Sollte er ihn viele Klafter tief unterm Fels vergraben? Das wäre theatralisch. Und außerdem, wo wäre das Publikum?

»Leb wohl«, sagt er zu ihm. »O meiner Künste Macht!«

Es trifft ihn wie eine Welle: Er hat sich in seinem *Sturm* geirrt, zwölf Jahre lang. In der Schlussphase seiner Besessenheit ging es nicht darum, Miranda wieder zum Leben zu erwecken. Es ging es um etwas ganz anderes.

Er nimmt das silbergerahmte Foto der glücklich lachenden, schaukelnden Miranda in die Hand. Da ist sie, dreijährig, verloren in der Vergangenheit. Aber auch wieder nicht, denn sie ist hier und beobachtet, wie er Vorbereitungen trifft, die armselige Zelle zu verlassen, in der sie mit ihm gefangen war. Sie verblasst bereits, verliert an Substanz: Er kann sie kaum spüren. Sie stellt ihm eine Frage. Zwingt er sie, ihn auf dem Rest seiner Reise zu begleiten?

Was hat er sich nur dabei gedacht – sie diese ganze Zeit an sich zu binden? Sie zu zwingen, das zu tun, was er wollte? Wie selbstsüchtig er gewesen war! Ja, er liebt sie: seine Liebste, sein einziges Kind. Aber er weiß, was sie wirklich will und was er ihr schuldet.

»Dann sei den Elementen ganz frei«, sagt er zu ihr.

Und endlich ist sie es.

Der Sturm: Das Original

Ein Schiff ist in einem Sturm in Seenot geraten. An Bord befinden sich Alonso, der König von Neapel, sein Bruder Sebastian, sein Ratsherr Gonzalo und sein Sohn Ferdinand, außerdem Antonio, der Herzog von Mailand, Stephano, der Mundschenk, und Trinculo, der Spaßmacher. Als der Blitz einschlägt und das Schiff trotz der Bemühungen des Bootsmanns und der Matrosen zu sinken beginnt, fürchten alle um ihr Leben. Bei Aufführungen des Stücks ist in dieser Szene gewöhnlich der Luftgeist Ariel in der Takelage zu sehen.

Am Ufer einer nahegelegenen Insel bemitleidet die fünfzehnjährige Miranda die Ertrinkenden, doch ihr Vater, der Zauberer Prospero, versichert ihr, keiner der Schiffbrüchigen sei zu Schaden gekommen, und alles sei zu ihrem Wohlergehen geschehen. Dann erklärt er, warum er den Sturm heraufbeschworen hat. Er, nicht Antonio, ist der rechtmäßige Herzog von Mailand. Weil Prospero allzu sehr mit dem Studium seiner Magie beschäftigt war, überließ er die praktischen Geschäfte des Herzogtums seinem Bruder, der die Situation ausnutzte und mit Prosperos politischem Widersacher Alonso ein Komplott schmiedete. Letzterer fiel in Mailand ein, und Prospero und die dreijährige Miranda wurden mit ein paar Kleidungsstücken und Prosperos Büchern, die ihm sein guter Ratsherr Gonzalo zusteckte, in ein leckgeschlagenes Boot verfrachtet. Sie strandeten auf dieser Insel, wo sie nun seit zwölf Jahren in einer höhlenartigen »Zelle« leben.

Jetzt haben ein guter Stern und die Glücksgöttin Prosperos Feinde in seine Reichweite verschlagen. Er hat die Illusion dieses Sturms befohlen, um sie ans Ufer zu bringen. Er handelt in zweifacher Absicht: Rache und eine bessere Zukunft für Miranda.

Prospero lässt Miranda einschlafen, schlüpft in seinen Zaubermantel und ruft nach seinem wichtigsten Diener, dem Luftgeist Ariel. Ariel dient Prospero, seit er ihn aus einer blitzgeborstenen Fichte gerettet hat, in der ihn die Hexe Sycorax gefangen hielt, weil er ihre widerlichen Befehle nicht ausführen wollte; doch jetzt fordert Ariel seine Freiheit. Prospero schimpft ihn wegen seiner Undankbarkeit, verspricht ihm aber, wenn sein gegenwärtiger Plan gegen seine Feinde mit Ariels Hilfe aufgeht, werde Ariel frei sein. Daraufhin beschreibt Ariel den »Sturm«, den er geschaffen hat. Drei Gruppen von Reisenden sind an unterschiedlichen Stellen des Ufers gestrandet: Ferdinand allein, Stephano und Trinculo zu zweit, wenn auch zunächst getrennt voneinander, und die Ehrenwerten gemeinsam.

Der nächste Befehl an Ariel: sich als Meeresnymphe zu verkleiden und sich, außer für Prospero, für jedermann unsichtbar zu machen und Ferdinand zu finden, der glaubt, sein Vater sei ertrunken. Ariel soll ihn mit Musik zu der Stelle locken, wo er Miranda sehen wird.

Prospero weckt Miranda, und sie machen sich auf die Suche nach dem anderen unfreiwilligen Diener Prosperos: Caliban, Sycorax' hässlichen, triebhaften Sohn. Caliban, Prospero und sogar Miranda tauschen Beschimpfungen und Vorwürfe aus: Caliban klagt Prospero an, ihm die Insel gestohlen zu haben, und Prospero weist darauf hin, dass Caliban versucht hat, Miranda zu vergewaltigen. Caliban wünscht sich, er hätte es getan und so die Insel mit Calibans bevölkert: von Prosperos Geistern gezwungen, zieht er ab, um Holz zu sammeln.

Ariel führt Ferdinand herein, dem beim Anblick Mirandas ganz ehrfürchtig zumute wird und umgekehrt. Damit es nicht zu einfach wird und er die Sache unterschätzt, stellt Prospero Ferdinand auf die Probe: Er entwaffnet ihn mit seinen Zauberkräften, beschuldigt ihn als Lügner und Verräter und erklärt, er werde ihn gefangen nehmen. Ferdinand behauptet, das ertragen zu können, wenn er nur jeden Tag einmal Miranda sehen dürfe.

Ariel wird fortgeschickt, um die Hofgesellschaft im Auge zu behalten: Alonso, Sebastian, Gonzalo, Antonio und weitere Herren. Alonso ist sich sicher, dass sein Sohn ertrunken ist, und ist sehr niedergeschlagen. Gonzalo versucht ihn aufzumuntern, indem er die Insel rühmt und die utopische Gesellschaft beschreibt, die er darauf errichten würde, wenn er Regierungsgewalt hätte. Antonio und Sebastian machen sich über ihn lustig. Ariel erscheint und versetzt Alonso und Gonzalo in Schlaf, worauf Antonio Sebastian vorschlägt, sie zu ermorden und Sebastian so zum König von Neapel zu machen. Ariel weckt die Schlafenden jedoch gerade rechtzeitig auf und eilt davon, um Prospero über die Entwicklung der Dinge zu berichten.

In der Zwischenzeit sieht Caliban beim Holzsammeln den Spaßmacher Trinculo näher kommen. Aus Angst, er könnte ein Plagegeist sein, versteckt er sich unter seinem Umhang. Ein Sturm zieht auf, und Trinculo sucht trotz des Fischgestanks und dem darunter verborgenen Monster ebenfalls unter dem Umhang Deckung. Stephano, der Mundschenk, nähert sich, er ist heillos betrunken. Er macht auch Caliban betrunken, der beschließt, Stephano wie einen Gott zu verehren und ihm statt Prospero als Herrn zu dienen. Dazu singt er ein Lied.

In der Zwischenzeit wurde Ferdinand zum Holzschleppen gezwungen. Miranda erscheint und bittet ihn inständig, sich auszuruhen – sie wird diese Arbeit für ihn erledigen. Sie schwören einander ihre Liebe und geben sich das Versprechen zu heiraten. Prospero, ungesehen, ist glücklich.

Caliban, Stephano und Trinculo sind mittlerweile sogar noch betrunkener, und nach einem Streit, den Ariel vom Zaun gebrochen hat, macht Caliban den Vorschlag, Prospero zu ermorden und Stephano als König der Insel einzusetzen, mit Miranda als Königin. Ariel führt sie mit Musik auf einen Irrweg, und Caliban meint, sie sollten keine Angst haben, die Insel sei oft von hinreißenden Klängen erfüllt.

Alonso, Gonzalo, Sebastian und Antonio halten auf ihrer Suche nach Ferdinand inne, als ihnen einige merkwürdig geformte Geister ein Bankett präsentieren. Prospero, unsichtbar, beobachtet sie, als sie näher kommen, um davon zu essen; doch das Bankett verschwindet, und Ariel erscheint in Gestalt einer Harpyie. Er macht Alonso, Antonio und Sebastian Vorwürfe wegen ihres kriminellen Vorgehens gegen Prospero und deutet an, der Verlust Ferdinands sei Alonsos Strafe. Die drei Beschuldigten verfallen daraufhin dem Wahnsinn, Alonso ist zudem selbstmordgefährdet.

Prospero besucht nun Ferdinand, löst seine Fesseln und begrüßt ihn als seinen zukünftigen Schwiegersohn, warnt ihn aber vor vorzeitiger Intimität. Er befiehlt Ariel, eine weitere Illusion zu kreieren – die Maske dreier Göttinnen, die Segenssprüche auf das junge Paar herabregnen lassen.

Die Vorstellung wird unterbrochen, als Prospero sich an Calibans Plan erinnert, ihn zu ermorden. Er erklärt Ferdinand, dass es sich bei den Wesen, die er gesehen hat, um Geister handelt, die inzwischen verschwunden sind – wie alles einmal verschwinden muss –, da sie im Kern substanzlos waren und einem Traum ähnelten.

Ariel beschreibt Prospero, wie er Caliban und seine beiden Mitverschwörer in die Irre geführt hat. Er hängt mit Prospero einige prächtige Kleidungsstücke auf, um sie noch tiefer in die Falle zu locken und sie noch länger aufzuhalten. Stephano und Trinculo wollen diese Kleidungsstücke stehlen, obwohl Caliban zunächst auf die Ermordung drängt. Der Diebstahl wird von einem Paar Geisterhunde verhindert, die, von Ariel und Prospero angefeuert, die beiden Missetäter verjagen.

Auf Befehl Prosperos soll Ariel jetzt die höfische Gesellschaft herbeiholen. Als er Prospero deren großes Leid beschreibt und sagt, dass er Mitleid mit ihnen hat, ist Prospero beeindruckt, dass ein simpler Luftgeist Mitgefühl empfinden kann, und beschließt, Ariels Beispiel zu folgen. Er befiehlt Ariel, sie von ihrem Wahnsinn zu erlösen. Dann sagt er, es sei an der Zeit, dass er seinem »groben Zauber« abschwört, seinen Zauberstab zerbricht und die Bücher mit den Zaubersprüchen ins Wasser wirft.

Die Mitglieder des Hofes werden von Ariel hereingeführt. Prospero konfrontiert Alonso und Antonio und ihren Verbündeten Sebastian mit ihrem Verrat an seiner Person, sagt aber, dass er ihnen verzeiht. Er informiert Antonio und Sebastian flüsternd, dass er von ihrem Plan, Alonso zu ermorden, weiß, jetzt aber noch nichts davon sagen wird.

Alonso betrauert immer noch den Verlust Ferdinands. Prospero sagt, auch er habe ein Kind verloren – eine Tochter –, bringt ihn dann aber zu seiner »Zelle« und offenbart dort Ferdinand und Miranda, die miteinander Schach spielen. Alonso ist verblüfft und dankbar und freut sich über die geplante Heirat zwischen Ferdinand und Miranda. Miranda ihrerseits staunt, dass sich da plötzlich eine neue Welt mit so wundersamen Menschen auftut. Prospero bemerkt, dass sie neu für sie sind. (Er selbst kennt sie als das, was sie sind.)

Der von Ariel herbeigeholte Bootsmann tritt ein und erklärt, dass er und die Matrosen ihr Schiff beim Aufwachen sicher im Hafen vorfanden. Caliban, Stephano und Trinculo treten ein, verdreckt und verwundet; sie werden angemessen bestraft und bereuen ihr Tun. Prospero erkennt an, dass Caliban, »dieses Ding der Finsternis«, in gewisser Weise sein ist.

Es werden Pläne geschmiedet für die Rückkehr nach Italien und für die bevorstehende Hochzeit. Prospero wird sein Herzogtum wiedererlangen. Miranda und Ferdinand werden laut Erbfolge einmal Königin und König von Neapel. Ariel wird während der Reise für eine ruhige See sorgen.

Prospero beendet das Stück mit einem Epilog, in dem er das Publikum informiert, dass er, da seine Zauberkräfte nun erloschen seien, als Gefangener auf der Insel bleiben müsse, bis das Publikum ihn begnadige und ihn in die Freiheit entlasse, indem es seine Zauberkräfte einsetze und dem Stück Beifall spende.

Dank

Die Arbeit an diesem Buch hat mir ein großes Vergnügen bereitet, unter anderem, weil sie mir Gelegenheit bot, so viel über Shakespeare und *Der Sturm* zu lesen, und über den Wert von Literatur und Theater in Gefängnissen.

Folgende Bücher und Filme waren mir eine besondere Hilfe: Julie Taymors Film *The Tempest* mit Helen Mirren als Prospera.

Die Bildschirmversion von *The Tempest* in der Reihe »The Globe on Screen« mit Roger Allam als Prospero.

Auch die Version des Stratford Festivals von *The Tempest* – die ich persönlich besucht habe –, mit Christopher Plummer als Prospero.

Der *Shakespeare Insult Generator.*

David Thomsons suggestives Buch *Why Acting Matters.*

Northrop Fryes Aufsatz über »The Tempest« in seinem Buch *On Shakespeare.*

Die ausgezeichnete und äußerst nützliche Ausgabe von *The Tempest* in der Reihe Oxford World's Classical, herausgegeben von Stephen Orgel.

Isak Dinesens Story »Tempests« in ihrer Sammlung *Anecdotes of Destiny.*

Das Buch von Andrew Dickson, *Worlds Elsewhere*, in dem er die im Laufe der Jahre zahlreichen Shakespeare-Aufführungen weltweit untersucht.

Gefängnisliteratur hat eine lange Tradition. Ich habe verschiedentlich einen Blick daraufgeworfen, sowohl beim Schreiben meines Romans *Alias Grace* als auch vor noch nicht allzu langer Zeit während der Arbeit an *Hexensaat*. Abgesehen von so wohlbekannten neueren Titeln wie *Orange is the New Black: Mein Jahr im Frauenknast (von Piper Kerman und Kathrin Bielfeld)*, interessierte ich mich diesmal besonders für solche Bücher, die sich mit dem Unterrichten oder der Erfahrung von Literatur und Theater in Gefängnissen beschäftigen. Stephen Reids Essayband *A Crowbar in a Buddhist Garden* war allgemein anregend, ebenso wie Rene Denfelds erstaunlicher Roman *The Enchanted*. Avi Steinbergs Bericht über seine Arbeit als Gefängnis-Bibliothekar, *Running the Books*, war mir ebenso eine Hilfe wie Andreas Schroeders *Shaking It Rough*. Lauras Bates' Erinnerungsbuch *Shakespeare Saved My Life* war besonders ermutigend. Und es war sehr hilfreich, von den Gefängnis-Collegeprogrammen des Bard College zu erfahren, und davon ausgehend, von vielen anderen solchen Programmen.

In diesem Zusammenhang muss auch erwähnt werden, dass es sich bei der Justizvollzugsanstalt Fletcher selbstverständlich um eine fiktive Institution handelt, auch wenn viele solche Institutionen ähnliche Züge aufweisen.

Felix Phillips' Name erinnert an den des verstorbenen Robin Phillips, den langjährigen Direktor des Stratford Festivals in Ontario, Kanada. In dem ausgezeichneten Dokumentarfilm *Robin and Mark and Richard III.* entfaltet er seinen Zauber, indem er einen unmöglichen Schauspieler vor den Augen des Publikums in einen finsteren Richard verwandelt.

Anne-Marie Greenland übernimmt die Rolle der Miranda dank einer Auktion der Medical Foundation für die Versorgung von Folteropfern.

Und in *The Third Man Factor* von John Geiger ist vieles über Gespräche mit geliebten Toten und andere merkwürdige Erfahrungen nachzulesen.

Mein Dank gilt meinen leidgeprüften Lektorinnen Becky Hardie bei Hogarth und Louise Dennys bei Knopf Kanada, die mir den Anstoß gaben, mehr zu erzählen, und meiner Redakteurin Heather Sangster von Strongfinish.ca. Außerdem danke ich Ellen Seligman von McClelland & Stewart, die über sechsundzwanzig Jahre meine Lektorin war und im März 2016 verstarb, ohne dieses Buch lesen zu können.

Dank auch an meine Erstleser: Jess Atwood Gibson, Eleanor Cook, Xandra Bingley, Vivienne Schuster und Karolina Sutton von Curtis Brown, meinen englischen Agentinnen, Phoebe Larmore, meiner langjährigen Agentin in Nordamerika, und an Ruth Atwood und Ralph Siferd.

Ich danke außerdem Louise Court, Ashley Dunn und Rachel Rokicki von Penguin Random House, die mir bis zur endgültigen Veröffentlichung zur Seite standen.

Danke auch an Devon Jackson, der mich bei grundlegenden Fragen über Gefängnisse unterstützte. Ebenso an meine Assistentin Suzanna Porter und an Penny Kavanaugh, an V. J. Bauer, der meine Website margaretatwood.ca entwarf. Zudem an Sheldon Shoib und Mike Stoyan, die stets den Überblick behalten. An Michael Bradley, Sarah Cooper und Jim Wooder, an Coleen Quinn und Xiaolan Zhao und Evelyn Heskin; außerdem an Terry Carman und die Shock Doctors, weil sie das Licht brennen ließen. Schließlich gilt mein besonderer Dank Graeme Gibson – ein alter Zauberer, wenn auch glücklicherweise nicht der in diesem Buch.

Anm. d. Ü.: Die Zitate aus »Der Sturm« und »Macbeth« folgen der Übersetzung von Frank Günther, beide erschienen bei dtv, München.

Inhalt